어떤 「선(線)」이라도 이 1권으로 전부 알 수 있다!

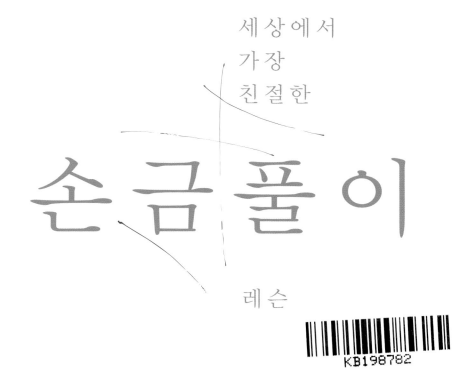

세상에서
가장
친절한

손금풀이

레슨

손금풀이 에미

김소영 옮김

청홍

머
리
말

처음 뵙겠습니다. 저는 손금풀이 에미입니다.

저는 열여덟에 손금 공부를 독학으로 시작했고, 25년째 손금을 읽으면서 풀이를 하고 있습니다.

그런데 **운세를 보는 많은 방법 중에서 유독 손금은 괜히 더 어렵게 느껴지지 않나요?** 괜찮습니다. 저도 그러니까요.

'이건 선이야, 주름이야?'

'생명선이 길다는 게 대체 몇 센티미터를 말하는 거야?'

'내 손에는 선이 많은 걸까, 적은 걸까? 다른 사람 손을 본 적이 없어서 알 수가 있어야지.'

이렇게 손금을 차차 배우다 보면 여러 가지 의문점이 앞을 가로막을 거예요. 그리고 깊이 파고들수록 또 새로운 의문점들이 생기고요.

'선이 너무 많아서 헷갈리는데, 이름을 외울 좋은 방법 어디 없을까?'

'언덕은 또 뭐야? 손금은 선만 읽을 줄 알면 되는 거 아니야?'

'오른손이랑 왼손의 손금이 완전히 다른데 어떻게 해야 할까?'

'선을 구별하기가 너무 어려운데!'

3

저는 독학으로 손금을 공부하는 게 얼마나 어려운지 잘 알기 때문에 세상에서 가장 친절하고 쉬운 '손금책'을 만들고 싶었어요. 그래서 이 책을 썼습니다.

　이 책에서는 앞에서 던진 의문점들은 물론이고, 손금을 처음 접하는 분들이 막히기 쉬운 부분을 순서대로 정리했습니다.

　직접 손금을 보고 풀이하기 위한 기본 지식부터 선과 선의 조합을 보는 응용편까지 손금 읽는 비결을 듬뿍 담았습니다.

　앞으로 손금 감정 전문가가 되고 싶은 분들도 만족할 수 있지 않을까 해요.

　이 책을 끝까지 읽고 나서 다시 손금을 보면, **손바닥에 새겨진 방대한 정보량에 압도될 거예요.** 처음에는 가장 접하기 쉬운 자신의 손바닥을 보고 본인을 더 알아내는 단서로 활용하면 좋겠네요.

　제가 손금을 어떻게 만났는지, 그 이야기를 좀 해 볼게요.

　18세 때 대학의 손금 동아리 선배가 제 손금을 봐준 적이 있었어요. 그때 그 선배는 저에게 '15세부터 18세 사이에 엄청나게 노력했다고 나와 있네'라고 말했어요.

그 한마디가 저는 너무 기뻤어요.

사실 저는 중학교와 고등학교 6년 동안 이야기할 친구가 거의 없었거든요. 쉬는 시간이나 점심시간에도 늘 외톨이였죠. 정말 외로운 경험이었어요.

그런 과거가 있던 저에게 선배의 말은 고달팠던 날들을 전부 다 긍정해주는 것 같았어요.

점이라고 하면 미래를 점쳐주는 이미지가 있잖아요.

그런데 손금은 그뿐만이 아니에요. **과거의 나를 알고 긍정하며, 용기를 불어넣어 주는 힘이 있어요.**

손금의 프로가 된 지금은 '최고의 설렘을 손바닥에서'라는 콘셉트로 매일 감정을 하고 있습니다. 가슴이 뛰는 손금의 세계를 이제 여러분에게 보여드릴게요!

손금풀이 에미

손금은 성격이나 재능을 비추는 거울

···

손과 뇌는 이어져 있다

손금은 고대 인도에서 탄생하여 중국으로 전해져 역학과 융합되면서 발전했고, 그 후 한국, 일본 등으로 건너오기까지 긴 역사를 자랑하는 분야입니다.

그런데 손금을 보면 어떻게 여러 가지 사실을 알 수 있는 걸까요?

사실 손바닥은 뇌와 이어져 있다고 합니다. 그래서 손금을 보면 성격이나 재능까지 알 수 있다는 것이지요.

인간관계에서 흔히 저지르는 버릇이나 금전 감각, 연애나 결혼관, 일할 때 어떤 평가를 받고 싶은지도 그중 하나입니다.

게다가 손금에는 자신이 의식하지 않는 진짜 생각, 즉 잠재의식까지 나타납니다.

'내가 무슨 일을 하고 싶은지 모르겠어'라는 고민을 자주 듣는데, 그 대답은 손금이 가르쳐줄 겁니다. 손금을 속일 수는 없으니까요.

그리고 손금의 최대 매력은 **'과거로부터 미래로 이어지는 운세의 흐름'을 알 수 있다**는 사실입니다. 어떤 의미에서는 앞으로 인생에서 다가올 거센 파도를 헤쳐나가기 위한 나침반이며, 문제 해결을 위한 길잡이가 됩니다.

손금에서 과거를 읽으면 다양한 깨달음을 얻을 수 있고, 미래를 읽으면 앞으로 일어날 일들을 미리 대처하여 바람직한 미래를 향해 모든 힘을 쏟기가 쉬워지는 거예요.

손금은 변하니까 재미있다!

·····································

다양한 경험이 손금의 형태를 만든다

몸이 성장하면서 체형이 변화하듯이, 마음이 성장하면 손금도 하루하루 달라집니다. **빠를 때는 하루 만에 확 바뀌는 경우**도 있어요.

만난 사람, 감동을 느낀 여행, 사업이나 학업을 열심히 한 경험, 과제가 되어 앞을 가로막은 사건, 인간관계의 트러블, 마음을 적셔 준 음악이나 영화, 드라마…… 그렇게 다양한 경험이 마음에 영향을 주면 손금에도 반영이 됩니다.

이전에 이직을 할지 말지 고민하던 사람의 손금을 봤던 적이 있어요.

결국 그분은 큰맘 먹고 이직을 했는데, 이직한 직후에 손금을 다시 봤더니 어느새 긍정적인 손금으로 바뀌어 있더라고요.

역시 자신에게 딱 맞는 직장에서 일하는 것이 정신을 긍정적으로 유지하는 가장 큰 비결이라는 걸 실감했는데, 이런 변화는 아주 흔히 볼 수 있어요.

참고로 **오른손과 왼손의 손금도 다른 경우가 대부분**이에요. 손금풀이를 할 때 오른손은 잠재의식이나 현재의 성격을 나타내고, 왼손은 타고난 성격이나 재능을 나타낸다고 합니다. 좌우의 손금 차이는 다양한 경험을 쌓을수록 더 커져요(그렇다고 해서 타고난 성질을 나타내는 왼손의 손금이 바뀌지 않는 건 아니에요. 좌우의 차이에 대해서는 24페이지로).

저는 매년 생일에 제 손금 사진을 찍어요. 가끔 돌아보면 제 생각이 어떻게 변화해 가는지, 그 궤도를 알 수 있어서 재미있거든요.

손금은 미래를 만드는 나침반

....

좋은 손금을 활용하느냐 마느냐는 자신에게 달려있다

그렇다면 현재의 손금은 무엇을 나타내는지 다들 궁금하실 거예요.

손금에는 **'현재 상태를 유지하면 미래에는 이렇게 됩니다'라는 미래 예상도**가 그려져 있어요.

이것은 그냥 현시점의 예상일 뿐이지, 미래의 운세를 확정 짓는 것은 아닙니다. 이 사실이 정말 중요해요!

그리고 좋은 사인이 나타나더라도 그걸 활용하기 위한 행동(노력이라고도 할 수 있겠네요)을 하지 않으면, 어느새 그 사인은 사라지고 맙니다. 사실 **행운의 사상(事象)을 암시하는 선일수록 나타났다 사라지는 속도가 빠른 경우가 많으니** 정말 흥미롭지요.

물론 사소한 트러블을 암시하는 형태가 나타날 때도 있어요. 예를 들어 인간관계의 균열이나 금전 또는 건강 문제 등이 있겠지요. 그럴 때는 그저 머리를 싸맨 채 고민만 하지 말고, 생각이나 행동을 고쳐서 미리 방지할 수도 있습니다.

다시 말해 현재의 손금을 길잡이로 삼아 여러분 자신의 생각이나 행동을 바꾸면 미래까지 바꿀 수 있다는 뜻이에요!

반대로 좋은 손금이 나타났을 때는 그 선이 뜻하는 좋은 생각과 행동이 자연스럽게 따라오는 것도 정말 흥미로운 점이에요.

나쁜 손금은 없다!

....

부정적인 선을 커버해 주는 선의 존재

손금을 본다고 하면 선을 읽어낸다는 이미지가 강할 텐데, 실제로는 대부분 손바닥의 살집 부분인 '언덕'이나 손가락 형태 등 복합적인 것까지 다 살펴봐요. 만약 **부정적인 의미를 지닌 선이 있더라도, 그것을 보충하는 의미의 선이나 형태가 있으면 해석 방법이 달라집니다.**

예를 들어 낯가림을 의미하는 선을 가진 사람이 있습니다. 그런데 '말을 걸기보다는 남의 이야기 듣기를 좋아한다'라는 선이나 형태가 같이 있다면, 낯가림 선이 있다고 해서 그 사람이 사람들과 잘 어울리지 못하는 사람은 아니라는 겁니다.

행동력이 있고 의사 표현이 분명한 사람이라도 금성 언덕에 얇은 주름이 자잘하게 나 있는 경우는 사정이 살짝 달라져요. 이 손금이 있는 사람은 '나 홀로 반성 타임'을 갖는 타입이에요. 일과를 마치고 오늘의 나를 돌아보며 '그런 말은 하지 말걸'이라며 괴로워하는 거예요. 사실 고민이 많은 타입이지요.

여러 가지 선이나 언덕부터 풀이하다가 복합적으로 판단할 수 있게 되게 되고 나서는 '잘 맞힌다'라는 소리를 종종 듣게 된 것 같아요. **복합적으로 판단을 할 수 있게 되면, 선이나 형태에 좋고 나쁜 건 없다**는 사실을 알게 돼요.

각 선이 가진 의미를 먼저 이해해야 하고 나중에는 복합적으로 보는 연습도 해보세요. 그러면 손금풀이가 더 즐거워질 거예요.

손금을 보는 순서

....

손금을 볼 때 엄밀하게 정해진 규칙은 따로 없지만, 처음으로 손금에 흥미를 느낀 분이나 이제 막 손금 공부를 시작한 분들에게는 지금부터 알려드릴 순서로 보는 것을 추천합니다.

1 **양손 보기**(24페이지)

앞에서도 말했지만, 오른손과 왼손은 의미가 다릅니다. 따라서 양손을 보고 비교하면서 감정을 합니다.

지금 맞닥뜨린 고민이나 문제점을 알려면 '현재나 미래'를 의미하는 오른손을 주로 보는데, '타고난 성질'을 나타내는 왼손에서 해결법이 나오는 경우도 꽤 많아요(주로 쓰는 손으로 '현재나 미래'를 감정하는 분들도 계시는데, 저는 중요하게 생각하지 않아요).

왼손과 오른손의 손금은 연결되어 있기에 양손을 같이 보는 것이 중요합니다.

2 **4대 기본선**(생명선, 두뇌선, 감정선, 운명선) **보기**(26페이지)

생명선은 건강 상태나 전체 운, 두뇌선은 생각이나 재능, 감정선은 감정의 기복, 운명선은 일에 대한 생각이나 인생의 흐름…. 이런 식으로 기본선을 보면 그 사람이 어떤 성질을 타고났는지 대부분 다 알 수 있어요.

운명선이 없는 사람도 있는데(드문 사례는 아니니 안심해도 됩니다), 일반적으로 기본선은 모든 사람의 손에 있으며 가장 기준이 되는 선입니다.

3 눈에 띄는 선(주요선) 보기(29페이지)

기본선 이외의 짙은 선이나 굵은 선, 볼록 솟은 언덕을 봅니다. 이렇게 눈에 확 띄는 부분들은 지금 여러분에게 가장 필요한 메시지를 던지고 있는 거예요. 적극적으로 읽어내서 활용해야겠지요?

참고로 옅은 선이나 얇은 선이라도 손바닥에 나타난 것은 의미가 있습니다. 사실 손금이 눈에 익으면 옅고 얇은 선인데도 존재를 드러내려는 경우가 있어요. 그런 부분도 손금을 감정할 때 정말 재미있어요.

금전운이나 직업운을 뜻하는 태양선, 연애관이나 결혼운을 뜻하는 결혼선 등은 기본선 다음으로 큰 의미가 있으니 꼭 체크하세요.

4 기타 선이나 문양 등을 보기(32페이지)

　예를 들어 '럭키 M선'은 행운의 표시로 알려져 있습니다. 여러분들도 왠지 모르게 눈에 들어와서 외우게 된 선이 있지 않나요?

　금전운, 연애운, 직업운… 분야마다 행운의 손금이 있으니 보물찾기하는 느낌으로 즐겁게 찾아보세요. 못 찾았다고 해서 실망할 필요는 없습니다.

　트러블을 상징하는 선이나 표시도 있는데, 억지로 찾지는 마세요. 의식을 우울한 쪽으로 가져갈 필요는 없으니까요. 단, 눈에 확 들어왔을 때는 어떤 암시를 나타낸다는 뜻이니 의미를 아는 것이 중요하겠지요.

응용편

5 손의 크기, 형태 등 전체를 보기(238페이지)

　손의 크기나 두께, 형태 등에도 그 사람의 특징이 나타납니다. 특히 손을 내미는 모습을 보면 풀이가 정말 '잘 맞는다'는 생각이 들어요. '손금을 보여주세요'라고 말했을 때 손을 내미는 모습을 보면 그 사람의 성격을 알 수 있어요.

쉽게 해볼 수도 있는 데다가 아주 잘 맞으니까 다른 사람의 손을 감정할 때는 꼭 질문해 보세요.

처음에 선의 이름이나 의미까지 전부 외우기가 버겁다면, 먼저 왼손과 오른손의 손금이 어떻게 다른지 비교하는 것부터 시작해 보세요. 그것만 해도 재미난 발견이 있을 거예요.

그리고 정기적으로 자신의 손금을 관찰하는 것도 추천합니다. 이전에는 보이지 않았던 선이 나타나 있거나, 있던 선이 사라지기도 하니까요. 하루하루 손바닥에서 일어나는 변화를 꼭 발견해 보세요.

이렇게 가벼운 마음으로 시작해서 손금에 점점 관심을 기울인다면, 선의 이름이나 의미도 쉽게 머리에 들어올 거예요.

차례

LESSON 1

개성을 끌어내고 운세를 알다
손금을 읽는 9가지 비법

LESSON 2

가장 중요한 생명선, 운명선, 두뇌선, 감정선!
기본선 파헤치기

LESSON
3
·············

개성이나 잠재의식이 훤히 드러난다!
성격 읽기

LESSON 4

부자가 되는 방법은 손금이 알고 있다!

금전운 상승 사인 잡아내기

LESSON 5

누구나 숨겨진 가능성이나 천직이 있다!
직업운을 아는 3가지 포인트

LESSON
6

궁합이 맞는 상대나 사랑의 패턴이 드러난다!
연애운 보기

LESSON
7
··············

원하는 스타일이나 가정생활로 알 수 있다
알면 알수록 심오한 결혼운

LESSON 8

더 자세히 알고 싶다! 남의 손금을 봐 주고 싶다!

손금풀이 레슨 응용편

※손금에 관한 정보는 수상학(手相學, 손금학)을 기초로 한 것이지 의학적 근거가 있는 것은 아닙니다.

손금풀이를 할 때 일반적으로 하는 해석이니 건강에 관한 걱정과 의문점이 있다면 의사나 의료 기관에 상담할 것을 추천합니다.

LESSON 1

⋯⋯⋯⋯⋯⋯⋯⋯⋯⋯⋯⋯⋯⋯⋯⋯ ✧

개성을 끌어내고 운세를 알다

손금을 읽는 9가지 비법

LESSON 1에서는 이제부터 손금을 풀이하기에 앞서
기본 중의 기본인 9가지 비법을 소개합니다.
'손금풀이는 왠지 어려울 것 같다'는 이야기를 많이 듣는데,
사실 풀이의 법칙 자체는 매우 간단해요.
먼저 '기본이자 비법'이라고 할 수 있는 포인트를 확실히 잡아 두세요.

오른손과 왼손 중 어느 쪽을 볼까?

···

왼손은 과거, 오른손은 현재나 미래

손금을 볼 때는 양쪽을 다 봅니다.

각자 뜻하는 내용이 다르기 때문이에요.

일반적으로 **왼손에는 그 사람의 '과거'나 타고난 성격이 나타난다**고 합니다.

반면 **오른손에는 '현재나 미래' 지금까지 배운 것이나 경험을 통해 변화해 온 생각, 전망** 등이 나타납니다.

저는 오른손 손금에는 '스스로 무리해서 만들어낸 성격'이 나타나는 것으로 봅니다.

많은 사람이 현실 세계에 살아가기 위해 사회의 틀 안에 자신을 어떻게든 끼워 맞추고, 때로는 생각을 굽히기도 합니다. 그런 경험들이 오른손과 왼손의 차이를 만들어내는 거예요. 그래서 오른손에는 '자신이 무리해서 만들어낸 성격'이 나타난다고 할 수 있겠지요.

그렇기 때문에 **좌우의 손금이 크게 달라도 드문 일은 아닙니다.**

아주 가끔가다 완전히 똑같다는 사람을 보긴 하지만, 그런 사람은 겉과 속이 다르지 않고 꾸밈없이 살 수 있는 환경에서 자신의 심지를 굳게 가지는 기질을 타고난 매우 복 받은 사람이라고 할 수 있어요.

왼손과 오른손의 손금은 젊을 때일수록 그 차이가 적고, 나이가 들어 여러 가지 경험이 쌓일수록 심해지는 경향이 있습니다.

◇ 오른손과 왼손이 나타내는 의미가 다르다 ◇

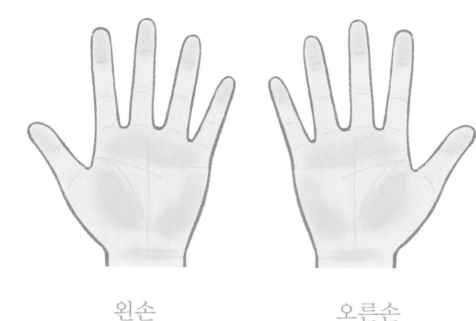

왼손

과거의 나를 나타낸다

- 타고난 성격
- 유소년기의 기록(하고 싶었던 일, 고생했던 일…) 등

오른손

현재부터 미래의 나를 나타낸다

- 경험을 통해 변화해 온 사고방식
- 미래에 하고 싶은 일 등

저는 감정을 할 때 오른손과 왼손의 차이와 고민 내용을 보고 어느 쪽 손을 우선할지 결정합니다. 예를 들어 왼손이 자유분방, 오른손이 상식을 중시하는 손금일 경우에는 상당히 무리해서 자신을 억누르고 있다는 판단이 들어요. 그래서 본심을 알아보려면 왼손을 보는 편입니다.

온갖 정보가 들어 있는 '기본선'

···

4개의 기본선에 약 80%의 정보가 있다

손금 중에서 많은 사람이 가지고 있으면서 비교적 확실하게 구별이 가능한 선을 '기본선'이라고 합니다. 기본선에는 생명선, 운명선, 감정선, 두뇌선이 있고, 특히 생명선과 운명선은 짙고 또렷한 선이 길상입니다.

제 경험 법칙이긴 하지만, 이들 4가지 선을 보면 타고난 성질 가운데 약 80%를 알 수 있을 정도로 중요한 선입니다. 각각 다음과 같은 특징이 있어요.

생명선······엄지와 검지 사이에서 시작하여 손목 쪽으로 뻗는 선입니다. 이름은 '생명선'이지만 수명을 알 수 있는 선은 아닙니다.
주로 생명력을 나타내는 선이며, 건강 상태나 활력을 알 수 있어요. 그리고 인생의 터닝포인트가 되는 취업이나 결혼, 큰 변화가 찾아오는 시기, 시련을 극복해서 꽃이 피는 시기 등, 평생 얽히는 사건들을 대부분 볼 수 있는 선입니다.

운명선······시작점이 어디든 상관없이 중지를 향해 뻗는 세로선으로, 운기가 얼마나 강한지 알 수 있습니다. 인생을 개척하는 방법이나 목표 달성을 향해 노력하고자 하는 의지의 정도를 알 수 있는데, 그야말로 '인생의 시나리오'가 담긴 선이라고 할 수 있어요. 직업운이나 영향을 주는 사람과 만나는 시기 등, 자신의 힘으로 바꿀 수 있는 사건이 나타납니다.

◇ 손바닥에 있는 4개의 기본선 ◇

감정선
커브가 클수록 감정이 요동치기 쉬운 타입입니다. 물결이 치며 들쭉날쭉한 선은 불안정한 감정을 나타낸다.

운명선
짙은 선이 곧게 뻗어 있다면 스스로 개척해 나가는 인생입니다. 선이 연한 경우에는 주변 사람들과 협조하면 운기가 올라간다.

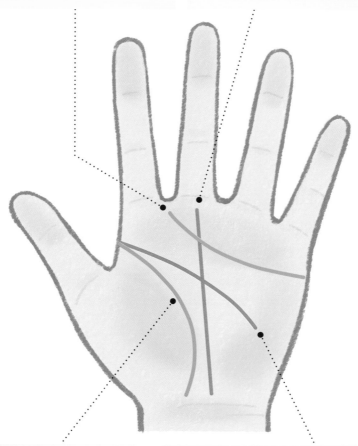

생명선
끊어지지 않고 굵직하며 또렷할수록 활력이 넘친다.

두뇌선
두뇌선이 길수록 깊이 생각하는 타입이며 남을 신경 쓰지 않는다. 짧은 경우에는 직감에 의존하며 행동력이 있는 타입입니다.

감정선이나 두뇌선은 선의 굵기보다도 형태가 더 중요합니다. 초반에 커브가 있는지, 선이 시작하는 모양이 어떤지를 체크합니다.

감정선……**소지 아래쪽에서 검지 쪽으로 뻗는 선입니다.** 사물을 보고 감정이 어떤 식으로 나아가고 어떻게 느끼는지가 나타나는데, 그 밖에도 성격이나 열정의 정도부터 감정 표현 방법까지 알 수 있습니다. 인간관계에서 느끼는 고민이나 선호하는 연애나 결혼관도 엿볼 수 있는 것이 감정선이에요.

커브가 클수록 감정이 요동치기 쉽고, 직선에 가까울수록 차분합니다. 게다가 그때그때의 심경이 잘 드러나기 때문에 스스로 알아차리지 못했던 내면을 감정선으로 읽어낼 수도 있어요.

두뇌선……**엄지와 검지의 관절 사이에서 시작해 손바닥을 가로질러 소지 쪽으로 뻗는 선입니다.** 매사에 어떤 생각을 가졌으며 중요시하는 가치관이나 창조성 등이 나타납니다.

현실을 중시하는가 혹은 꿈을 좇는 타입인가? 가성비를 따지는가 혹은 보람을 따지는가? 이러한 사고 패턴부터 뭔가를 생각하는 속도나 일에 대한 적성도 알 수 있어요.

두뇌선은 선이 어떤 모양으로 시작하는지도 중요합니다. 시작점이 생명선과 붙어 있는 '닫힌 타입'은 신중한 성격을 가졌고, 생명선과 떨어져 있는 '열린 타입'은 대범한 성격을 가졌다고 합니다.

꼭 알아야 할 주요 선

·······························

금전운이나 연애운 등이 보이는 흥미로운 선

태양선이나 재물선, 결혼선, 금성대 등은 '기본선' 다음으로 중요한 선입니다. 왜냐면 일이나 연애, 결혼 등 인생의 큰 이벤트들과 관련이 있습니다.

하지만 기본선에 비해 선이 옅거나 아예 나타나지 않는 경우도 흔히 있습니다. **행동거지에 따라 나타났다가 혹은 사라지기도 하는 변화무쌍한 선**이랍니다.

태양선······**약지의 관절(태양구)을 향해 뻗는 세로선입니다.** 주로 성공이나 인기, 명성 등을 나타내며 금전운 중에서도 하는 일이 잘되어 돈이 들어오는 것을 나타냅니다. 출세 기회가 있거나 오랜 노력이 결실을 본다는 뜻도 있어요.

태양선이 나타난 사람은 인망이 두터워 젊은 시절부터 고생을 사서 하거나 세계 평화를 위해 애를 쓰는 등 인격이 뛰어난 경우가 많을 거예요.

재물운······**소지의 관절(수성구)을 향해 뻗는 세로선입니다.** 태양선이 뜻하는 금전운과는 달리, 돈을 관리하는 힘이나 장사꾼 기질 같은 금전 감각을 나타냅니다.

결혼선······**소지의 관절과 감정선 사이에 가로로 뻗어 있는 선입니다.** 연애 경향이나 결혼에 대한 가치관 등을 볼 수 있습니다.

결혼선의 개수는 결혼하는 횟수가 아니라 연애의 기회를 뜻합니다(예외도 있어요). 3개 이상이 보이는 분들은 사랑이 많은 인생이군요!

또한 결혼선은 **평생 하고 싶은 일이 너무 많아 시간이 부족한 사람**에게도 여러 개가 나타나요.

금성대······**검지와 중지 사이에서 약지와 소지 사이의 관절을 향해 반원형으로 나타나는 선입니다.**

사실 깔끔하게 반원을 그리는 금성대는 보기 드문데, 뚝뚝 끊어져 있거나 중간이 비어 있는 경우가 많아요. 선이 여러 개 있는 경우도 있습니다.

금성대는 섹시한 매력을 나타내는 '인기선', '에로선'으로 불리는 경우도 많은데, 제 의견은 살짝 달라요. 이 선을 풀이해 보면, **'일상생활 속에서 행복을 탐구하는 재능'을 뜻한다는 사실**을 알 수 있기 때문이에요.

금성대가 있는 사람은 자신이 행복을 느끼는 대상을 찾아내서 추구하는 걸 잘하는 사람입니다. 패션, 미용, 예술에 스포츠, 길거리 음식에 연애…. 일상생활에 생기를 더해주는 것은 사람마다 다르지만, 그게 에로선인 경우는 어쩌다 보니 그 사람이 흥미를 느끼는 대상이 '연애'나 '성'에 관련된 것이었다는 뜻이겠지요.

또한 **어떤 일에 몰두하는 사람은 매력적으로 보이잖아요.** 그런 요소가 더해져 '인기선'이나 '에로선'으로 불리는 것이 아닐까요.

◇ 라이프 플랜과 관련된 주요 선을 외우자 ◇

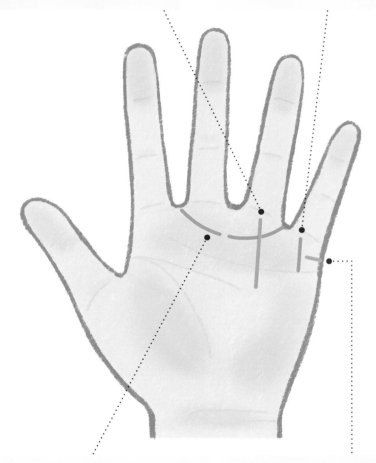

태양선
성공이나 인기운과 그에 따르는 금전운을 나타냅니다. 젊었을 때는 태양선이 없는 사람도 비교적 많아요.

재물선
재산을 모으는 능력이나 돈을 관리하는 힘을 나타냅니다. 친정에서 경제적 지원을 받는 것과도 관련이 있어요.

금성대
미적 감각이나 인기를 나타내는 선입니다. 일에 대한 가치관에도 크게 영향을 줍니다.

결혼선
결혼을 하고 싶은 마음이나 연애 기회를 나타냅니다. 길이와 개수에 주목!

기본선과 세트로 외우기

기본선과 연결시키면 외우기 쉽다

중요한 의미를 갖는 주요 선의 대부분은 기본선에서 뻗어 나온 지선입니다.

기본선의 의미를 더 강하게 만들기도 하고 보충하기도 하기 때문에 기본선과 연관시키면 외우기가 더 편하겠지요? 다음과 같이 그룹으로 분류할 수 있습니다.

생명선 그룹   생명선에서 갈라져 나온 지선의 변형

개운선……**생명선에서 위로 향해 똑바로 뻗는 선입니다.** 개업하거나 집을 살 때처럼 인생의 큰 변화기에 나타나는 경향이 있습니다.

개운선은 평생 통틀어 한 개라도 나타나면 행운이 있는 선이기 때문에 여러 개가 나타났다면 상당히 운이 좋은 사람이겠지요. 인생을 바꿀 만한 사건을 많이 체험하며 극적이면서도 자극적인 인생을 보낼 거예요.

보통은 생명선에서 나오는 선인데, 드물게 생명선 안쪽이나 생명선의 엄지 쪽에서 나오는 경우도 있어요.

노력선……**생명선에서 검지를 향해 뻗는 선입니다.** 개운선과 비슷해 보이지만 뻗는 방향이 다르니 주의하세요. **다른 이름으로 '향상선'**이라고도 하는데, 목표를 향해 끊임없이 노력하며 그게 결과로 나타나 결실을 본다는 뜻입니다.

◇ 주요한 선의 3가지 그룹 ◇

개운선
생명선에서 위를 향해 똑바로 뻗는 선입니다. 평생 하나라도 있으면 행운이에요. 인생의 큰 변화기에 나타납니다.

여행선
해외 유학이나 전근과도 인연이 있어요. 태어난 고향에서 멀리 떨어질수록 운이 올라갑니다.

노력선
뻗는 방향에 주의! 생명선에서 검지를 향해 뻗는 선이에요. 이 선이 보인다면 노력이 결실을 맺는 때라는 뜻입니다.

연애선
생명선과 만나는 지점을 보면 누군가를 만나는 시기나 연애가 시작하는 시기를 알 수 있어요.

총애선
사회적 영향력이 있는 사람이 든든하게 지원해 줍니다. 운명선 옆에 붙듯이 나타나거나 소지 쪽에 나타날 때도 있어요.

여행선……**생명선 중앙보다 아래에서 소지 쪽 손목을 향하는 선입니다.** 나고 자란 곳을 떠나 활약한다는 뜻이 있고, 이동하면 운이 열립니다.

유학을 가거나 해외로 이주하는 경우도 많고, 선이 길수록 기간이 길어지는 경향이 있습니다. 행동력이 좋고 유행에 민감한 면도 갖고 있어요.

운명선 그룹   운명선에서 갈라져 나온 지선

총애선……**소지 쪽(월구)에서 비스듬히 위로 뻗는 선**, 또는 운명선 옆에 붙듯이 나타나는 선입니다. 사람들의 사랑을 받는 사람에게 나타나는 선인데, 특히 사회적으로 영향력이 있는 손윗사람에게 귀여움을 받기 때문에 다른 말로 '영향선'이라고도 불립니다. 말 그대로 인생에 영향을 주는 사람이나 사건의 축복을 받아요.

감정선 그룹   감정선에서 갈라져 나온 지선

연애선……**생명선을 비스듬히 가로지르거나 소지 쪽을 향해 뻗는 선입니다.** 애정을 담당하는 금성구에서 뻗어나가기 때문에 연애 경향을 알 수 있는 선입니다. 생명선과 만나는 지점을 보면 연애가 시작하는 시기도 계산해서 알아낼 수 있어요. 짝사랑이나 짧은 연애할 때는 선이 짧아요.

전환기나 찬스에
나타나는 포인트 선이 있다

·····················

발견하면 반가운 선이 가득!

인생의 전환기나 찬스에 나타나는 **'운세 포인트'의 선**이 있습니다.

이를테면 '럭키 M선'이나 '신비십(十)자선' 같은 선들이에요. 이들은 잘 나타나지도 않을뿐더러 기본선과 비교하면 연해서 식별하기가 어려울 때도 있어요. 나타났나 싶다가도 사라져버리는 도깨비 같은 선이니까 잘 체크해 보세요.

보통 '손금책'에서 자세히 소개하지는 않는 선인데, 사실 무척 흥미로운 뜻을 지니고 있어요. 그래서 저는 조금 자세히 해설해 보려고 합니다. 각각 이런 의미가 담겨 있어요.

럭키 M선⋯⋯생명선, 두뇌선, 운명선, 감정선이 이어져 M자를 만듭니다. **간절히 바라던 일이 이루어지거나 일상생활에 행운이 찾아오는 선**이니, 이 선이 보인다면 운이 좋은 것이겠지요.

이 선은 일단 생명선과 두뇌선이 무조건 붙어 있어야 합니다. **이렇게 선이 붙어 있는 타입은 한 걸음씩 차근차근 나아가고, 위험한 다리는 건너지 않는 성격을 갖고 있어요.**

이를 해석하면, 이런 사람들은 극단적으로 불행에 빠지지 않기 위해 견실하게 생각하고 신중하게 행동하기 때문에 매일 행운이 찾아온다고 볼 수도 있어요. 실제로 직업이나 수입이 안정되어 평온한 생활을 보내는 사람들에게 이 선이 많이 보이는 것도 어쩌면 당연하겠네요.

쇄상선(패밀리 링)……엄지 관절 부분에 있는 사슬 모양의 선인데, 물리적으로나 심리적으로나 친정집과 거리가 가까운 사람, 가족과 깊은 유대감을 가진 사람에게 나타납니다(단, 가족 간의 사이가 좋고 나쁜 것과는 별개!).

친정을 항상 챙기는 장남, 장녀 외에도 피는 이어져 있지 않지만, 집안과 유대가 강한 맏며느리나 맏사위에게도 잘 나타납니다.

쇄상선은 다른 이름으로 '철학자의 상'이라고도 불려요. 고민이 있을 때 나타나는 섬(42페이지) 문양이 쭉 이어진 선이기 때문에 고민을 계속 안고 있는 경향이 있거든요.

신비십자선……운명선이 교차해서 만들어지는데, 두뇌선과 감정선 사이에 +나 × 모양으로 나타나며 조상에게 보살핌을 받는다는 뜻입니다(세로선은 운명선의 일부예요).

직감이나 육감이 발달해서 그런지 절박한 상황에서 **어쩌다 보니 구사일생으로 위기를 벗어나는 경험**을 하기가 쉬워요.

저도 어릴 때부터 마음의 안식처였던 할아버지가 돌아가셨을 때, 보이지 않았던 십자 모양이 나타났어요. 조상이 지켜주는 손금이라고 생각하니 왠지 자신의 손이 사랑스럽게 느껴지지 않나요?

◇ 전환기나 찬스에 나타나는 선① ◇

쇄상선(패밀리 링)
말 그대로 가족과 끈끈한 유대감이 있는 사람에게 나타납니다. 사고 계속형이라 항상 무언가를 생각하는 사람의 상이기도 하지요.

럭키 M선
손바닥의 'M 모양'에 주목! 간절히 바라는 일이 이루어지는 선. 운기가 안정된 손금입니다.

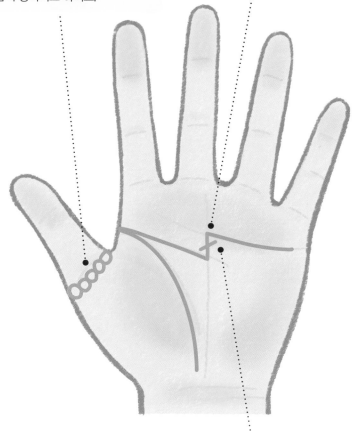

신비十(십)자선
조상의 가호를 받는 선입니다. 이 선이 있는 사람은 직감이나 육감이 발달한 경우가 많아요.

태양십자선……약지의 관절(태양구) 살짝 아랫부분, 감정선과 두뇌선 사이에 나타나는 +나 × 모양의 선. 신비십자선과 닮았지만 위치가 달라요.

탁월한 선견지명으로 찬스를 잡는 이른바 '**히트 메이커 손금**'입니다. 태양구는 커뮤니케이션 능력을 담당하기 때문에 시대를 읽고 사람들이 바라는 것을 만들 수 있는 거예요. 그리고 사회적 신뢰가 없으면 태양십자선은 생기지 않아요.

십자가 크고 진할수록 큰 히트로 이어지는데, 연한 경우는 히트 상품을 만들어내는 소질을 갖고 있다는 뜻이에요.

패왕선……운명선, 태양선, 재물선이 한 점으로 이어져 삼지창 모양을 만드는 '**억만장자의 손금**'입니다. 실제로 부자들에게 많이 보이는 손금이에요. 직업운과 금전운에 명성까지 삼박자를 고루 갖추고 있으며, 돈이 아무리 많아도 결코 돈에 휘둘리는 일이 없습니다.

하지만 이 손금이 있다고 해서 반드시 억만장자가 되는 것이 아니라, 억만장자가 되는 과정에서 이 손금이 완성된다는 사실이 중요합니다. 부자의 자질을 나타내는 셈이지요.

패왕선이 나타나려면 **운명선의 20대 후반에서 35세 정도 사이에 선이 꼭 있어야 합니다.** 운명선은 진지한 자세로 사회와 마주했을 때 나타나는 손금입니다. 그러니까 젊을 때 얼마나 진지하게 일에 임했는지가 매우 중요합니다.

◇ 전환기나 찬스에 나타나는 선② ◇

태양+(십)자선
선견지명과 번뜩이는 재치를 상징합니다. 십자가
크고 진할수록 큰 히트로 이어집니다.

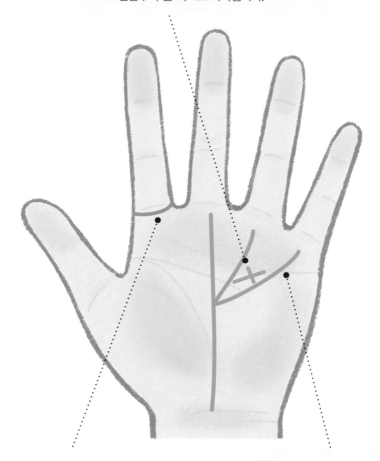

솔로몬 링
카리스마나 덕망을 뜻합니다. 타인의 마음을
사로잡는데 능해서 지도자가 되는 손금이지
요. 만약 이 선이 나타났다면 머지않아 행복
한 일이 일어나는 징조이기도 합니다.

패왕선
돈을 긁어모으는 '삼지창' 모양이 특
징입니다. 이 손금이 있는 사람은 실
제로 부자가 많은데, 부자 예비군들
에게도 잘 나타납니다.

솔로몬 링……검지의 관절 부분에 반원을 그리는 선입니다. 선이 끊어져 있거나 반원이 아니고 직선이거나 두 줄이 있는 등 각각 다른 모양으로 나타나기도 하지만, 모두 다 **카리스마나 덕망을 의미하며 타인의 마음을 사로잡아 리더가 되는 손금**입니다.

솔로몬 링에는 **'가까운 미래의 행복 징조'**라는 뜻도 있어요. 이 선이 나타난 순간 오랜 불임 치료 끝에 드디어 임신했다거나 결혼 또는 승진했다는 기쁜 뉴스가 들려온 경우가 적지 않아요.

사실 솔로몬 링은 노력선(향상선)과 함께 나타나는 경우가 많습니다. 그러니까 노력을 거듭했을 때 솔로몬 링이 뜻하는 힘이 더해져서 행운을 불러온다고 생각할 수 있는 것이지요. 참고로 이 2개의 선이 부딪치면 타인에게 간과 쓸개까지 다 빼 줄 수 있는 봉사의 상(성직의 상)이 됩니다.

손바닥에 나타나는 문양의 의미는?

·····································

선과는 살짝 다르다! 문양이란 무엇일까?

손바닥에는 선 말고도 '삼각형'이나 '별' 같은 문양이 나타날 때가 있습니다. 이들은 선이나 구가 가진 의미에 한층 더 힘을 실어주기도 하고 오히려 힘을 약하게 만드는 작용을 하는데, 행운을 나타내는 것과 그렇지 않은 것이 있어요.

문양도 자주 나타났다 사라지니까 손바닥을 꼼꼼히 체크하세요.

그럼 주요 문양의 뜻을 소개할게요.

사각형······사각형 문양은 선견지명을 발휘해 선이나 구가 나타내는 **미래의 부정적인 요소를 긍정적인 요소로 바꾼다**는 뜻을 가졌습니다. 트러블을 예방하는 행운의 문양이지요.

삼각형······삼각형 문양은 그중 한 변이 주요 선의 일부인 경우가 많은데, 주로 운명선 위에 자주 보입니다. 선이 나타난 곳에 해당하는 해에 일어난 **과거의 불행한 사건을 긍정적으로 바꾸는 힘**이 있다고 합니다.

삼각형은 이등변삼각형이나 역삼각형 등 아주 다양한 모양으로 나타납니다.

별……짧은 선 여러 개가 한 점에서 교차하여 아스테리스크(✻) 같은 모양을 만들어냅니다. 행운이나 성공의 표시로 **특히 목성구나 태양구에 보일 때가 가장 좋아요.** 목성구는 출세나 성공을 의미하고, 태양구나 태양선은 인기가 올라가는 것을 의미합니다.

섬……작은 타원형 문양이며 장애를 나타냅니다. 만약 생명선 위에 나타났다면 질병이나 부상 등 건강상 불안이 있다는 뜻이에요.

　스스로 손을 쓸 수 없는 고난이 닥친 시기에 나타나는 경우도 많지만, **고생 끝에 큰 성장을 이뤘다는 사인**이기도 하니까 무조건 불행한 문양이라고 단정 지을 수는 없습니다.

물고기……얼핏 섬과 비슷하지만, 물고기는 **타원형 문양 끝쪽에 위아래로 선이 비죽 튀어나와 있어요.** 이 물고기 문양은 섬과 달리 행운의 상징이에요. 곧 행운이 찾아온다는 뜻이지요(45페이지).

격자……선이 가로와 세로로 교차하여 격자무늬를 띠며 행운의 상징 중에 하나입니다. #와 닮은 격자도 있고, **선이 서너 겹으로 이루어진 격자도 있습니다.**

　나타나는 장소에 따라 의미가 완전히 달라지기 때문에 언덕부터 의미를 풀어보겠습니다. 특히 제가 체크하는 부분은 금성구인데, 여기에 격자가 나타나면 애정이 깊은 사람을 뜻합니다. 그와 동시에 가족에 대한 이상이 너무 높은 면이 있어서 혼활(婚活)을 할 때 한 발자국 내딛기를 망설이거나, '나는 좋은 부모가 되지 못하니까 결혼할 자격이 없다'라는 생각을 하기도 하는 등 일상생활과 관련이 깊은 문양 중 하나입니다.

◇ 문양에는 이런 의미가 있다① ◇

삼각형

삼각형 문양은 과거의 불행한 사건을 긍정적으로 바꿔 줍니다.

별

아스테리스크 모양이 특징입니다. 행운이나 성공을 의미해요.

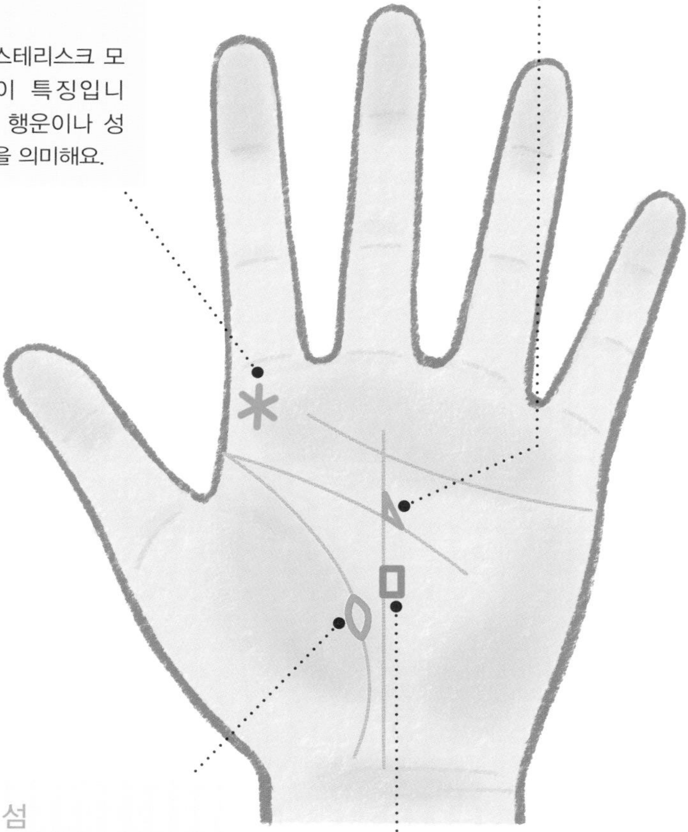

섬

작은 타원형 문양입니다. 장애를 뜻하는 경우가 많습니다.

사각형

사각형 문양은 선이나 언덕이 나타내는 미래의 부정적인 부분을 긍정적으로 바꿔 줍니다.

십자……선 2개가 교차하여 +나 × 모양을 띠는 문양. 신비십자선이나 태양십자선 같은 예외를 제외하면, **갑작스럽게 찾아온 충격적인 사건 등 예기치 못한 재난**을 의미합니다.

파티마의 눈……감정선과 두뇌선 사이, 대략 손바닥 중앙 부분에 나타나며 눈 모양을 띤 문양입니다. 이 문양이 있는 사람은 **통찰력이 뛰어나며 사물의 본질이나 상대방의 속내를 꿰뚫는 힘이 있다**고 합니다. 그 때문인지 대인관계에서 트러블이 생길 것 같으면 미리 회피할 수 있는 신기한 힘을 가졌습니다.

　또한 사람을 편하게 해 주는 힘이 있으며 정신적인 면에 관심이 깊은 손금입니다.

부처의 눈……파티마의 눈과 닮았지만, 엄지의 첫 번째 관절에 나타나는 것이 특징입니다. 이 문양이 있는 사람도 **직감력이나 영적인 힘이 높다**고 합니다.

　비슷하게 생긴 선은 많지만, 눈 모양이 깔끔하게 나타나는 사람은 적어서 상당히 희귀한 문양이지요.

◇ 문양에는 이런 의미가 있다② ◇

십자
+나 × 모양이 특징. 머지않아 예기치 못한 재난이 일어난다는 사실을 알려줍니다.

격자
두세 겹의 격자 선으로 이루어진 무늬도 있어요.

부처의 눈
뛰어난 직감력이나 육감을 나타내는 매우 희귀한 손금입니다.

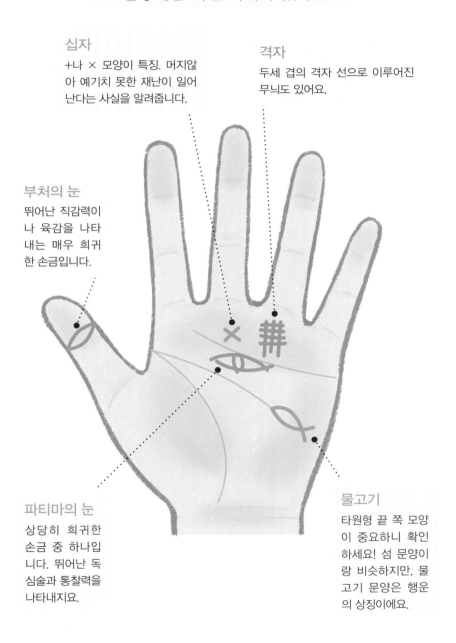

파티마의 눈
상당히 희귀한 손금 중 하나입니다. 뛰어난 독심술과 통찰력을 나타내지요.

물고기
타원형 끝 쪽 모양이 중요하니 확인하세요! 섬 문양이랑 비슷하지만, 물고기 문양은 행운의 상징이에요.

선보다 중요? 9개의 언덕

· ·

손바닥 구분하기

손금은 손바닥의 '선'을 보는 것으로 아는 분들이 있을 거예요. 그런데 사실 선 이상으로 중요한 것이 바로 '언덕'입니다.

손바닥은 9개의 언덕과 1개의 평원으로 나누고, 각각 '월구', '태양구' 등의 이름이 붙여져 있어요.

각 구는 각자 다른 의미가 있으며, 그 **구를 의미하는 에너지를 갖추고 있어 선에도 영향을 주는 것**으로 보고 있어요.

먼저 각 구의 의미를 해설해 볼게요.

목성구······**검지의 관절 구역.** 사회적 지위나 명예, 그 사람의 권력 지향성 정도 등을 알 수 있습니다.

토성구······**중지의 관절 구역.** 끊임없는 노력과 근면 성실함, 그리고 주의 가 깊은 것을 의미합니다. 자신의 세계관을 갖고 있는지를 알 수 있으며, 이 부분이 볼록 솟아오른 사람은 고독을 사랑하는 경향이 있습니다.

태양구······**약지의 관절 구역.** 금전운이나 성공, 인기나 명성과 관련이 있 으며 예술적 센스나 표현력을 의미합니다. 이 부분이 볼록 솟아오른 사람 은 사람들을 끌어당기는 매력이 있는 타입이에요.

◇ 구의 위치와 의미를 알자 ◇

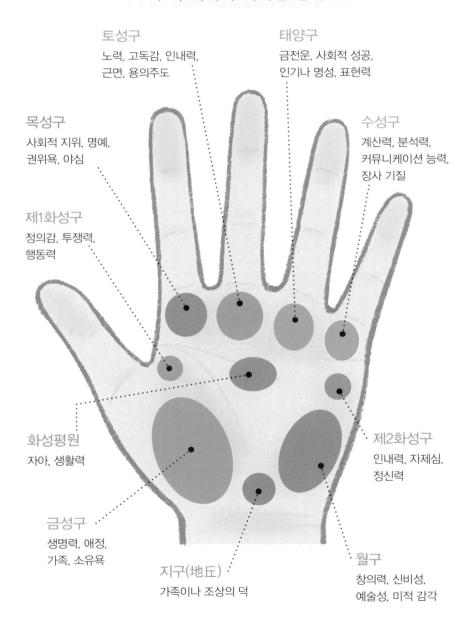

토성구
노력, 고독감, 인내력,
근면, 용의주도

태양구
금전운, 사회적 성공,
인기나 명성, 표현력

목성구
사회적 지위, 명예,
권위욕, 야심

수성구
계산력, 분석력,
커뮤니케이션 능력,
장사 기질

제1화성구
정의감, 투쟁력,
행동력

화성평원
자아, 생활력

제2화성구
인내력, 자제심,
정신력

금성구
생명력, 애정,
가족, 소유욕

지구(地丘)
가족이나 조상의 덕

월구
창의력, 신비성,
예술성, 미적 감각

수성구……**소지의 관절 구역.** 계산력이나 분석력, 재물운이나 장사 기질에 관한 곳이에요. 이 부분이 볼록 솟은 사람은 머리 회전이 빠르고 커뮤니케이션에 능합니다.

금성구……**엄지 아래, 생명선으로 둘러싸인 구역.** 그 사람의 건강 상태나 육친에게 이어받은 생명력과 상관이 있으며 가족과 어떤 관계를 이루고 있는지 등 애정에 관한 것을 알 수 있습니다. 또한 소유욕과도 관계가 있어서 두툼하게 솟아오른 사람은 소유욕이 강해요.

월구……**소지 쪽 손목 위 구역.** 창의력이나 신비성, 예술성을 의미하며 타인과의 인연, 그 사람이 가진 예술적 감각이나 재능을 볼 수 있어요. 이 부분에 살집이 있으면 다정하고 섬세한 사람이 많아요.

제1화성구……**엄지와 검지 사이에 있으며 목성구 아래 구역.** 정의감이나 투쟁력 같은 행동력과 관련이 있는 곳이에요.

제2화성구……**수성구와 월구 사이에 낀 구역.** 참을성이 있고 역경을 극복하는 인내력, 자제심 등을 의미합니다.

지구(地丘)……**손목 위 중앙 부분**으로 가족이나 조상의 덕을 의미합니다.

화성평원……**손바닥 중앙 부분의 푹 꺼진 부분**으로 엄밀히 따지면 '구'와는 달라요. 자아나 생활력을 알 수 있고, 깊게 꺼져 있을수록 다툼이 싫은 평화주의자예요.

✳

　어떤 '손금책'들은 '구＝두툼하게 솟아올라 살집이 좋은 부분'으로 설명하는데, 살집은 중요하지 않아요. 두툼하게 솟아오르지 않아도 구는 구라서 위치가 중요합니다.
　구는 볼록 솟아오를수록 의미가 더 강조됩니다. 그래서 제가 손금을 볼 때는 볼록 솟은 구의 의미를 우선시하지요. 예를 들어 ①토성구, ②태양구 순으로 솟아올라 있으면, ①혼자 있는 시간을 충분히 확보(토성구가 가지는 의미)한 후에 ②타인과 어울리고 싶은 타입(태양구가 가지는 의미)으로 풀어내요. 그리고 구의 면적이 넓고 세로선이 많을수록 구가 갖는 의미가 강조됩니다.

선은 파이프, 언덕은 저장고

·····························

선은 구가 가진 에너지의 영향을 받는다

구의 의미를 알면 더 간단하고 더 깊이 있게 선을 이해할 수 있습니다. '태양선'을 예로 들어 볼게요. 태양선은 약지의 관절을 향해 뻗는 선인데, 금전운이나 직업운을 의미한다고 해설했습니다.

태양선이 금전운을 의미하는 이유는 선의 종점인 '태양구'가 금전운이나 성공, 인기나 명성과 관련이 있다는 것에서 유래했어요. 그러니까 **선은 구가 가진 에너지의 영향을 받는다**는 이야기입니다.

손금의 세계에서 '구는 에너지 저장고, 선은 에너지를 퍼내는 파이프'에 비유할 때가 있어요.

이러한 생각은 선을 더 간단하고 깊게 이해할 때도 도움이 됩니다.

예를 들어 보겠습니다.

태양선과 마찬가지로 '재물선' 역시 금전운을 나타냅니다(116페이지).

태양선과 재물선이 나타내는 금전운에는 각각 어떤 차이가 있을까요? 선만 봐서는 잘 모르겠지요? 이때 **선이 뻗어 있는 구에 주목**하는 거예요.

태양선이 뻗는 태양구는 성공, 인기나 명성과 관련된 곳이에요. 이때는 사회적으로 성공하거나 인지도가 올라가서 금전운을 불러온다는 뜻이 있어요.

한편, 재물선이 뻗는 수성구는 머리 회전이나 커뮤니케이션, 계산 능력 등을 뜻합니다. 그래서 이때는 장사꾼 기질을 잘 살려 돈을 유통하고, 견고한 방법으로 저축 금액을 늘린다는 의미가 담겨 있어요.

같은 금전운이라도 선이 어디로 뻗고 어떤 구의 에너지를 받는지 알면, 선의 의미가 더 선명해지지 않나요? 사실 **선의 의미는 선이 시작하는 곳(시작점)과 끝나는 곳(종점)이 어디에 있는지에 따라 정해지는** 경우가 대부분이에요.

그리고 구를 기억해 두면 매우 도움이 됩니다. 선의 이름이나 의미를 일일이 외우지 않더라도, 그 선의 시작점이나 종점을 보면 어떤 구의 에너지를 받는지 아니까 의미도 파악할 수 있거든요.

손금의 선은 무수히 많은데, 구는 9개니까 외우기 쉬워요.

그리고 손바닥에는 이름이 없는 선도 아주 많습니다. '손금책'을 찾아봤는데 나와 있지 않아 답답한 경험이 있을 거예요.

그건 구를 이해하면 스스로 해결할 수 있습니다!

참고로 제가 풀이를 할 때 '지구(地丘)'는 크게 중요시하지 않아요(지구는 모양 변화를 알기가 어려워서). 그래서 이 책에서는 주로 8개의 구에 대해 해설합니다.

유년법을 통해 최적기를 알자

누구든지 미래의 운세를 알 수 있다?

'유년법'이란 몇 살에 어떤 일이 일어날지를 손금으로 읽어내는 방법입니다. 주요 선에 연령을 할당해서 풀이하면, 예를 들어 34세에 결혼 상대를 만난다거나 29세에 이직을 하면 좋다는 식으로 상당히 구체적인 시기(나이)를 알 수 있어요. 그야말로 손금만이 갖고 있는 특징 중 하나지요.

유년법을 알면 **인생에 어떤 일이 일어나는지 거의 다 알 수 있다**고 합니다(유년법을 세는 자세한 방법은 LESSON 8에서 소개합니다).

연애, 결혼⋯⋯사랑에 푹 빠지는 시기, 인기가 많아지는 시기, 바람을 피우거나 당하는 시기, 이혼하는 시기

사업⋯⋯이직해서 성공하는 시기, 직업운이 올라가는 시기, 적성에 맞는 직업을 만날 시기

가정⋯⋯이사나 집을 사면 좋은 시기

좋은 일뿐만 아니라 트러블이 일어나는 시기도 구체적으로 알 수 있으므로 이를 피하거나 대비할 수도 있어요. 이 경우는 선 위에 '섬(42페이지)'이나 '장애선(246페이지)' 같은 것이 나타나니까 알기 쉬울 거예요.

참고로 주요 선이란 구체적으로 **생명선과 운명선**을 말합니다. 두뇌선과 감정선은 주로 성격을 보는 선이라 유년법에는 어울리지 않는다고 생각해요.

◇ 생명선과 운명선의 나이 읽는 법 ◇

21세 위치 찾기

유년법에서는 21세의 위치가 중요한데, 생명선의 시작점에서 검지 폭(A)의 길이만큼 간 곳이 21세. 그리고 시작점은 15세로 둡니다(따라서 그 중간은 18세).

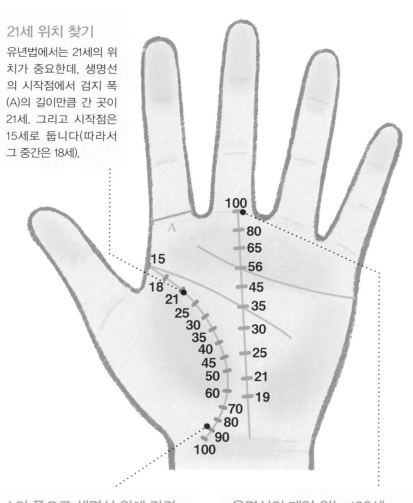

A의 폭으로 생명선 위에 간격을 잡으면 나이가 정해진다

A의 폭으로 생명선 위에 간격을 잡아서 순서대로 29세, 40세, 55세, 81세로 둡니다. 각각 중간점은 25세, 34세, 47세, 67세가 됩니다.

운명선의 제일 위는 100세

운명선은 중지의 관절 부분이 100세, 그 중간이 30세, 감정선과 교차하는 위치를 56세로 두는 것이 불문율입니다.

\ 판단하기 어려운데? /

손금을 구별하는 7가지 비결

지금까지 선과 구를 쭉 해설해 봤는데,
보다 보니 궁금증이 더 깊어졌을지도 모르겠네요.
여기서는 '굵은 선과 얇은 선의 기준'과 '선과 주름 구분하기'처럼
판단하기 어려운 포인트에 대해 설명하겠습니다.
단, 이러한 판단 기준은 여러 사람의 손금을 보면서 연습을 통해
확립되는 것이라 되도록 많은 이들의 손을 보세요.

Q1 선이 잘 안 보여요…

A 스마트폰으로 촬영해 보세요

스마트폰으로 촬영하면 얇은 선이 강조되어 보일
뿐 아니라 확대하면 선명하게 볼 수도 있어요. 개
인적으로 여러 가지 시험을 해 봤지만, 스마트폰으
로 촬영하고 편집 어플로 음영을 강조하면 선이 떠
올라 잘 보여요(저는 iPhone으로 촬영하고 편집 어
플의 드라마틱 모드로 필터를 씌워요).
태블릿으로 촬영하고 실제 손바닥 크기보다 더 크
게 확대해서 보는 방법도 추천합니다.

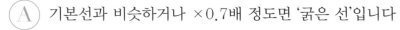

Q2 굵은 선과 얇은 선의 기준은?

A 기본선과 비슷하거나 ×0.7배 정도면 '굵은 선'입니다

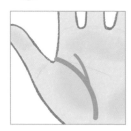

다양한 선이 있지만, 일반적으로 기본선이 가장 굵어요.
기본선 말고 다른 선들은 기본선과 비슷하거나 ×0.7배 정
도면 '굵은 선'이라고 봐도 됩니다. 어떤 사람들은 기본선
자체가 얇을 수도 있으니 자신의 손금만 보고 판단하지 말
고, 주변 사람들의 손금도 같이 보고 비교해 보세요. 점점
굵은 선의 기준이 정착될 거예요.

54

Q3 짙은 선과 연한 선의 기준은?

(A) 뚫어지게 보지 않아도 보이는 선은 '짙은 선'

딱 봤을 때 보이는 선은 '짙은 선'입니다. 얇은 선을 볼 때는 손바닥을 기울이기도 하고 뚫어져라 쳐다보면서 찾기도 하잖아요? 그런 선은 '연한 선'이에요.

Q4 얇은 선이나 연한 선은 안 좋은 건가요?

(A) 그렇지 않습니다.

선이 얇거나 연하면 왠지 아쉬운 마음이 드는 분들도 있는 것 같아요. 손금은 있기만 해도 행운인 경우가 더 많으니까 얇거나 연하다고 신경 쓰지 마세요. 선이 굵고 짙다면 그 선이 의미하는 개성이 더 진하게 나타나는 것뿐이에요. 각자 다 달라도 괜찮아요. 게다가 선이 많다고 해서 좋은 것도 아니고, 각각 의미가 다 있습니다. 천천히 해도 좋으니 선이 가지는 의미를 깊게 알아보세요. 그렇게 해야 손금풀이가 더 재미있어져요.

Q5 주름과 선은 어떻게 구분할까요?

(A) 전부 다 선으로 봐도 됩니다.

지선

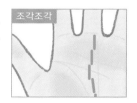
조각조각

얇아서 주름처럼 생긴 선도 전부 다 '손금'이니까 선으로 봅니다. 그러면 이름이 없는 선이 너무 많다고요? 그렇긴 한데, 그때는 일단 구와 어떤 관계성이 있는지 따져 봅니다. 세로선인지 가로선인지, 아니면 얇은 격자무늬인지 하는 차이는 있지만, 그것들이 예를 들어 목성구에 있다면 목성구의 영향을 받는 선이라는 뜻이에요. 그런 식으로 구와 연결해서 보는 겁니다.
나머지 얇은 선들은 ①지선의 모양이나 ②뚝뚝 끊어진 특징 등을 알아두면 점점 보이게 될 거예요.

Q6 선이 두 줄이면 이중○○선일까요?

A 베이스가 되는 선의 안쪽에 있는가를 봐야 합니다.

이중○○선은 기본적으로 메인 선 가까이에, 그것도 안쪽
에 나타나는 경우가 많습니다. 한 번은 왼손 생명선에서 살
짝 떨어진 바깥쪽으로 짧은 선이 따라가듯 나 있는 분의 손
금을 본 적이 있어요. 이 짧은 선이 이중생명선으로 보이는
데, 사실 그게 아니라 여행선의 일부가 얇게 보이는 것이었
어요. 선의 위치가 안쪽에 있는지를 체크하세요.

Q7 구가 솟아올라 있는지는 어떻게 판단해야 할까요?

A 손바닥을 옆쪽에서 보고 체크하여 비교합니다.

구가 볼록하게 솟았는지를 볼 때는 손바닥을 옆쪽에서 보기
도 합니다. 그러면서 손목을 손등 쪽으로 꺾고 손목 쪽에서
보기도 하지요. 여러 구들을 비교했을 때 솟아올라 보이는
구가 있나요? 왠지 그렇게 느꼈다면 솟아올라 있다고 판단
해도 됩니다.
구가 얼마나 솟아올라 있는지, 또는 색이 어떻게 변화했는
지 익숙하지 않을 때는 판단하기가 어렵습니다. 하지만 손
금을 많이 보다 보면 자연스럽게 알게 될 테니 안심하세요.

많이 보면 볼수록
자연스레 선이나
구가 선명하게
보이게 될 거예요!

·· ◇

가장 중요한 생명선, 운명선, 두뇌선, 감정선!

기본선 파헤치기

손바닥에는 여러 가지 선이 있지만,
뭐니 뭐니 해도 기본선이 가장 중요합니다.
아마 많은 분이 기본선의 모양이나 의미 정도는
대충 아실 거예요.
여기서는 선의 시작점과 종점, 모양이 다르면
어떻게 의미가 달라지는지까지 더 자세히 파헤치려고 합니다.

선의 모양을 보면 건강 상태를 알 수 있다

....

굵기, 길이, 짙기로 알 수 있는 것

LESSON 1에서 생명선은 **주로 생명력을 나타내며 건강 상태나 활력을 알 수 있다**고 설명했습니다. 여기서는 선의 길이나 모양에 따라 어떻게 달라지는지도 소개할게요.

굵고 선명하다……보이는 대로 강한 생명력을 뜻합니다.

굴곡이 크다……금성구를 에워싸듯 크게 굴곡을 그리는 선을 가졌다면 스태미너가 뛰어나다는 뜻입니다. 에너지가 넘치는 행동파지요. 굴곡이 작으면 그 반대에 해당합니다.

뚝뚝 끊어져 있다……쉽게 지치는 체질이에요.

중간에 끊어져 있다……건강상 어떤 장애가 있다는 사인입니다. 경고로 받아들여서 생활이나 건강을 개선하세요!

끊어진 생명선 옆으로 평행하게 생명선 하나가 더 나 있다……병을 앓은 경험으로 체질이 바뀌었다는 뜻입니다.

그리고 **생명선 안쪽에 생명선이 하나 더 있는 '이중생명선'**이 나타날 때가 있습니다. 선이 길든 짧든 무리를 해도 허용이 되는 사람이에요. 예를 들어 많은 업무에 시달리는 동료가 있으면 괜히 신경 쓰여서 짐을 덜어주려는 면을 갖고 있지요(이 경우는 서비스 정신이 왕성한 감정선이 있는 경우도 많아요). 체력에 자신이 있는 만큼 빡빡한 스케줄 때문에 무리하기 쉬운 타입이니 도를 넘지 않도록 주의가 필요합니다.

◇ 선의 모양에 따라 의미가 달라진다 ◇

특히 생명선이 사슬 모양이라면 휴식을 취하세요!
굵고 짙으며 크게 굴곡이 있는 생명선은 에너지가 넘칩니다.
스포츠 선수나 소방관, 목수처럼
체력이 필요한 직업을 가진 사람들에게 많이 보이는 손금이에요.

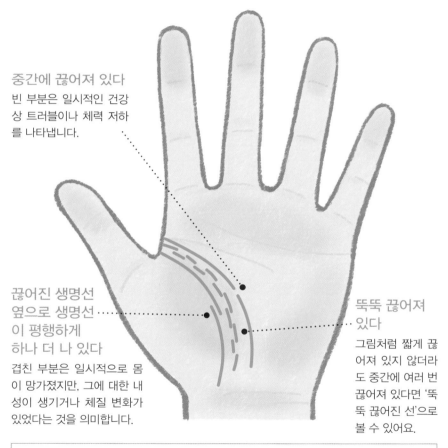

중간에 끊어져 있다
빈 부분은 일시적인 건강
상 트러블이나 체력 저하
를 나타냅니다.

**끊어진 생명선
옆으로 생명선
이 평행하게
하나 더 나 있다**
겹친 부분은 일시적으로 몸
이 망가졌지만, 그에 대한 내
성이 생기거나 체질 변화가
있었다는 것을 의미합니다.

**뚝뚝 끊어져
있다**
그림처럼 짧게 끊
어져 있지 않더라
도 중간에 여러 번
끊어져 있다면 '뚝
뚝 끊어진 선'으로
볼 수 있어요.

생명선 안쪽(엄지쪽)에 선이 하나 더 있으면 '이중생명선'이에요. 이 선이 있으면 남들보다
두 배는 더 강인한 생명력과 체력을 가졌다는 뜻! 참고로 바깥쪽에 있는 선이 메인 생명선
입니다. 그리고 생명선의 굴곡이 중지의 중심에서 아래로 똑바로 그은 선을 넘는다면 굴곡
이 크고 볼록한 생명선이라고 할 수 있어요.

인생의 '터닝포인트'를 나타낸다

·······································

과거부터 미래까지

생명선이라는 말의 어감을 들으면 건강이나 수명에 관한 선이라고 생각하기 쉬운데, **사업을 시작하는 시기, 결혼, 이혼, 출산, 직장 내 인간관계의 트러블, 시련이 찾아오는 시기, 출세, 경사, 해외 유학 시기** 등… 이렇게 다양한 정보를 알 수 있습니다.

그래서 저는 4개의 기본선 중에서도 가장 중요한 선으로 보고 있어요. 생명선에는 인생이 크게 변화할 때 나타나는 '개운선'이나 노력이 결실을 맺는 시기를 알 수 있는 '노력선'이 나타납니다. 그래서 인생의 터닝포인트를 알기 쉬운 것이지요.

또한 생명선을 자세히 풀어내면 과거도 되돌아볼 수 있어요.

어떤 분은 26세 지점에 노력선이 나와 있었어요. 이야기를 들어보니, 낯선 외국 땅에서 아이를 낳은 후 정말 힘들고 외로운 날들을 보냈다고 하더군요. 저는 그 당시에 그분이 안간힘을 쓰며 버틴 경험이 노력선으로 나타났다는 걸 알았어요.

그 사실을 알려주자, 그때의 고생을 딛고 지금 이렇게 빛을 본다고 생각하니 정말 힘이 된다며 눈물을 흘렸습니다.

과거를 알면 미래에 살아나는 힘이 됩니다. 누구든지 고생하거나 일이 잘 풀리지 않는 시기가 있을 거예요. 손바닥에 새겨진 노력선은 여러분이 고난을 극복해냈다는 눈부신 증표예요. 인생을 긍정해 주는 힘이 되는 것이지요.

◇ 개운선과 노력선은 행운의 열쇠 ◇

생명선 위에서 보이는 개운선이나 노력선은 결혼이나 취직, 이직, 이사 등을
하기 좋은 최적의 시기를 나타냅니다. 따라서 우리는 생명선으로 인생의
'터닝포인트'를 알 수 있지요. 구체적인 시기 계산법은 244페이지를 참조하세요.

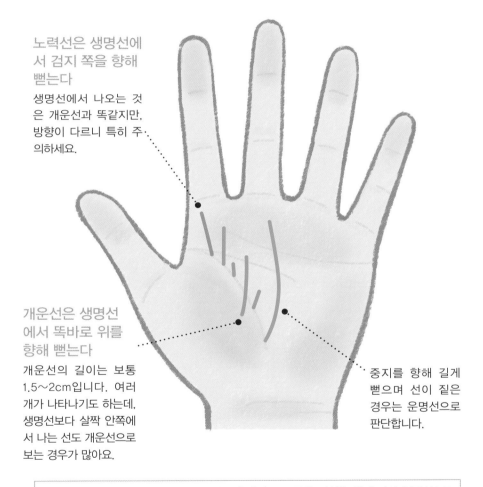

**노력선은 생명선에
서 검지 쪽을 향해
뻗는다**
생명선에서 나오는 것
은 개운선과 똑같지만,
방향이 다르니 특히 주
의하세요.

**개운선은 생명선
에서 똑바로 위를
향해 뻗는다**
개운선의 길이는 보통
1.5~2cm입니다. 여러
개가 나타나기도 하는데,
생명선보다 살짝 안쪽에
서 나는 선도 개운선으로
보는 경우가 많아요.

중지를 향해 길게
뻗으며 선이 짙은
경우는 운명선으로
판단합니다.

개운선은 생명선에서 뻗는 운명선과 매우 흡사해요. 보통은 정상을 향해 거의 일직선으로
뻗는데, 가장 오른쪽 선처럼 중지를 향하는 개운선도 있어요. 헷갈릴 때는 짙기에 주목하는
데, 기본선과 거의 비슷할 정도로 짙으면 운명선, 연하면 개운선으로 판단합니다.

선의 방향을 보면
나와 내 고향의 인연을 알 수 있다

생명선의 방향은 내향? 외향?

생명선의 방향을 보면 참 재미있어요. 나고 자란 고향과 어떤 인연이 있는지도 알 수 있으니까요. **엄지 쪽을 향하는 내향형, 특히 길게 뻗은 선이 엄지 아래쪽을 넘는 경우는 고향과 인연이 깊은 손금입니다.** 고향에 본사를 두고 전국 방방곡곡 활약하는 사업가에게 많이 보이는데, 이런 분들은 전국을 아무리 돌아다녀도 중심이 되는 거점은 고향입니다.

내향형 생명선은 집에 '샵'을 오픈하거나 재택근무를 하는 분들에게도 잘 보입니다.

내향형 생명선의 반대가 **외향형인데, 생명선에서 지선인 여행선까지 나온 경우**입니다. '여행'이라는 말 그대로 고향을 떠났을 때 활약할 수 있는 손금이에요. 이런 일을 자주 봤어요. 여행선이 난 외향형 손금을 가진 사람이 고향을 떠나 도시에서 일을 하다가 이직을 하면서 돌아왔는데, 1년도 채 지나지 않아 다시 도시로 가더라고요. 반대로 내향형인 사람이 고향 밖이나 도시로 나갔다가 산전수전을 다 겪고 돌아오는 경우도 많이 봤어요. 손금은 정말 솔직하지요.

생명선은 인생의 흐름을 나타내기 때문에 방향을 보면 인생 후반에 고향으로 돌아올지, 아니면 평생 고향 밖에서 보낼지도 알 수 있어요. 어떻게 처신해야 할지 알고 싶을 때, 자신이 더 빛날 수 있는 장소를 찾을 때도 손금은 분명 도움이 되어 줄 거예요.

◇ 종점이 안쪽을 향하면 고향과 인연이 깊다 ◇

생명선이 안쪽을 향하면, 거기에는 애정이나 가족을 담당하는 금성구가 있습니다.
그래서 안쪽을 향하면 가족이나 고향과 인연이 깊다는 뜻이 돼요.

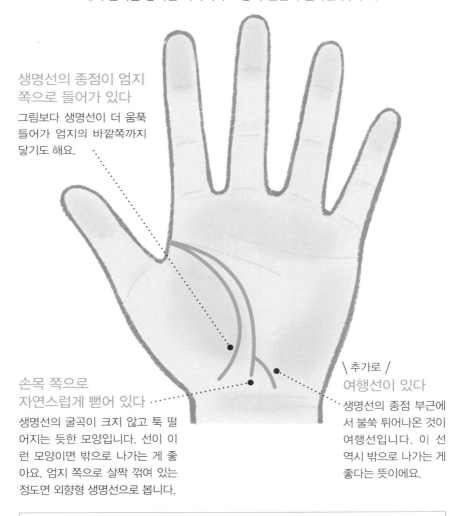

**생명선의 종점이 엄지
쪽으로 들어가 있다**

그림보다 생명선이 더 움푹
들어가 엄지의 바깥쪽까지
닿기도 해요.

**손목 쪽으로
자연스럽게 뻗어 있다**

생명선의 굴곡이 크지 않고 툭 떨
어지는 듯한 모양입니다. 선이 이
런 모양이면 밖으로 나가는 게 좋
아요. 엄지 쪽으로 살짝 꺾여 있는
정도면 외향형 생명선으로 봅니다.

\ 추가로 /
여행선이 있다

생명선의 종점 부근에
서 불쑥 튀어나온 것이
여행선입니다. 이 선
역시 밖으로 나가는 게
좋다는 뜻이에요.

고향과의 인연 그리고 고향에 계신 부모님이나 친척, 친구들과 서로 돕는다는 뜻입니다. 조
건이 좋은 직장을 소개받기도 하고 장사 자금을 도움받기도 하고 말이지요. 지연이라는 것
이 의외로 있으니까요.

운명선은 인생의 시나리오

운명선은 공식적인 선, 실력을 나타내는 선

운명선은 기본선 중에서도 생명선에 버금가는 중요한 선입니다. 생명선과 운명선만 봐도 인생에 일어날 사건 중 약 80%는 알 수 있다고 해도 과언이 아니에요. 운명선에는 인간관계는 물론이고 연애, 결혼, 직장까지 그야말로 '인생의 시나리오'가 나타납니다.

생명선과 운명선에는 어떤 차이가 있을까요?

생명선에는 어찌할 도리가 없는 가족 내 트러블 등이 나타나는 반면, 운명선은 '사회' 등 가정 밖에서 일어나는 사건이 나타납니다.

예를 들어 이직이나 승진 시기, 연인과 만나는 시기부터 헤어지는 시기까지…. 그래서 **운명선을 공식적인 선, 사회적인 실력을 나타내는 선**이라고들 합니다.

저는 운명선을 중요한 선이라고 생각해요. 왜냐면 좋은 일이나 석연찮은 일을 포함해서 그 전환기가 언제 일어날지 계산해 낼 수 있기 때문이지요. 이때는 유년법(244페이지)을 써서 계산합니다.

특히 이직이나 독립 시기, 결혼하는 나이까지 인생에 일어날 중요한 사건의 타이밍을 알면, 미리 대비하며 인생 계획을 세울 수 있습니다. 게다가 잘 활용해서 운기의 흐름을 타도록 선택할 수 있으니까 그 후의 인생을 탄탄대로로 만들 수가 있는 것입니다.

◇ 어떤 차이가 있을까? ◇

선의 모양은 온갖 사연을 이야기합니다.
기본적으로는 짙고 곧게 뻗어 있어야 운명선이 갖는 강한 운을 살릴 수 있습니다.

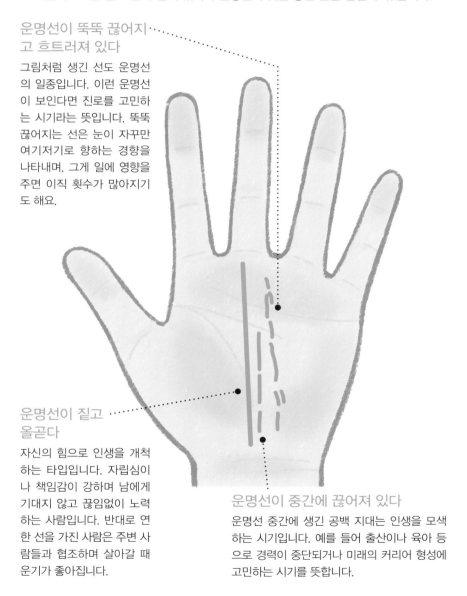

운명선이 뚝뚝 끊어지고 흐트러져 있다

그림처럼 생긴 선도 운명선의 일종입니다. 이런 운명선이 보인다면 진로를 고민하는 시기라는 뜻입니다. 뚝뚝 끊어지는 선은 눈이 자꾸만 여기저기로 향하는 경향을 나타내며, 그게 일에 영향을 주면 이직 횟수가 많아지기도 해요.

운명선이 짙고 올곧다

자신의 힘으로 인생을 개척하는 타입입니다. 자립심이나 책임감이 강하며 남에게 기대지 않고 끊임없이 노력하는 사람입니다. 반대로 연한 선을 가진 사람은 주변 사람들과 협조하며 살아갈 때 운기가 좋아집니다.

운명선이 중간에 끊어져 있다

운명선 중간에 생긴 공백 지대는 인생을 모색하는 시기입니다. 예를 들어 출산이나 육아 등으로 경력이 중단되거나 미래의 커리어 형성에 고민하는 시기를 뜻합니다.

여러 가지 모양이 있지만,
중지를 향하는 선이 운명선

··

운명선의 시작점에도 주목

운명선은 여러 가지 모양을 띠고 있어서 그게 진짜 운명선인지 판단하기 어려운 부분이 있을 거예요. 그럴 때는 선이 향하는 방향을 보면 됩니다. **시작하는 위치와 상관없이 '중지'를 향해 뻗어 있다면, 일단 운명선**이라고 판단해도 좋습니다. 그럼 선의 모양과 의미를 간단히 해설할게요.

생명선 안쪽에서 시작······가족과 유대가 깊다.

생명선에서 시작······친정에서 도움을 받기 쉽다. 가업을 잇는다.

엄지(금성구) 쪽에서 시작······온화한 성격을 갖고 있으며 운기가 안정되어 있다.

월구에서 시작······주위 사람들에게 귀여움을 받으며 타인의 도움으로 운이 열린다.

두뇌선에서 시작······두뇌가 명석해서 가르치는 일하는 사람이 많다.

뚝뚝 끊어진 상태(65페이지)와는 달리, 다른 선으로 갈아타며 이어지는 운명선(142페이지)도 있습니다. 이 경우에는 여러 개 있는 운명선 중 살짝 겹치는 부분에서 변화가 일어나는 것을 뜻합니다. 예를 들어 결혼이나 이혼, 이직이나 독립, 이사 등도 그런 변화 중 하나지요. 이러한 선은 구체적인 사건이 일어나는 시점보다 2~3년 정도 일찍 나타난다고 합니다. 손바닥에 이런 선이 보인다면 다가올 시기에 대비해서 열심히 변화를 견뎌내도록 체력을 기르고 자격에 관한 공부도 하며 준비해야 합니다.

◇ 판단하기 어렵다면 선의 시작점을 체크! ◇

중지를 향해 뻗어 있다면 일단 운명선이라고 생각해도 좋습니다.
운명선은 시작점이 되는 선이나 구의 에너지에 영향을 받기 때문에
출발 위치가 어딘지에 따라 의미가 달라집니다.

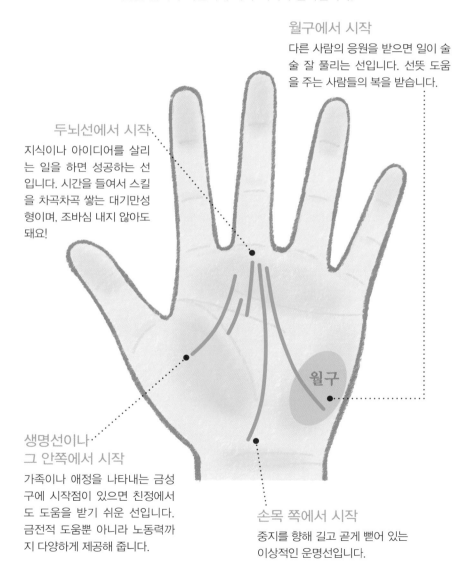

월구에서 시작

다른 사람의 응원을 받으면 일이 술술 잘 풀리는 선입니다. 선뜻 도움을 주는 사람들의 복을 받습니다.

두뇌선에서 시작

지식이나 아이디어를 살리는 일을 하면 성공하는 선입니다. 시간을 들여서 스킬을 차곡차곡 쌓는 대기만성형이며, 조바심 내지 않아도 돼요!

**생명선이나
그 안쪽에서 시작**

가족이나 애정을 나타내는 금성구에 시작점이 있으면 친정에서도 도움을 받기 쉬운 선입니다. 금전적 도움뿐 아니라 노동력까지 다양하게 제공해 줍니다.

손목 쪽에서 시작

중지를 향해 길고 곧게 뻗어 있는 이상적인 운명선입니다.

월구

행운의 선은 운명선이 베이스에 있다

성실하게 노력한 사람에게 주어지는 선물

금전운이나 직업운에 관한 행운의 손금 중에는 운명선이 없으면 만들 수 없는 선이 많습니다. 예를 들어 총애선이나 패왕선이 그래요.

총애선(영향선)(34페이지)……커리어 형성에 좋은 영향을 주는 사람과의 만남을 암시하는 선입니다.

패왕선(38페이지)……'억만장자의 손금'으로도 유명합니다. 부자에게 패왕선이 나타나는 것이 아니라, 억만장자가 되는 과정에서 형태가 만들어집니다.

이들 선이 가져다주는 행운은 넝쿨째 굴러들어 오는 호박이 아니라는 점을 알아야 합니다. 운기의 흐름이나 직업운, 사회운을 올리려면 그 베이스가 되는 운명선을 기를 것입니다. 다시 말해 '열심히 일을 하느냐'가 포인트가 되는 것이지요.

사실 **운명선이 없는 사람도 많아요.** 특히 학생 시절에는 운명선이 없다가 취업 활동을 시작하자마자 생긴다는 이야기를 자주 듣습니다.

하지만 운명선이 없다고 해서 운세가 나쁘다는 뜻은 아닙니다. 운명선이 없는 사람은 주변 사람을 잘 도와주는 사람이에요. 스스로 나서지는 않기 때문에 화려함은 없지만, 평화로운 인생을 보낼 수 있기 때문이지요.

운명선은 환경이나 자신의 노력에 따라 변하기 쉬운 선입니다. 운명선을 갖고 싶다면 남에게 맡기지 말고 자신의 힘으로 조금만 노력해 보면 좋을 거예요.

◇ 총애선과 패왕선은 이렇게 만들어진다 ◇

두 선 모두 운명선이 없으면 만들 수 없는 손금입니다.
그렇기 때문에 운명선은 연하게 보이더라도 있기만 하면 행운인 거예요.

패왕선은 '억만장자의 손금'
운명선, 태양선, 재물선이 붙어서 생기는 선입니다. 삼지창
처럼 생긴 문양으로 이 세상의 부를 긁어모아 줍니다.

**타인이 이끌어
주는 총애선**
손윗사람 특히 사회적 지
위가 있는 사람에게 귀여
움을 받는 선입니다. 총
애를 받는 덕분에 실력이
향상됩니다.

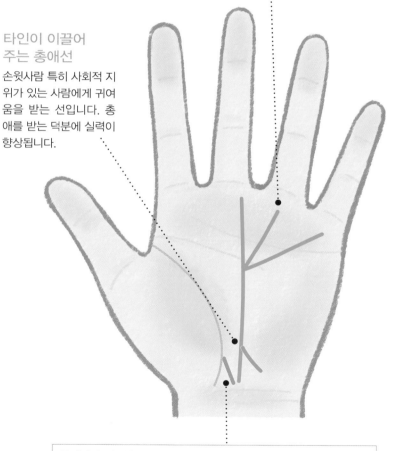

총애선과 비슷한 것이 여행선입니다. 총애선은 운명선에서, 여행선은
생명선에서 출발하니까 헷갈리지 않도록 하세요.

두뇌선 ①

선의 굴곡으로 생각하는
버릇이나 행동 패턴을 알 수 있다

위로 향하면 가성비 중시, 아래로 향하면 로망 지향

두뇌선은 엄지와 검지의 관절 사이에서 뻗는 선인데, 주로 **①생각하는 경향이나 행동 스타일, ②적성, ③창조성** 등을 알 수 있습니다.

예를 들어 선의 길이는 생각을 하고 행동하기까지 걸리는 시간을 나타냅니다. 짧으면 직감 중시형으로 생각을 하면 바로 실행에 옮기는 타입이고, 길면 심사숙고해서 행동하는 타입입니다.

사실 **선의 길이 이상으로 중요한 것이 선의 방향**입니다. 위로 향하느냐(곧게 뻗는 타입도 포함) 아래로 향하느냐에 따라 생각하는 성향이 완전히 달라지거든요. 위로(제2화성구) 뻗는 두뇌선은 현실적으로 사고하는 타입이라 무엇보다도 가성비를 중시합니다. 그런데 아래로(월구) 커브를 그리는 두뇌선은 로맨티스트 타입으로 사물의 연출을 까다롭게 봅니다.

두뇌선의 방향은 그 사람의 가치관을 나타내기 때문에 적성에 맞는 직업 선택을 비롯해서 연애 스타일까지 알 수 있습니다. 예를 들어 야경이 예쁜 곳에서 값비싼 저녁 식사를 대접받고 장미 100송이를 받아도 두뇌선이 위로 향하는 사람은 '이 꽃다발 얼마나 할까?'라는 게 궁금해서 기뻐하지 못합니다.

두뇌선은 단순히 머리가 좋은지 나쁜지나 어떤 사고방식을 가지는지 알기 위한 선이 아닙니다. 온갖 상황 속에서 그 사람의 행동에도 바로 나타나는 인생의 방향을 안내해 주는 선이기도 해요.

◇ 선의 굴곡과 길이를 먼저 보기! ◇

길이는 약지를 기준으로 봅니다. 약지 중앙에서 수직으로 내려왔을 때 그 지점에 닿으면 긴 두뇌선, 닿지 않는 경우는 짧은 두뇌선입니다. 그리고 두뇌선이 뻗는 방향 (굴곡)은 직업관이나 연애관 등, 다양한 것에 영향을 주는 가장 중요한 포인트입니다. 이 책에서도 여러 번 나올 거예요.

위로 향하는 두뇌선 (곧게 뻗은 선 포함)

현실적으로 행동하며 숫자로 사물을 생각하는 타입입니다. 은행원이나 세무사처럼 숫자를 다루는 직업, 약제사 같은 이과 직업에 적성이 있습니다.

짧은 두뇌선

두뇌선의 길이도 다양한데, 중지에 아슬아슬하게 닿을 정도로 짧은 선도 있어요. 두뇌선의 길이는 사물을 생각하는 시간의 길이라고 합니다.

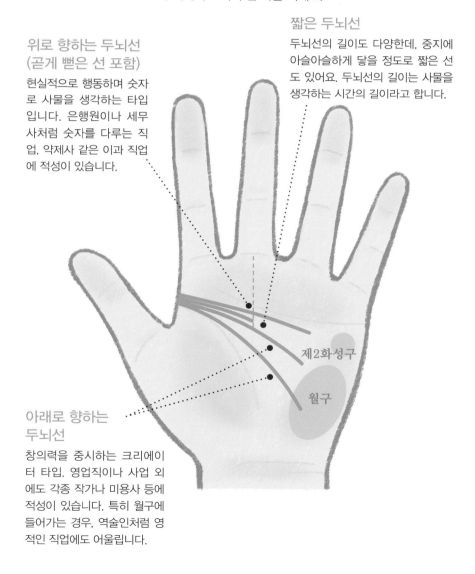

제2화성구

월구

아래로 향하는 두뇌선

창의력을 중시하는 크리에이터 타입. 영업직이나 사업 외에도 각종 작가나 미용사 등에 적성이 있습니다. 특히 월구에 들어가는 경우, 역술인처럼 영적인 직업에도 어울립니다.

두뇌선 ②

두뇌선과 생명선의
시작점은 어떻게 되어 있을까?

닫힌 타입인가 열린 타입인가

　두뇌선과 생명선의 시작점은 어떻게 되어 있을까요?

　두뇌선과 생명선의 시작점이 붙어 있는 '닫힌 타입'인가, 떨어져 있는 '열린 타입'(5㎜ 이상이 기준)인가는 그 사람의 성격이나 행동 경향을 알 때 매우 중요한 포인트입니다.

　닫힌 타입은 신중함을 갖춘 상식적인 타입이에요. 나무가 아닌 숲을 볼 줄 알며 협조성도 있지요. 지금까지 손금풀이를 해 온 경험으로 얻은 법칙이지만, 약 80%는 닫힌 타입이라고 합니다.

　한편 **열린 타입은 닫힌 타입과 정반대**입니다. 이른바 KY선이라고 해서 '손금책'에 따라서는 '눈치 없는 사람의 손금'으로 보는 경우가 있는데, 저는 '굳이 눈치를 보지 않고 행동해야 좋은 선'이라고 생각해요. 왜냐면 그때그때 생각하고 기분대로 해야 신기하게도 평소보다 더 힘이 나는 경우가 많더라고요.

　열린 타입들에게는 마음의 점프대가 있습니다.

　마치 점프대에서 뛰어내릴 듯한 기세로 사람들이 하지 못하는 일을 뜬금없이 해낼 때가 있거든요.

　'눈치 없다'라는 말을 들으면 마음이 좋을 리 없잖아요? 하지만 본인이 눈치가 없는지 신경 쓰지 말고, 열린 타입들만이 가진 그 특별한 에너지를 소중히 여기세요. 그러면 인생이 더 빛날 겁니다.

◇ 시작점이 떨어졌다고 보는 기준은 약 5mm ◇

이 '닫힌 타입'과 '열린 타입'의 문제는 두뇌선의 굴곡(70페이지),
감정선의 굴곡(78페이지)만큼이나 사람의 됨됨이를 판단할 때 중요한 포인트입니다.
이 책에서도 종종 등장해요.

'닫힌 타입'은
신중하고 상식적

생명선과 두뇌선의 시작점이 붙어
있는 타입이에요. 그림처럼 생명선의
중간부터 붙어 있는 경우도 '닫힌 타
입'으로 분류합니다. 시작점이 아래
로 갈수록 더 신중하다는 뜻이에요.

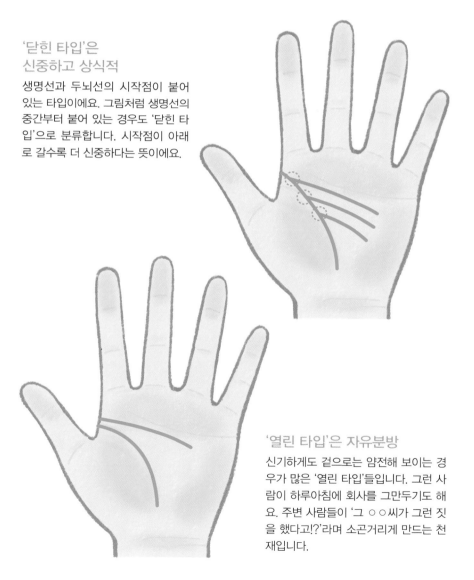

'열린 타입'은 자유분방

신기하게도 겉으로는 얌전해 보이는 경
우가 많은 '열린 타입'들입니다. 그런 사
람이 하루아침에 회사를 그만두기도 해
요. 주변 사람들이 '그 ○○씨가 그런 짓
을 했다고!?'라며 소곤거리게 만드는 천
재입니다.

두뇌선 ③

두뇌선과 감정선이 일자인 막쥔 손금

···

롤러코스터처럼 오르락내리락하는 쾌감

　마지막으로 특이한 모양을 띤 두뇌선, '막쥔 손금'을 소개할게요. 두뇌
선과 감정선이 하나로 합쳐져 있는 매우 희귀한 손금이에요.

　저는 자주 막쥔 손금을 가진 분들에게 '강한 운을 타고난 손금이라고 하
는데, 딱히 좋은 일이 없어요'라는 상담을 받습니다. 사실은 이게 오해입
니다. **막쥔 손금이 뜻하는 강한 운세나 행복의 척도가 일반적인 이미지와
어긋나기 때문**이에요.

　확실히 막쥔 운을 놓치지 않는 강한 운을 소유한 건 맞습니다. 하지만
성공이라는 목표는 같더라도 과정은 전혀 다릅니다. 막쥔 손금은 롤러코
스터처럼 오르락내리락하는 맛이 있어 무의식중에 '모' 아니면 '도'라는 식
으로 행동하기 쉬워요. 그 때문인지 돈 때문에 고생도 해서 '좋은 일이 없
다'는 식으로 생각하게 되는 거예요.

　하지만 이게 바로 막쥔 손금이 가진 행복의 모습입니다. 안정된 환경
에서는 본래의 힘이 발휘되지 않지요. 게다가 타인과 비교하지 않고 평범
함에 구애받지 않은 채 좋아하는 일에만 매진하면 그 강한 운을 발휘합니
다. 남들보다 몇 배는 더 빠른 속도로 출세하고 돈도 따라오지요.

　막쥔 손금을 가졌다면 **용기를 갖고, 하고 싶지 않은 일은 조금씩 손에서
놓아 보세요.** 그리고 남는 시간을 모두 좋아하는 일에 투자한다면 운세가
상승합니다. 그렇게 하면 막쥔 손금의 강한 운이 최대로 커질 거예요.

◇ 막쥔 손금은 한눈에 알 수 있다 ◇

앞에서 소개했듯이 막쥔 손금의 개성은 현재나 미래를
나타내는 오른손에 나타나는 경우가 많습니다.
왼손에 있다면 선천적으로 강한 운을 타고난 사람이에요.

**두뇌선과 감정선이
하나로 이어져 있다**
중간에 선이 옅어지거나 살
짝 끊어지면서 하나로 연결
되는 막쥔 손금도 있어요.

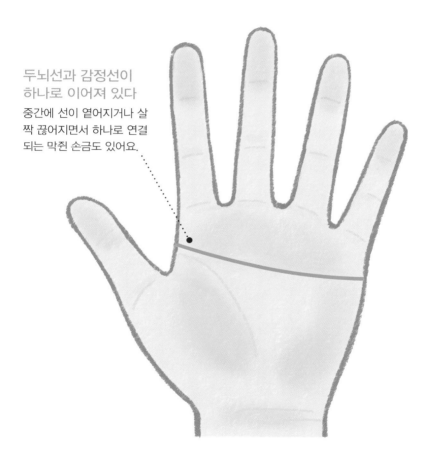

다른 선과 마찬가지로 막쥔 손금에도 섬이 나타나거나 사
슬 모양을 띠기도 합니다.

사실 이런 선도 막쥔 손금이다

막쥔 손금이라고 하면 감정선과 두뇌선이 하나로 이어진 선을 떠올리겠지만,
사실 이런 손금도 막쥔 손금의 일종입니다.
'변형 막쥔 손금'이라 불리며 주로 4가지 종류가 있습니다.

막쥔 손금 중간에서 두뇌선과 감정선이 갈라져 나와 있다

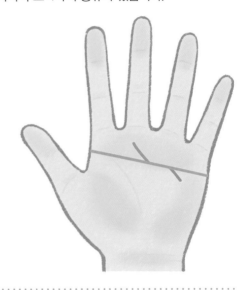

감정선과 두뇌선이 포함된 막쥔 손금에 +
감정선, +두뇌선이 되므로 이중 감정선이나
이중 두뇌선과 같은 의미도 포함됩니다.
감정선과 두뇌선이 각각 갈라져 나와 있어
서 변형 막쥔 손금 중에서도 가장 균형이
잡힌 타입이에요. 그래서 막쥔 손금의 특징
인 끈질김이나 승부욕, 독립심과 더불어 유
연한 사고법까지 겸비했기 때문에 조직 안
에서도 제 역할을 해냅니다.

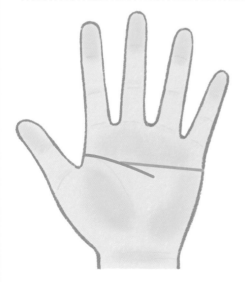

막쥔 손금 아래로 두뇌선이 삐죽

두뇌선만 삐죽 나와 있는 모양이라 이중 두뇌
선을 가진 변형 막쥔 손금입니다. 막쥔 손금
이 있는 사람 중에는 고집불통의 장인 기질
을 가진 사람도 많은데, 이중 두뇌선이 있기
때문에 다재다능합니다. 아이디어가 풍부하고
사고법도 유연하지요. 창의력을 살려서 차곡
차곡 끈질기게 결과를 만들어냅니다. 감정보
다 이성을 앞세우며 애정 표현이 살짝 서투릅
니다. 참고로 감정선이 삐죽 나온 경우는 이
중 감정선을 가진 변형 막쥔 손금이며, 이성
보다 감정을 우선하는 타입입니다.

막퀸 손금 위에 감정선이 독립해서 뻗어 있다

막퀸 손금과 더불어 이중 감정선의 의미도 같이 가집니다. 감정선의 힘이 2배로 커지기 때문에 이성보다 감정이 강한 타입이에요. 애정 표현이 풍부한 점도 막퀸 손금이나 다른 변형 막퀸 손금에게는 보이지 않는 특징입니다.

원래 막퀸 손금을 가진 사람은 끈질기며 혼자서 착실하게 일을 해치우는 장인 기질의 사람이 많은데, 이 변형 막퀸 손금을 가진 사람은 꿈이나 목표를 이뤄 나가는 힘이 남들보다 두 배는 많아요! 뜨거운 마음으로 역경을 헤쳐나갑니다.

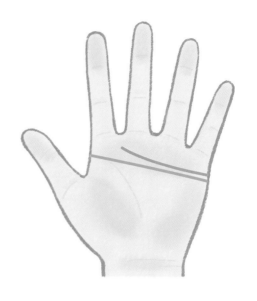

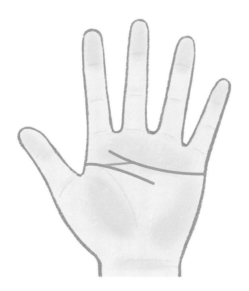

감정선의 지선이 두뇌선에 붙어 있다

감정선 중간에서 나온 지선 또는 끝부분에서 나온 지선이 두뇌선에 붙어서 막퀸 손금이 된 경우입니다. 지선은 다양한 경험을 통해서 만들어지는 경우가 많은데, 지금까지 했던 노력이나 생각해 왔던 것들의 결정체라고 할 수 있습니다. 원래는 아니었는데 어른이 되면서 막퀸 손금이 된 경우는 대부분 이렇게 변형 막퀸 손금을 가졌어요.

막퀸 손금이 가진 개성이 앞으로 다가올 인생에서 든든한 지원군이 되어 줄 거예요.

감정선에는 주로 성격이 나타난다

선의 굴곡에 흔들리는 마음이?

소지 아래에서 검지 방향으로 뻗는 선이 감정선입니다. 감정선으로는 주로 **①성격 ②연애 경향 ③결혼 상대의 타입** 등을 알 수 있습니다.

생각이 마음속에 있으면 '감정'에 머무르지만, 밖으로 드러나면 '성격'입니다. 따라서 감정선은 성격을 알기 위한 지침입니다.

감정의 방향성이나 사물을 받아들이는 버릇을 볼 수도 있기 때문에 연애나 결혼 등 감정을 크게 흔드는 사건과도 깊이 연관되어 있습니다. 열정을 가졌는지, 대인관계에서 감정 표현을 어떻게 하는지부터 애정이나 감수성까지 모두 감정선으로 봅니다.

그럼 먼저 감정선의 굴곡을 보겠습니다.

감정선의 굴곡은 흔들리는 감정을 나타냅니다. 그래서 직선적으로 뻗어 있을수록 감정 기복이 적고 쿨한 타입이에요. 주변이 떠들썩할 때도 혼자 침착하게 분위기를 파악합니다.

하지만 위쪽으로 굴곡이 클수록 감정이 흔들리기 쉽고 상황이나 환경, 사람들의 분위기에 따라 마음이 왔다 갔다 하는 경향이 있습니다. 특히 감정선이 급커브를 해서 검지와 중지 사이로 들어간다면, 감정의 움직임을 무엇보다도 소중히 여기는 사람입니다.

아무튼 감정선에는 그 당시 마음의 상태가 고스란히 드러나기 때문에 모양이 변하기 쉬운 선 중 하나입니다.

♢ 먼저 선의 굴곡을 체크하자 ♢

감정선은 굴곡의 모양과 종점의 위치에 주목합니다. 감정을 겉으로 드러내는
타입인지 숨기는 타입인지는 그 사람을 특징짓는 포인트이기 때문이지요.
감정선의 굴곡 모양과 종점 이야기는 이 책에서도 종종 나올 겁니다.

크게 곡선을 그리는 감정선

감정이 풍부하고 가족이나 연인, 친구 등 모든 사람에게
친절합니다. 한편으로는 이런저런 것들에 감정이 쉽게 흔
들리기 때문에 냄비 근성도 있어요.

굴곡이 아래로
향하는 경우도

아래로 향하는 감정선은
정이 많아서 정에 호소하
면 흔들리기 쉬운 다정한
성격입니다.

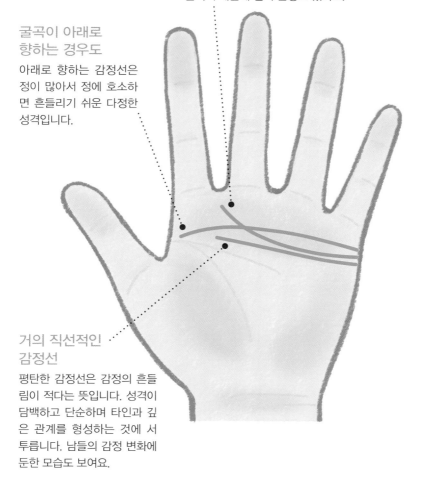

거의 직선적인
감정선

평탄한 감정선은 감정의 흔들
림이 적다는 뜻입니다. 성격이
담백하고 단순하며 타인과 깊
은 관계를 형성하는 것에 서
투릅니다. 남들의 감정 변화에
둔한 모습도 보여요.

길고 짧은 기준은?

································

사람이나 사물에 대한 집착 정도를 알 수 있다

감정선의 길이로도 감정의 방향성이나 사물을 받아들이는 버릇을 볼 수 있습니다. 무언가에 빠지는 속도감을 굴곡으로 판단하는 반면, 사람이나 사물에 대한 집착 정도는 길이로 판단합니다.

감정선의 길이는 **표준적으로 검지와 중지 사이의 관절에서 수직으로 내려온 라인에 닿는지 닿지 않는지를 보면 됩니다.** 검지 끝까지 뻗었으면 길고, 중지 중간까지만 뻗었으면 짧다고 판단하지요.

감정선이 긴 사람은 좋아하는 것에 몇 시간이든 몰두할 수 있으며 강한 열정을 갖고 있어 거침없이 추진하는 타입입니다. 어릴 때 좋아하던 음식을 여전히 좋아하듯이 좋아하는 사람에게는 해바라기가 됩니다. 그 장점이 마이너스로 작용하면 실연을 당했을 때 실의에 빠져 허우적거리다 스토커처럼 변하기도 합니다.

반면, 감정선이 짧은 사람은 본인이 감정을 드러내고 있다고 생각하는데도 남들이 볼 때는 살짝 쿨하게 보이기 쉬운 타입입니다. '무슨 생각을 하는지 모르겠다'라는 말을 많이 들을 수도 있겠네요. 밀접한 대인관계에 서투르며 연애나 결혼에도 별로 관심이 없습니다.

기본적으로 손금은 흐트러지지 않고 깔끔하게 뻗는 것이 좋지만, **감정선만큼은 어느 정도 선이 흐트러져 있어야 감성이 풍부하고 인간미가 있다**고 할 수 있어요.

◇ 감정선은 표준적인 길이가 정해져 있다 ◇

선의 길이는 사물에 대해 얼마나 몰두하는지, 그 집착 정도를 나타냅니다.
그러한 개성은 업무나 연애, 가족 관계 등 온갖 상황에서 발휘되기 때문에
감정선의 굴곡 형태(78페이지)에 이어 중요한 체크 포인트입니다.
이 책에서도 종종 나올 겁니다.

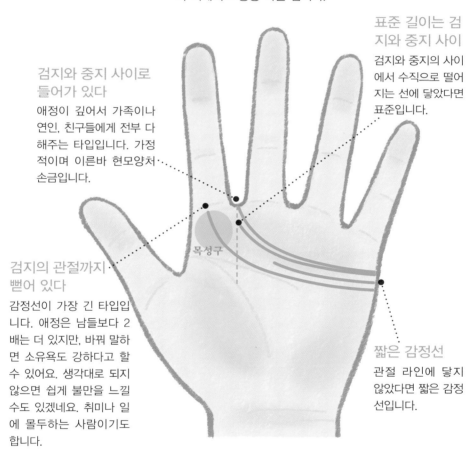

표준 길이는 검지와 중지 사이

검지와 중지의 사이에서 수직으로 떨어지는 선에 닿았다면 표준입니다.

검지와 중지 사이로 들어가 있다

애정이 깊어서 가족이나 연인, 친구들에게 전부 다 해주는 타입입니다. 가정적이며 이른바 현모양처 손금입니다.

검지의 관절까지 뻗어 있다

감정선이 가장 긴 타입입니다. 애정은 남들보다 2배는 더 있지만, 바꿔 말하면 소유욕도 강하다고 할 수 있어요. 생각대로 되지 않으면 쉽게 불만을 느낄 수도 있겠네요. 취미나 일에 몰두하는 사람이기도 합니다.

목성구

짧은 감정선

관절 라인에 닿지 않았다면 짧은 감정선입니다.

감정선의 종점은 검지와 중지 사이로 '①들어가 있다 ②향하고 있다 ③검지에 닿지 않는다'라는 3가지를 봅니다. 이들은 사람의 성질과 크게 관련이 있습니다. 모두 다 애정이 깊다는 뜻이지만, 특히 ①은 상대방에게 뭐든지 다 해주는 '현모양처' 손금이라 불리며 애정이 넘쳐흐르기도 합니다.

시작점의 위치에도 의미가 있다

···

손바닥을 가로로 4등분 해 보자

제가 손금풀이를 할 때는 크게 중요시하지 않지만, 사고법 중 하나로써 감정선의 위치에 관해 소개하겠습니다. 여기서는 '시작점'이 어디서 출발하느냐가 중요합니다.

먼저 **소지의 관절 라인에서 손목까지의 길이를 4등분**해 볼게요. 이때 위에서 첫 번째 지점에서 감정선이 시작했다면 표준적인 위치에 있는 감정선입니다.

첫 번째 지점의 경계선보다 **소지의 관절 쪽에 가까운 곳에서 감정선이 시작한 사람은 파워가 넘치는 사람**입니다. 일할 때나 연애할 때 열정적으로 노력해서 꿈을 이뤄내지요.

그런데 때로는 흘러넘치는 열정을 주체하지 못하고 감정을 제어하지 못한 채 휘둘리기도 합니다.

반면, **첫 번째 지점보다 아래쪽에서 시작하는 사람은 냉정하고 이성적이며 감정을 겉으로 잘 드러내지 않는 타입**입니다. 트러블이 생겨도 동요하지 않기 때문에 냉정하게 비칠 수도 있어요.

손금은 변한다고 말했지만, 선의 형태나 개수만 변하는 게 아니에요. 사실 '위치'가 변하기도 합니다.

그때의 심경에 따라 감정선이 출발하는 위치도 위아래로 이동하는 경우가 있으니 주의 깊게 관찰하면 재미있을 겁니다.

◇ 표준적인 시작점의 위치를 알아두자 ◇

시작점의 위치에서도 사람의 성향이 드러난다고 합니다.
제가 경험해서 얻은 결론으로는 선의 굴곡이나 길이만큼 영향력은 없는 것 같지만,
기준을 알아두자는 의미로 소개하려고 합니다.

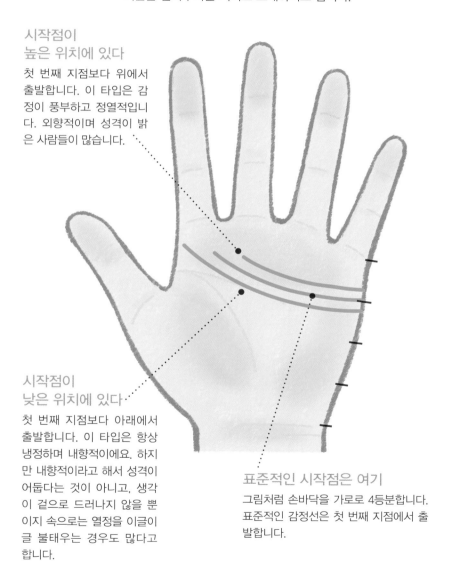

**시작점이
높은 위치에 있다**

첫 번째 지점보다 위에서 출발합니다. 이 타입은 감정이 풍부하고 정열적입니다. 외향적이며 성격이 밝은 사람들이 많습니다.

**시작점이
낮은 위치에 있다**

첫 번째 지점보다 아래에서 출발합니다. 이 타입은 항상 냉정하며 내향적이에요. 하지만 내향적이라고 해서 성격이 어둡다는 것이 아니고, 생각이 겉으로 드러나지 않을 뿐이지 속으로는 열정을 이글이글 불태우는 경우도 많다고 합니다.

표준적인 시작점은 여기

그림처럼 손바닥을 가로로 4등분합니다. 표준적인 감정선은 첫 번째 지점에서 출발합니다.

손금은 부모에게서 유전된다?

．．．．．．．．．．．．．．．．．．．．．．．．．．．．．．．

당연하다면 당연하지만, 마음이 맞는 사람이나 성격이 비슷한 사람끼리는 손금 모양도 매우 비슷합니다. 특히 잉꼬부부나 절친 관계에 있는 사람들은 닮은 부분이 많아 보는 제가 깜짝 놀랄 정도입니다.

사실 **손금은 부모에게서 자식으로 유전**되는 경우가, 있습니다. 아버지나 어머니 중 한 사람의 손금과 꼭 닮기도 하고, 부모님과 닮지 않았다면 할아버지나 할머니의 손금을 물려받기도 합니다.

부모님과 함께 손금을 보세요. 금성구에 얇은 주름이 있지 않나요? 둘에게 모두 주름이 있다면 **절친처럼 아주 친한 사이인 경우**가 많습니다.

금성구에 있는 얇은 주름은 '매일 생각하는 선'이라고 해요. 아이들은 매일 많은 생각을 하고, 가끔 어른스러운 발언을 해서 깜짝 놀라는 경우가 있잖아요. 비슷한 주름이 있는 아버지나 어머니도 무척 세심하기 때문에 아이의 마음에 한껏 다가갈 수 있는 거예요. 따라서 깊은 신뢰 관계를 만들 수 있는 것이지요.

금성구에 주름이 적은 아버지, 어머니는 쾌락을 중시하는 타입입니다. 맛있는 밥이나 술에 행복을 느끼며 육아를 할 때도 '재미있으면 됐지'라는 생각을 하기도 해요.

이러면 **섬세한 아이들은 부모와 교감이 부족하다**고 느껴서 적당히 타협하고 넘어가기도 하지만, 반대로 관계가 삐걱거리게 되기도 합니다.

그렇게 되지 않도록 아이의 손금을 봐 두는 것도 가정이 원만해지는 비결이라고 생각해요. 맞지 않는 부분을 처음부터 알면 적당한 거리감을 잡을 수 있으니까요.

.... ◇

개성이나 잠재의식이 훤히 드러난다!

성격 읽기

'내 성격은 내가 제일 잘 알지' 이런 분들 많으시죠?
하지만 손금을 보면 분명 놀랄걸요!
손금에 드러나는 본성을 보면 여러분도 모르는
자신의 개성이 속속들이 밝혀질 겁니다.

성격

성격을 알 때 중요한 금성구의 그물코

얇은 그물코가 있는 사람은 서비스의 천재

앞서 소개했듯이 성격은 두뇌선과 감정선의 길이나 굴곡의 형태로 대충 알 수 있습니다. 여기서는 금성구에 주름이 있는지에 주목해서 보려고 합니다.

주름이 얇고 그물코처럼 나 있다면 감정 변화에 민감한 타입입니다. 상대방의 일거수일투족에 의미를 부여하려고 하는 탓에 자칫 억측으로 지치기도 합니다. 한편, 그물코가 거친 경우는 사소한 일에 신경을 쓰지 않아요. 보이는 것만 믿기 때문에 스트레스도 적고 마음 전환도 빨리할 수 있지요.

뭐가 더 좋다 하는 이야기는 아니지만, 너무 섬세한 나머지 손해를 본다고 생각하는 사람도 있을 거예요. 하지만 **섬세한 사람들은 서비스의 천재**입니다!

상대가 말하지 않아도 무슨 생각을 하는지 알고 세심하게 배려할 수 있어서 고급 호텔의 접객이나 일류 기업의 비서 같은 서비스업에서 활약하는 사람도 많습니다. 넓은 의미로 보면 일의 대부분은 서비스업이니까 다양한 업태에서 재능을 발휘할 수 있는 것이지요.

잔주름이 많고 그물코처럼 되어 있으면 오히려 '주름이 없다'고 느끼는 사람이 많은 것 같아요. 이건 선이 너무 많아서 하나하나 눈에 잘 띄지 않는다는 뜻이에요. 반면, 선이 적은 경우는 손바닥을 가까이 대지 않아도 가로선이 몇 개 또렷이 보일 거예요.

◇ 손바닥 주름에는 어떤 의미가 있을까? ◇

주름이 짙은가 옅은가, 가로인가 세로인가 차이는 있지만
주름이 많다는 것은 신경이 섬세하다는 뜻이에요.
마음의 상태가 반영되기 때문에 나타났다가도 사라지는 것이 특징입니다.

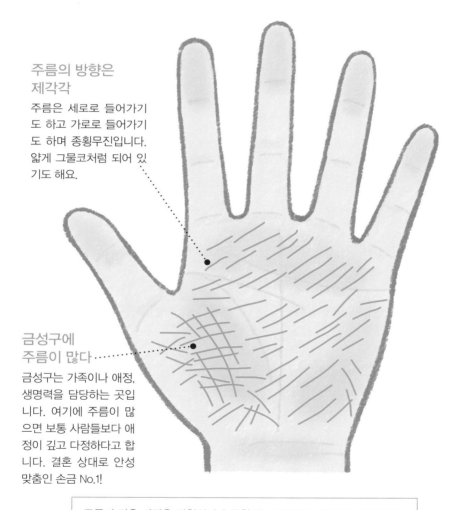

**주름의 방향은
제각각**

주름은 세로로 들어가기
도 하고 가로로 들어가기
도 하며 종횡무진입니다.
얇게 그물코처럼 되어 있
기도 해요.

**금성구에
주름이 많다**

금성구는 가족이나 애정,
생명력을 담당하는 곳입
니다. 여기에 주름이 많
으면 보통 사람들보다 애
정이 깊고 다정하다고 합
니다. 결혼 상대로 안성
맞춤인 손금 No.1!

> 주름이 많은 사람은 관찰력이나 통찰력도 뛰어나기 때문에 연구자나 학
> 자 등에도 적성이 있어요. 한 가지 일을 끝까지 해내는 재능이 있습니다.

기본선만 가지고 성격을 알아보자

1 유머가 있다

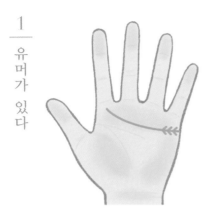

감정선의 시작점 근처에 [〈]의 모양이 있으면 커뮤니케이션 능력이 뛰어나고 사람들에게 즐거움을 주는 것을 기쁨으로 삼는 사람입니다. 가끔 사람들을 웃기려는 나머지 말실수를 해서 나중에 반성하는 타입이기도 합니다.

2 유연성이 있다

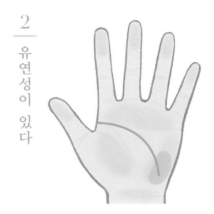

두뇌선의 종점이 월구에 있는 사람은 유연한 시각으로 사물을 바라봅니다. 고집을 밀어붙이지 않고 남의 의견에도 귀를 기울일 줄 아는 타입입니다. 사근사근하며 누구와도 잘 어울립니다.

3 엄격한 사람

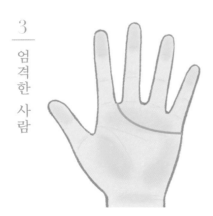

감정선이 검지와 중지 사이까지 들어가 있는 사람은 매우 단호한 성격을 가졌습니다. 한 번 정하면 끝까지 밀고 나가는 힘이 있는 한편, 흑백 논리로 생각하는 경향이 있습니다.

4 노력가

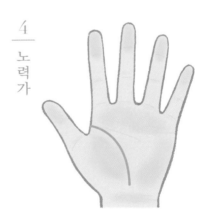

생명선은 살아가고자 하는 마음을 나타냅니다. 선이 또렷하고 짙을수록 한 번뿐인 인생을 마음껏 즐기며 노력할 수 있는 사람이에요. 그 에너지를 행동으로 바꿔 가지요.

먼저 기본선만 가지고 성격을 진단해 보세요.
보통 손금풀이를 할 때는 다양한 선을 복합적으로 보지만, ══════
기본선만 봐도 많은 것을 알 수 있어요.

5
호
기
심
왕
성

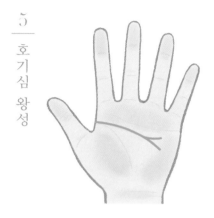

다방면으로 안테나를 뻗은 것처럼 둘로 갈라
진 두뇌선을 가진 사람은 호기심이 왕성합니
다. 다재다능하며 갈라진 각도가 클수록 다른
장르에서 재능을 발휘하지요.

6
온
화
한
사
람

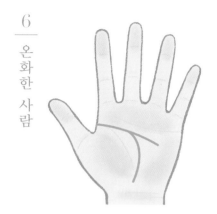

시작점이 생명선과 크게 겹치다가 중간(중지
부근)부터 갈라진 두뇌선에는 특징이 있습니
다. 이 손금을 가진 사람은 항상 밝고 너그러
워요. 눈에 띄는 행동을 하거나 타인과 다투
는 것을 싫어하지요.

7
가
식
이
없
다

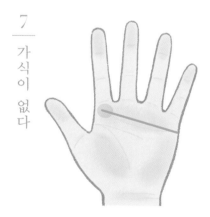

감정선이 목성구까지 곧게 뻗은 것이 특징입
니다. 성격이 분명해서 직설적으로 발언하는
경향이 있지만, 그 때문에 가식이 없어 타인
에게 신뢰를 얻는 타입입니다.

8
배
려
가
있
는
사
람

검지와 중지 사이로 향하는 감정선을 가졌다
면 남의 마음을 생각해서 행동할 줄 아는 사
람입니다. 주변 사람들은 다정한 사람으로 생
각하지만, 배려를 너무 많이 한 나머지 오해
를 받거나 제풀에 지치지 않도록 주의하세요.

9

편안하게 해주는 사람

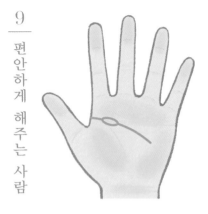

두뇌선에 섬이 있는 것은 갈피를 잡지 못하거나 정신적 피로를 잘 느낍니다. 대신 타인의 고민이나 아픔에 민감해요. 이야기에 귀 기울여주며 상대방에게 다가가 마음을 편안하게 해주는 카운슬러에 어울리는 손금입니다.

10

상처를 잘 받는다

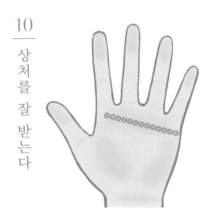

감정선이 사슬 모양이면 섬세하고 예민한 면을 가진 사람입니다. 타인에게 강압적으로 나가기도 하는데, 이건 사실 자신감이 떨어져서 더 그럴지도 몰라요. 지나가는 말 한마디에 깊이 상처받기 쉬운 타입입니다.

11

에너지가 넘치는 사람

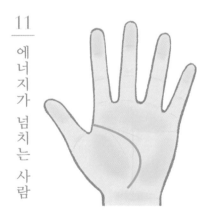

중지에서 밑으로 곧게 그린 선보다 생명선이 더 크게 나와 있으면 일도 잘하고 잘 놀며 기력이 넘치는 사람입니다. 가만히 있으면 좀이 쑤시기 때문에 자칫 엉뚱한 일을 벌이니 주의하세요.

12

밝은 사람

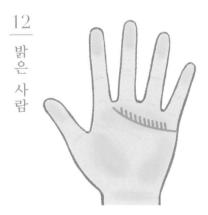

감정선에서 지선 여러 개가 위쪽으로 난 사람은 밝고 낙천적입니다. 자기표현이나 감정 표현도 잘해서 눈에 잘 띄지요. 무슨 일이든 적극적으로 임하며 친구들 복도 넘칩니다.

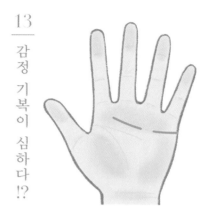

감정선이 끊어져 있으면 감정 제어가 안 된다는 것을 뜻합니다. 어느 순간 감정을 폭발시킬 위험성도 있어요. 불안정하다는 걸 자각하고 넘어가도록 합시다.

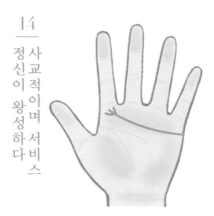

감정선이 3개 이상으로 갈라져 있는 사람은 명랑하고 사교적입니다. 서비스 정신이 왕성해서 낯가림하는 사람은 물론, 처음 만나는 사람에게도 친절하게 대합니다. 모든 방향에서 사랑을 받는 인기인의 손금이에요.

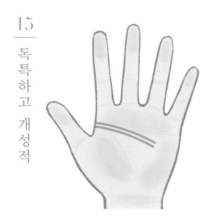

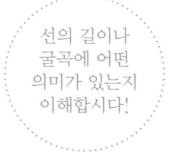

선의 길이나 굴곡에 어떤 의미가 있는지 이해합시다!

두뇌선이 2개 있는 사람은 재능이나 개성도 남들보다 2배는 더 많아요! 머리가 좋아서 독특한 발상을 하기 때문인지 개성이 넘친다는 시선을 받기 쉽지요. 이 경우는 선이 이중일 필요는 없고, 2개가 있으면 해당합니다.

성격

승부욕이 심한 노력파

◇ 봉긋 솟은 제1화성구

제1화성구가 봉긋 올라온 사람은 승부욕이 강한 타입입니다. 지는 걸 싫어해서 남몰래 노력하며 위기 속에서 활활 타오르는 성격을 가졌어요.

특히 실적이 숫자로 드러나는 영업에서 능력을 발휘합니다. 그러나 한편으로 악덕 기업이나 인간관계가 삐걱대는 환경에서도 너무 열심히 하기 때문에 무리하지 않는 것이 중요합니다.

거기에 **검지와 중지 사이로 감정선**이 들어가는 현모양처의 손금까지 있으면 가족에게도 그 노력을 발휘합니다.

예를 들어 가족이 고치기 어려운 병에 걸렸거나 배우자에게 빚이 있다는 걸 알게 되는 등, 고생길이 심해질수록 잠자고 있던 에너지가 끓어올라 힘을 발휘합니다. 가족을 위해 뭐든지 다 하는, 매우 헌신적이고 강인함을 지닌 따뜻한 손금입니다.

◇ 목성구는 야심의 상징

목성구는 야심이나 향상심을 나타내는데, 이곳이 봉긋 솟은 사람은 열심히 노력하고 도전하는 자신의 모습을 좋아합니다.

게다가 **목성구에 세로선**까지 있으면 그러한 성질은 더 높아지지요.

이런 상을 가진 사람들은 왠지 안주하게 되면 지는 듯한 기분에 사로잡힙니다.

그래서 편한 일과 힘든 일이 눈앞에 놓여 있다면, '젊어서 고생은 사서도 한다잖아'라며 망설임 없이 고생하는 길을 택할 거예요.

시련은 때때로 자신을 단단하게 만들어주기도 합니다. 하지만 무리는 하면 안 되겠지요.

가끔은 자신에게 너그러운 마음을 가지면 좋겠어요.

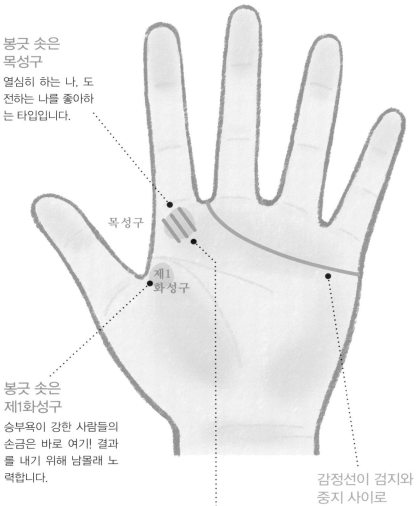

봉긋 솟은 목성구

열심히 하는 나, 도전하는 나를 좋아하는 타입입니다.

목성구

제1 화성구

봉긋 솟은 제1화성구

승부욕이 강한 사람들의 손금은 바로 여기! 결과를 내기 위해 남몰래 노력합니다.

목성구에 세로선이 있다

목성구에 나타나는 세로선은 그림처럼 비스듬하게 들어가는 경우도 많아요. 향상심으로 똘똘 뭉쳐 있어서 매사에 100% 이상의 힘을 쏟아내기 때문인지 게으른 사람이나 노력하는 사람을 싫어하는 손금입니다.

감정선이 검지와 중지 사이로 들어간다

검지와 중지 사이로 쭉 뻗은 감정선을 가졌다면 가족을 지키기 위해 힘을 발휘하는 사람입니다.

싫증을 잘 내는 기분파

성격

◇ 싫증을 잘 낸다=뭔가에 빠져드는 재능이 있다

감정선이 크게 휘어서 검지와 중지 사이로 들어간 사람은 싫증을 잘 내는 기분파입니다.

원래 이 선을 가진 사람은 상대방의 섬세한 표정 변화를 민감하게 느끼고, 그 사람에게 기쁨을 주고 싶다는 마음에 모든 것을 해주는 사람입니다.

그게 왜 싫증을 잘 내는 성격으로 이어지는가 하면, 감정 기복이 심해서 눈앞에 다른 즐거운 일이 나타나면 또 감정이 흔들리기 때문입니다. 그래서 호기심에 무언가를 시작해 보지만, 또 다른 재미를 알게 되면 금세 눈을 돌립니다. 저는 이 싫증을 잘 내는 성격을 장점으로 보고 있어요. 싫증을 잘 낸다는 말은 뭔가에 빠져드는 재능이 있다는 뜻이니까요. 이런저런 일들을 시작했다가 그만두기도 해야 진짜 좋아하는 것을 만나는 것이지요. 그리고 말년에는 좋아하는 것들에 둘러싸여 즐거운 인생을 보내는 손금입니다.

◇ 손절할 수 있는 것이 강점

앞에서 말했듯이 크게 휘는 감정선과 마찬가지로 **'뚝뚝 끊어지는 운명선'**도 싫증을 잘 내는 성격을 나타냅니다. 하지만 의미가 살짝 다릅니다.

예를 들어 이직을 고민한다고 생각해 보세요. 뚝뚝 끊어지는 운명선은 적성에 맞지 않겠다 싶으면 포기가 빨라서 손절할 수 있는 타입입니다.

반면, **크게 휘는 감정선**은 이직하고 싶다며 노래를 부르지만 행동으로 옮기는 것은 다른 이야기예요. 자신이 그만두게 되면 담당하던 일들을 동료가 떠안게 되지 않을까 걱정이 되는 겁니다. 뚝뚝 끊어진 운명선 타입이 싫증을 잘 내고 자신에게 솔직히 행동할 수 있는 손금이라고 하면, 크게 휘는 감정선은 타인과의 관계에 따라 감정이 변하는 손금이에요.

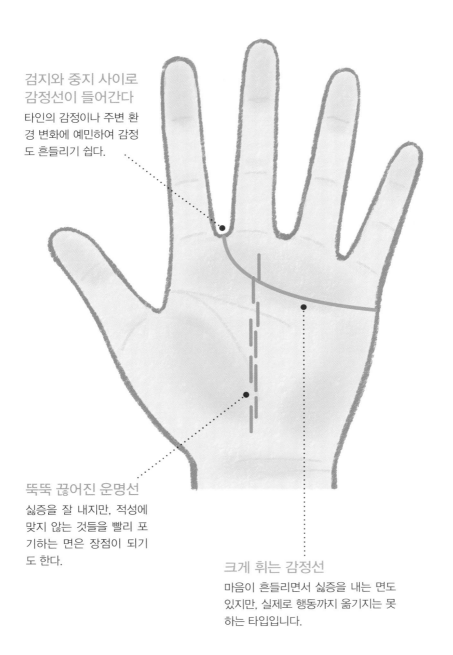

검지와 중지 사이로 감정선이 들어간다

타인의 감정이나 주변 환경 변화에 예민하여 감정도 흔들리기 쉽다.

뚝뚝 끊어진 운명선

싫증을 잘 내지만, 적성에 맞지 않는 것들을 빨리 포기하는 면은 장점이 되기도 한다.

크게 휘는 감정선

마음이 흔들리면서 싫증을 내는 면도 있지만, 실제로 행동까지 옮기지는 못하는 타입입니다.

성격 항상 냉정하고 침착한 사람

◇ 감정선의 굴곡=감정이 흔들리는 폭

감정선은 말 그대로 감정의 흔들림을 나타내므로 곧으면 곧을수록 마음이 단단하며 자신의 가치를 소중히 여기는 타입입니다.

예를 들어 일을 빨리 끝내고 반려 고양이와 놀고 싶은 마음에 살짝 이해가 가지 않는 업무상의 말다툼도 속으로 매듭을 짓고 흘려보내는 것이지요. 매사에 고집을 부리는 일이 적고 담백한 면이 매력이지만, 사람에 따라서는 차가운 인상을 주는 경우가 많을 수도 있어요.

그리고 술자리에서는 술에 취해 신이 난 주변 사람들 사이에서 홀로 냉정함을 유지하는 경우도 많아요. 사람들이 어떻게 취했는지 보면서 '흠, 저 사람은 술버릇이 저렇구나'라며 지켜보고 있는 것이지요.

두뇌선이 길고 제2화성구를 향해 뻗은 사람은 이과계 느낌의 냉정함을 가졌습니다. 논리적인 사고로 감정을 배제하고 사물을 판단하는 경우가 많아요.

◇ 섬세하기 때문에 냉정해지고 싶다

이런 냉정함도 있습니다. 금성구의 주름이 얇은 사람은 원래 애정이 깊고 섬세한 성격을 가졌는데, 섬세하기 때문에 자신의 경계선을 확실히 긋고 남들에게 간섭받지 않도록 벽을 칩니다.

금성구의 주름이 얇은 사람은 인간관계에서 특히 상처받고 싶지 않은 경향이 있습니다. 그래서 인간을 관찰하는 거예요.

'이 사람이랑 엮이면 난 괜찮을까?'라는 식으로 조심스레 판단하는 모습이 주변 사람들에게는 냉정하게 비칠 수 있다는 거예요.

이런 금성구의 주름은 가로든 세로든 교차했든 상관없이 얇으면 다 해당합니다.

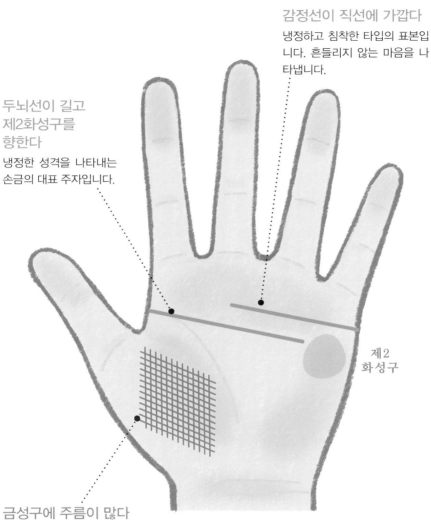

감정선이 직선에 가깝다
냉정하고 침착한 타입의 표본입니다. 흔들리지 않는 마음을 나타냅니다.

두뇌선이 길고 제2화성구를 향한다
냉정한 성격을 나타내는 손금의 대표 주자입니다.

제2
화성구

금성구에 주름이 많다
눈치를 너무 많이 보는 섬세한 타입입니다. 그래서 타인에게 휘둘리는 경우가 많고, 그걸 회피하기 위해 다른 사람들에게 벽을 칩니다.

타고난 성격을 나타내는 왼손의 감정선이 크게 커브를 그리는 반면 현재나 미래를 나타내는 오른손의 감정선이 곧게 뻗었다면, 성장하면서 냉정함이 몸에 밴 타입이라고 할 수 있어요.

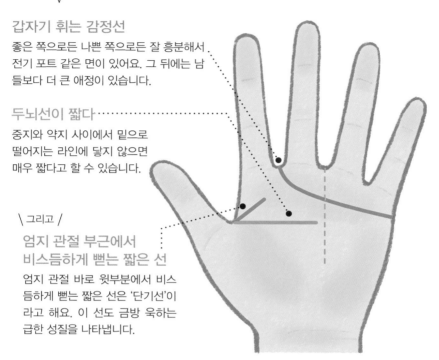

갑자기 휘는 감정선

좋은 쪽으로든 나쁜 쪽으로든 잘 흥분해서 전기 포트 같은 면이 있어요. 그 뒤에는 남들보다 더 큰 애정이 있습니다.

두뇌선이 짧다

중지와 약지 사이에서 밑으로 떨어지는 라인에 닿지 않으면 매우 짧다고 할 수 있습니다.

\ 그리고 /

엄지 관절 부근에서 비스듬하게 뻗는 짧은 선

엄지 관절 바로 윗부분에서 비스듬하게 뻗는 짧은 선은 '단기선'이라고 해요. 이 선도 금방 욱하는 급한 성질을 나타냅니다.

✧ 급한 성격을 좋게 활용하기

두뇌선이 짧은 사람은 생각의 전환이 빠르고 계획을 바로 실행에 옮기는 행동력이 있는 반면, 깊이 생각하는 걸 싫어해요. 금방 욱하고 성격이 급한 면을 갖고 있지요.

감정선이 급하게 휘는 사람들은 감정이 움직이는 대로 몸을 맡기기 때문에 해선 안 될 말을 입에 담기도 합니다. 애정이 깊어서 친구들을 위한답시고 도를 넘는 행위를 하기도 하지요.

성격이 급하다는 것은 바꿔 말하면 행동력이 있는 사람이기도 합니다. 머리로 생각하기보다 먼저 움직이기 때문에 오히려 복잡한 문제를 해결할 때도 있어요. 급한 성격이 좋은 방향으로 흘러가도록 의식한다면 인생도 좋은 쪽으로 갈 수 있겠지요.

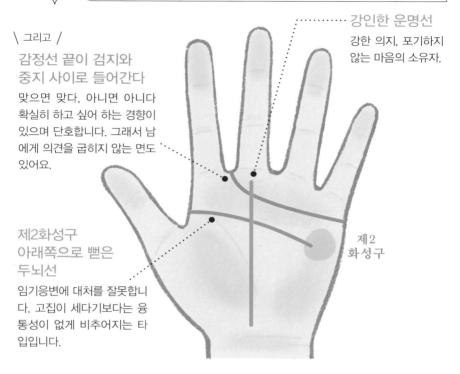

성격 고집이 센 사람

\ 그리고 /

감정선 끝이 검지와 중지 사이로 들어간다

맞으면 맞다. 아니면 아니다 확실히 하고 싶어 하는 경향이 있으며 단호합니다. 그래서 남에게 의견을 굽히지 않는 면도 있어요.

강인한 운명선

강한 의지. 포기하지 않는 마음의 소유자.

제2화성구 아래쪽으로 뻗은 두뇌선

임기응변에 대처를 잘못합니다. 고집이 세다기보다는 융통성이 없게 비추어지는 타입입니다.

제2 화성구

◇ 강인한 운명선

운명선이 또렷하고 곧게 뻗은 사람은 자아가 강한 타입입니다. 가끔 자기주장이 강해서 주변 사람들에게 고집이 센 인상을 주기도 합니다.

고집이 센 사람들은 남의 의견을 듣지 않는 결점이 있지만, 한 번 정한 일은 무슨 일이 있어도 끝까지 해내는 책임감이 있습니다. 오히려 장점이 될 수도 있어요.

참고로 **제2화성구에 두뇌선이 들어가 있으면** 고집이 세다기보다는 임기응변에 잘 대처하지 못하는 타입입니다. 그때그때 생각해서 행동하기보다 정해진 틀 안에 맞춰서 행동하기를 좋아하지요.

성격 **사람들과 잘 어울린다**

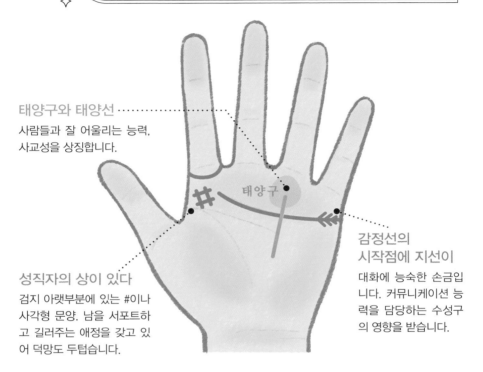

태양구와 태양선
사람들과 잘 어울리는 능력,
사교성을 상징합니다.

태양구

성직자의 상이 있다
검지 아랫부분에 있는 #이나
사각형 문양. 남을 서포트하
고 길러주는 애정을 갖고 있
어 덕망도 두텁습니다.

**감정선의
시작점에 지선이**
대화에 능숙한 손금입
니다. 커뮤니케이션 능
력을 담당하는 수성구
의 영향을 받습니다.

◇ **태양 같은 매력을 뿜뿜**

태양구가 봉긋 솟아오른 손금을 가진 사람은 타인과 만나서 에너지를
받고 의욕이 생기는 타입입니다. 덕망의 두께는 태양선에 나타나기 때문
에 태양선이 길게 뻗어 있으면 이길 자가 없습니다. 이런 손금은 연예인
에게 자주 보이며 인기로 먹고사는 직업에 어울립니다. **감정선의 소지 쪽
위아래에 짧은 지선**이 있으면 유머 센스가 넘치는 대화의 달인입니다.

교사나 강사 등 남을 가르치거나 돕는 직업을 가진 사람들에게 자주 나
타나는 **성직자의 상**은 사람을 좋아하는 손금입니다. 상대방의 기분에 맞
춰 완벽하게 대응할 수 있는 사람이에요.

오로지 제 갈 길만 가는 사람

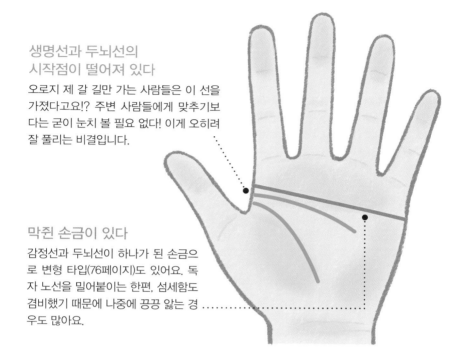

**생명선과 두뇌선의
시작점이 떨어져 있다**

오로지 제 갈 길만 가는 사람들은 이 선을
가졌다고요!? 주변 사람들에게 맞추기보
다는 굳이 눈치 볼 필요 없다! 이게 오히려
잘 풀리는 비결입니다.

막쥔 손금이 있다

감정선과 두뇌선이 하나가 된 손금으
로 변형 타입(76페이지)도 있어요. 독
자 노선을 밀어붙이는 한편, 섬세함도
겸비했기 때문에 나중에 끙끙 앓는 경
우도 많아요.

◇ 자신만의 세계를 가지면 운이 열린다

  생명선과 두뇌선의 시작점이 떨어져 있는 '열린 타입'은 앞에서도 나온
KY선입니다. 눈치가 없다는 뜻이니까 불명예스럽다고 생각할 수도 있는
데, 이 사람은 타인을 신경 쓰지 않고 오로지 자기가 갈 길만 갑니다.

  이런 사람들은 일부러 눈치를 보지 말아야 성공합니다. 열심히 분위기
파악을 하려다가 헛발질하는 경우가 많아서 그런지, '됐다, 그래' 하며 남
들의 의견을 모두 무시했을 때 기적 같은 일이 많이 일어나는 손금입니다.

  막쥔 손금은 자신만의 개성이 지나치게 뚜렷하고 독불장군 같은 면이
있어 주변 사람들의 이해를 받지 못하고 종종 고립됩니다. 하지만 거기서
소심해지지 않는 것이 성공의 비결입니다.

부정적으로 생각하는 사람

◇ 지선의 방향에 주목

감정선의 소지 쪽을 살펴보세요. **감정선 짧은 선(지선)**이 뻗어 있나요?

지선의 방향은 마음의 업다운을 나타냅니다. 위로 향하면 긍정적인 사고, 아래로 향하면 부정적인 사고를 주로 한다는 뜻이지요.

하지만 부정적인 사고를 한다고 해서 무조건 안 좋다고는 볼 수 없어요. 이 선을 다르게 해석하면 인기가 있다는 뜻이기도 하거든요.

아래로 향하는 지선은 과거의 사건을 나타내는 경우가 많습니다. 예전에 했던 괴로운 경험이 지금은 자신의 일부가 된 손금입니다. 그래서 이 손금을 가진 사람들은 고뇌에 빠진 사람들을 잘 이해하며 다가갈 수 있습니다. 가만히 조용하게 이야기를 들어주는 경청의 힘을 가진 사람이기도 한데, 이런 다정한 손금을 가진 사람들은 타인에게 사랑받습니다.

◇ 너무 섬세해서 부정적

이런 손금도 있습니다. 지금까지 여러 번 소개했듯이, **금성구의 주름이 자잘하면** 섬세한 사람입니다. 감정의 작은 변화에도 예민하게 반응해서 만약 1대 1로 서비스를 하게 되면 상대방의 마음을 알아채고 최고의 대접을 해내는 힘을 발휘합니다.

단, 상대에게 상처를 주지 말아야 한다는 강박관념에서 생긴 스트레스로 가해자 의식을 가지는 경우도 있어요. 너무 섬세한 나머지 자꾸 부정적인 사고가 튀어나오는 것이지요.

참고로 ①감정선의 소지 쪽에 위로 향하는 지선이 많이 있고 ②금성구에 잔주름이 적으며 ③기본선이 굵은 손금을 가진 사람은 긍정적인 사고를 합니다.

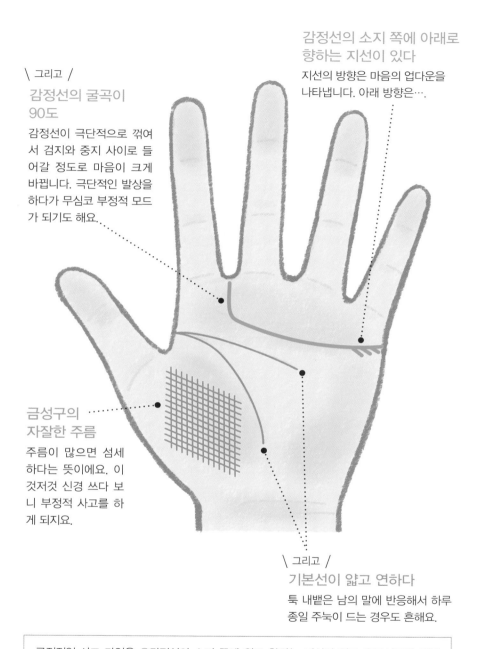

감정선의 소지 쪽에 아래로 향하는 지선이 있다

지선의 방향은 마음의 업다운을 나타냅니다. 아래 방향은….

\ 그리고 /
감정선의 굴곡이 90도

감정선이 극단적으로 꺾여서 검지와 중지 사이로 들어갈 정도로 마음이 크게 바뀝니다. 극단적인 발상을 하다가 무심코 부정적 모드가 되기도 해요.

금성구의 자잘한 주름

주름이 많으면 섬세하다는 뜻이에요. 이것저것 신경 쓰다 보니 부정적 사고를 하게 되지요.

\ 그리고 /
기본선이 얇고 연하다

툭 내뱉은 남의 말에 반응해서 하루 종일 주눅이 드는 경우도 흔해요.

긍정적인 사고 타입은 ①감정선의 소지 쪽에 위로 향하는 지선이 있고 ②금성구에 잔주름이 적으며 ③기본선이 굵다는 특징이 있어요.

성격 야무진 합리주의자

◇ 최단 거리로 목표에 도달하려면?

매사에 합리적으로 생각하고 빠릿빠릿하게 행동할 수 있는 사람들의 손금에는 주로 2가지 특징이 있습니다.

하나는 **태양선이 제2화성구에서 출발**하는 경우. 제2화성구는 현실적인 행동력을 담당하기 때문에 최단 거리로 목표를 이루고 싶은 타입이라는 뜻이에요. 다른 하나는 **두뇌선이 마찬가지로 제2화성구를 향하고 있으며 짧은 경우**입니다.

두뇌선의 길이는 행동으로 옮기기까지 걸리는 시간을 나타냅니다. 짧으면 행동으로 빨리 옮긴다는 뜻이에요. 이러한 손금을 가진 사람은 금전적인 손해는 물론, 특히 시간이나 행동 낭비를 싫어합니다.

예컨대 당장 답이 나오지 않는 해결책을 회의 시간에 끝없이 얘기하거나, 옷을 입어보고 또 입어보며 쇼핑을 하지요.

하지만 옷을 입어보다가 마음에 드는 옷을 발견하면, 더 괜찮은 옷이 있을 것 같다는 생각에 입어 본 옷을 포기하는 일은 없습니다. 거기서 또 다른 옷들을 입어보다가 결국 지금 입은 옷을 사게 되면 시간이 아깝다고 느끼기 때문이에요.

◇ 두뇌선의 시작점도 체크

참고로 **두뇌선이 생명선과 붙은 '닫힌 타입' 중에서도 3㎝ 정도가 붙어 있으면** 좋은 손금입니다. 이 선은 '나중을 생각하는 손금'이에요. 빠릿빠릿하게 움직이는 타입은 행동력이 있고 모든 일을 빠르게 척척 처리할 수 있는 한편, 충분히 생각하지 못해 트러블을 일으키는 경우가 있어요. 하지만 이 손금을 가졌다면 큰 실수를 막아 주지요.

행동력이 있는데, 실패도 하지 않는 아주 든든한 손금입니다.

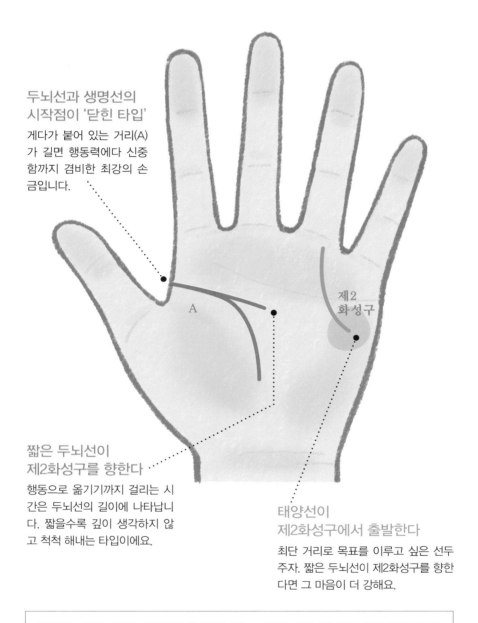

두뇌선과 생명선의
시작점이 '닫힌 타입'

게다가 붙어 있는 거리(A)
가 길면 행동력에다 신중
함까지 겸비한 최강의 손
금입니다.

A

제2
화성구

짧은 두뇌선이
제2화성구를 향한다

행동으로 옮기기까지 걸리는 시
간은 두뇌선의 길이에 나타납니
다. 짧을수록 깊이 생각하지 않
고 척척 해내는 타입이에요.

태양선이
제2화성구에서 출발한다

최단 거리로 목표를 이루고 싶은 선두
주자. 짧은 두뇌선이 제2화성구를 향한
다면 그 마음이 더 강해요.

감정선이 곧은 타입도 합리적인 사고법을 하는 그룹에 속합니다. 특히 선이 검지와 중지
사이쯤까지 곧게 뻗어 있다면 그 경향이 더 강해요.

성격 무슨 일에든 신중한 사람

**감정선이
검지에 닿지 않는다**
사람들과 어울릴 때 그 신중함을
발휘합니다. 타인에 대한 경계심
이 강해요.

**생명선과 두뇌선의
시작점이 붙어 있다**
2cm 이상 붙어 있으면 무슨
일이든 충분하고도 남을 만큼
생각하고 준비한 다음에 행동
하는 타입입니다.

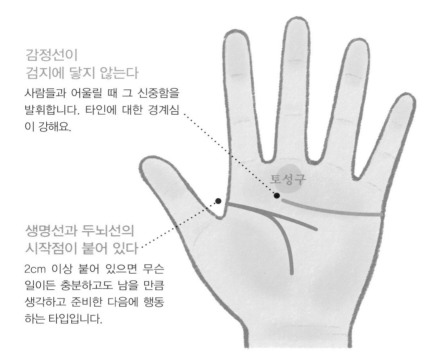

토성구

◇ 생명선과 두뇌선의 시작점이 중요

생명선과 두뇌선의 시작점이 붙어 있는 길이가 길수록 경계심이 강하고
신중한 성격입니다. 보통 2cm 이상이면 길다고 판단해요.

또한 **감정선의 길이가 검지에 닿지 않으면** 자신의 속마음을 보여주고
싶지 않은 타입입니다. 상대를 관찰한 다음에 이야기해도 좋을 사람인지
먼저 파악해요. 이때는 말수가 많고 적고는 상관이 없어요. 말이 많아도
속으로 무슨 생각을 하는지 보이지 않는 사람도 있잖아요.

이런 사람들은 '너무 대담한가?' 싶을 정도로 과감하게 행동하는 것이
좋습니다. 평소에도 신중하므로 살짝 과감하게 느껴질 정도가 보통 사람
이 봤을 때 평범한 법이니까요.

◇
· ◇

부자가 되는 방법은 손금이 알고 있다!

금전운 상승 사인(sign)
잡아내기

남녀노소를 불문하고 누구나 궁금한 부분이 바로 금전운 아닐까요?
금전운은 주로 '버는 능력'과 '관리 능력'이라는 두 가지 주제로 보려고 합니다.
그 열쇠가 되는 것이 태양선과 재물선.
여기에 하늘에서 뚝 떨어지는 돈복까지 같이 살펴볼게요!

금전운은 태양선으로 본다

·······························

버는 능력을 기본으로 한 금전운을 알 수 있다

금전운은 주로 약지(藥指)의 관절(태양구) 부근에 있는 태양선으로 볼 수 있습니다.

명성이나 성공, 인기를 나타내는 선이기도 하니까 이 선이 보이면 운이 좋은 겁니다. 주위의 평가에 따라 돈이 들어온다는 의미가 있어요. 그래서 태양선은 일이 잘 풀려서 수입이 늘어나거나 안정적인 수입 덕분에 장래에 돈 걱정을 하지 않는 등, **그 사람이 버는 능력을 기반으로 한 금전운**을 나타냅니다. 그리고 꼬박꼬박 저축하는 사람이나 돈을 써도 다시 들어오는 사람에게도 자주 보이는 선이에요.

평균적으로 태양선의 길이는 약지의 관절과 감정선 사이에 쏙 들어갈 정도입니다. 손바닥에 있기만 해도 행운이니까 길이는 짧아도 상관없어요! 선이 짙고 뚜렷할수록 더 좋다고 하는데, **연하여도 금전운은 좋아요**. 태양선이 있는데도 생각만큼 결과가 나오지 않는다고요? 그래도 발전하는 중에 있다는 뜻입니다.

태양선이 여러 개 보인다면 하고 싶은 일이 많아서 힘이 분산되어 있는 상태인데, 잘만 키우면 장래에 수입원 여러 개에서 돈이 들어올 다각 경영의 손금이기도 합니다. 반대로 선 하나만 또렷하게 나 있는 경우도 있어요.

태양선은 자기만족도에 따라 크게 변화하는 선입니다. 수입은 좋아도 스스로 일에 만족하지 못하면 보이지 않을 수도 있답니다.

◇ 다양한 형태의 태양선 ◇

선 하나가 심플하게 난 경우 외에도 여러 개가 있거나 시작점과
종점이 갈라진 타입도 있어요. 선이 연하거나 짧아도 괜찮습니다!
태양선은 있기만 해도 행운인 선 중 하나예요.

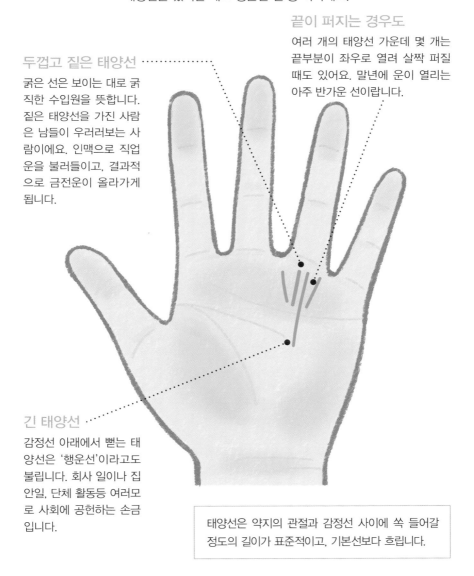

두껍고 짙은 태양선 ·············

굵은 선은 보이는 대로 굵
직한 수입원을 뜻합니다.
짙은 태양선을 가진 사람
은 남들이 우러러보는 사
람이에요. 인맥으로 직업
운을 불러들이고, 결과적
으로 금전운이 올라가게
됩니다.

끝이 퍼지는 경우도

여러 개의 태양선 가운데 몇 개는
끝부분이 좌우로 열려 살짝 퍼질
때도 있어요. 말년에 운이 열리는
아주 반가운 선이랍니다.

긴 태양선 ·····

감정선 아래에서 뻗는 태
양선은 '행운선'이라고도
불립니다. 회사 일이나 집
안일, 단체 활동등 여러모
로 사회에 공헌하는 손금
입니다.

> 태양선은 약지의 관절과 감정선 사이에 쏙 들어갈
> 정도의 길이가 표준적이고, 기본선보다 흐립니다.

태양선이라고 꼭 직선은 아니다

약지를 향하고 있는지 체크하기

태양선은 사실 길이도 형태도 다양합니다.

다음 페이지를 보세요. 이게 전부 다 태양선입니다. '평균 태양선보다 기니까 태양선이 아닌가?'라며 의아할 때는 선의 종점이 약지의 관절(태양구) 쪽으로 뻗어 있는지 체크하세요. 그쪽을 향하고 있으면 거의 태양선으로 봐도 됩니다.

전부 다 금전운과 관계가 있는데, 각각 의미가 다르니까 소개할게요.

생명선에서 출발……신뢰를 차곡차곡 쌓아 평가나 명성을 얻는다는 뜻.

운명선에서 출발……운명선에 시작점이 있는 경우는 유년법과 관계가 있어요(52페이지). 시작점 위치가 나타내는 해에 금전운이 상승할 기회가 찾아옵니다.

손바닥의 중앙(화성평원)에서 출발……성공을 위해서라면 어떤 노력이든 마다하지 않는 사람입니다. 결과가 나중에 따라오는 타입이에요.

두뇌선에서 출발……자신만의 재능이나 아이디어로 성공합니다. 대기만성형.

손바닥 소지 쪽(월구)에서 출발……월구는 타인과의 인연을 담당하는 곳입니다. 주변의 응원이나 도움에 힘입어 성공합니다.

감정선의 시작점 부근에서 출발……착실하게 차근차근 노력해서 성공을 손에 넣는 사람.

◇ 태양선의 시작점을 체크하자 ◇

태양선은 어디서 출발했는지가 중요해요.
각각 아래와 같은 의미가 있지요.

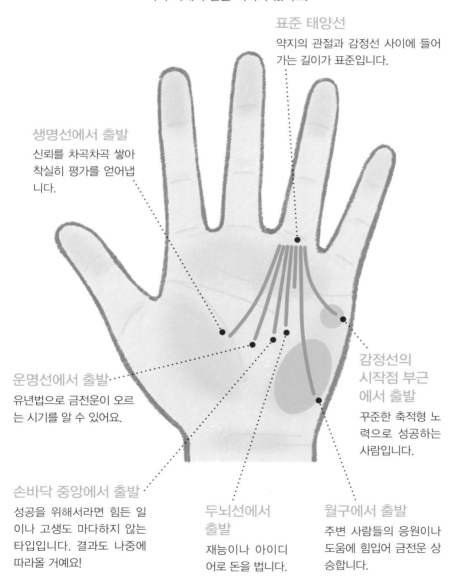

표준 태양선
약지의 관절과 감정선 사이에 들어
가는 길이가 표준입니다.

생명선에서 출발
신뢰를 차곡차곡 쌓아
착실히 평가를 얻어냅
니다.

운명선에서 출발
유년법으로 금전운이 오르
는 시기를 알 수 있어요.

**감정선의
시작점 부근
에서 출발**
꾸준한 축적형 노
력으로 성공하는
사람입니다.

손바닥 중앙에서 출발
성공을 위해서라면 힘든 일
이나 고생도 마다하지 않는
타입입니다. 결과도 나중에
따라올 거예요!

**두뇌선에서
출발**
재능이나 아이디
어로 돈을 법니다.

월구에서 출발
주변 사람들의 응원이나
도움에 힘입어 금전운 상
승합니다.

◇태양선만 가지고 금전운 보기◇

1
감정선에서 뻗는 태양선

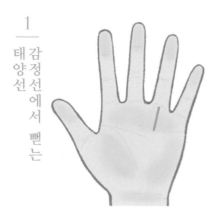

감정선에서 뻗어 약지의 관절 부근에서 멈추는 태양선이 가장 표준적입니다. 돈에 대해 견실하며 경제적으로도 비교적 안정되어 있어요. 무리하지 않고 평균 이상으로 돈을 모을 수 있는 타입입니다.

2
두뇌선 아래에서 뻗는 태양선

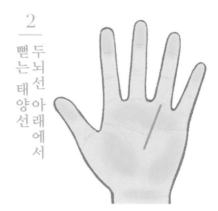

감정선이나 두뇌선보다 아래에서 뻗는 긴 태양선은 자신에게 딱 맞는 직업으로 타인을 즐겁게 할 때 나타납니다. 자신이 하는 활동이 사회에 공헌한다는 증거예요. 괜찮습니다! 금전운은 나중에 따라올 테니까요.

3
짧은 태양선

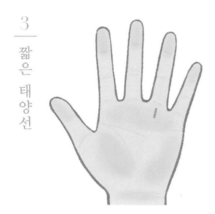

감정선에 닿지 않을 정도로 짧은 5㎜ 미만의 태양선은 자신이 가진 능력을 일이나 돈 버는 데에 충분히 활용하지 못할 상입니다. 돈 관리를 잘못하는 사람이기도 하지만, 말년에 성공해서 주목받을 가능성도 있어요.

4
두 줄이 평행인 태양선

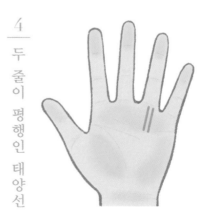

다른 한 줄이 태양선을 받쳐줍니다. 좋은 협력자에게 둘러싸여 금전운을 낚아채기 때문에 주변 사람에게 상담을 하면 좋은 결과로 이어져요. 일반적으로 비슷한 길이의 선이 두 줄 나란히 있답니다.

우선 태양선만 가지고 금전운을 살펴볼게요.
보통 손금풀이에서는 다양한 선을 복합적으로 보는데,
한 종류만 가지고도 많은 것을 알 수 있어요.

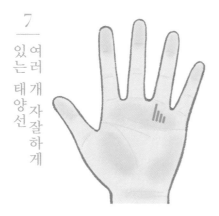

5

손바닥 바깥쪽에서 뻗어 있는 태양선

손바닥 바깥쪽인 제2화성구에서 뻗은 태양선
이 있으면 쏠쏠한 정보에 눈이 돌아가는 타입
입니다. 손해를 보지 않겠다는 일념으로 할인
정보를 모으는 것이 특기예요. 쿠폰도 아주
잘 써먹지요.

6

월구에서 뻗는 태양선

덕망이나 인기운, 예술적 감각을 담당하는 곳
이 바로 월구입니다. 신기한 매력을 갖고 있
어 만인에게 사랑을 받아요. 특히 예능 쪽에
도 강하기 때문에 이 선을 가진 저명인 중에
는 인기 있는 사람이 아주 많아요.

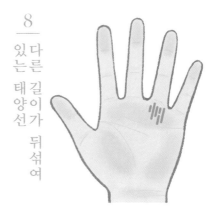

7

여러 개 자잘하게 있는 태양선

태양선이 많다고 해서 금전운이 좋은 것은 아
니고, 그게 자잘한 선일 때는 금전적으로 루
즈(Loose)한 면을 보이기도 합니다. 돈에 궁
하지는 않을 타입이기 때문에 돈을 쓰면 그만
큼 벌기를 반복해서 잘 꾸려나갈 거예요.

8

다른 길이가 뒤섞여 있는 태양선

길이가 다른 태양선이 뒤섞여 있는 손금은 금
전운이 좋았다 나빴다 반복하는 것을 암시합
니다. 대박과 쪽박이 교대로 올 가능성이 있
으니 미리 준비해야겠지요.

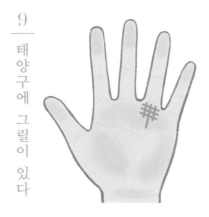

9
—
태
양
구
에
그
릴
이
있
다

태양구에 그물망처럼 생긴 '그릴'이 있으면
독창적인 아이디어로 성공하는 길상입니다.
특히 태양선(한 줄이 길게 비어져 나와 있어
요)이 있으면 최강이에요. 다방면에 관심이
많으며 뛰어난 아이디어로 부를 쌓습니다.

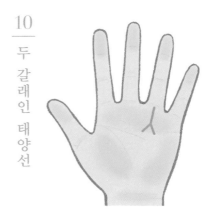

10
—
두
갈
래
인
태
양
선

두 갈래로 갈라진 태양선은 타인의 경제력(원
조)으로 일을 시작해서 성공하는 상입니다.
그렇다고 임시 수입 복이 있다기보다는 돈을
버는 능력이 있어요. 세 갈래로 갈라졌다면
거기에 명성까지 얻을 수 있을 거예요.

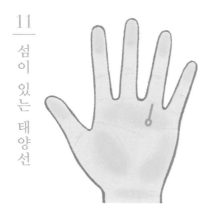

11
—
섬
이
있
는
태
양
선

금전운 폭락에 주의하세요. 대박 날 기회라며
자신의 감만 믿고 밀어붙였다가 결국 실패로
돌아가 큰돈을 잃게 되는 등, 때에 따라서는
장기적으로 트러블이 될 수도 있어요. 섬이
있을 때는 잠자코 있는 게 제일 좋겠지요.

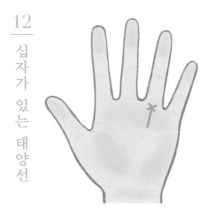

12
—
십
자
가
있
는
태
양
선

다른 사람에게서 불똥이 튀어 금전적 손해를
입거나, 사고나 재해 때문에 갑자기 피해를
볼 암시입니다. 지금은 앞으로 나갈 때가 아
니니 경계하고 큰 결단은 내리지 마세요.

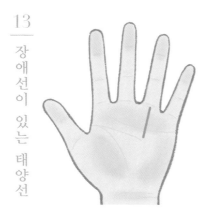

13 장애선이 있는 태양선

섬이나 십자보다 영향은 적지만, 태양선에 장애선이 보이는 경우도 트러블을 의미합니다. 노력해도 결실을 보지 못하고, 고생하는 보람도 없이 결과가 따라오지 않는 상태에 빠지기 쉬운 시기라는 걸 알아두세요!

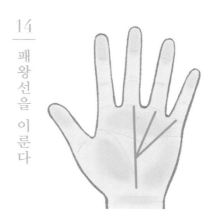

14 패왕선을 이룬다

태양선이 재물선, 운명선과 이어져 삼지창처럼 보이는 것이 '패왕선'입니다. 자기 행동에 따른 성공, 금전운을 나타내는 '억만장자의 손금'이므로 복권 같은 일확천금만 기대하면 운기가 떨어집니다.

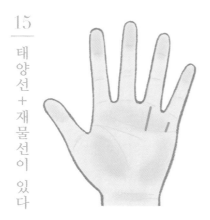

15 태양선 + 재물선이 있다

태양선과 더불어 소지를 향해 뻗는 재물선까지 있으면 부동산 등 재산을 모으는 능력이 있어서 물질적으로 부유합니다.

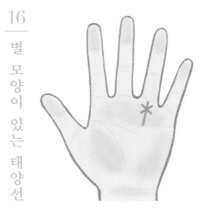

16 별 모양이 있는 태양선

태양선이 별 모양의 일부를 이룬다면 곧 큰 기회가 찾아올 거예요! 왠지 모르겠지만 모든 일이 좋은 방향으로 흘러가는 사이클에 들어왔으니 돈과 인기와 행복을 전부 다 잡을 수 있는 시기입니다.

굴러들어 온 호박을 보는 '재물선'

돈 관리 능력을 볼 수 있는 선

장기적인 금전운이나 돈 버는 능력은 '태양선'으로 보지만, 단기적으로 **굴러들어 오는 금전운은 소지의 관절(수성구)에 나타나는 '재물선'**으로 봅니다. 이 선이 나타났다면 복권에 당첨되는 등 일시적으로 금전운이 좋아진다는 것을 의미해요.

재물선이 있다고 해서 꼭 부자인 것은 아니지만, 돈에 대한 생각이나 관리법을 알 수 있는 선이기도 합니다. 또한 태양선은 좋아하는 일을 해서 남을 기쁘게 하거나 덕망이 있는 사람에게도 나타나는데, 재물선은 따지자면 단순히 '돈을 버는 것'에 초점이 맞춰져 있어요.

관리 능력을 담당하는 수성구의 영향을 받기 때문에 돈 관리를 잘하는 사람에게도 재물선이 나타납니다. ①낭비나 지출을 줄이고 착실히 재산을 불리거나 ②금전 감각이 뛰어나 자산 운용에 능하거나 ③장사 기질이 있어 짧은 기간에 돈을 융통하며 벌 수 있는 것도 모두 재물선이 가져다주는 행운입니다.

태양선은 여러 개 있어도 좋지만, **재물선이 5개 이상 나란히 있으면 주의**가 필요합니다. 낭비벽으로 돈이 흩어져버리는 손금이기 때문이에요.

재물선이 없다고 해서 금전운이 없는 것은 아니에요. 잘 생각해 보면 돈에 집착하지 않아도 잘 꾸려나갈 수 있다는 뜻이니까요. 그리고 태양선이 있는 사람 중에는 굳이 재물선이 없어도 저금을 많이 하는 사람들이 적지 않답니다.

◇ 소지를 향하는 선은 재물선 ◇

태양선의 종점이 약지라면, 재물선의 종점은 소지입니다.
소지의 관절을 향해 뻗은 선은 재물선으로 판단하세요. 재물선이 있으면 돈복이 굴러
들어 올 행운의 징조이지만, 태양선과 함께 직업운과도 깊게 관련 있는 선입니다.

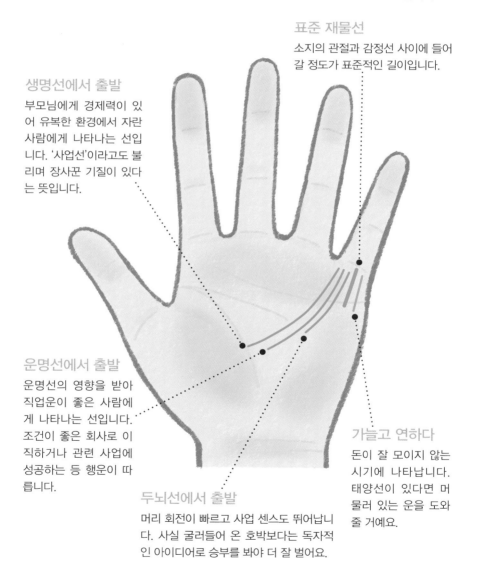

표준 재물선
소지의 관절과 감정선 사이에 들어
갈 정도가 표준적인 길이입니다.

생명선에서 출발
부모님에게 경제력이 있
어 유복한 환경에서 자란
사람에게 나타나는 선입
니다. '사업선'이라고도 불
리며 장사꾼 기질이 있다
는 뜻입니다.

운명선에서 출발
운명선의 영향을 받아
직업운이 좋은 사람에
게 나타나는 선입니다.
조건이 좋은 회사로 이
직하거나 관련 사업에
성공하는 등 행운이 따
릅니다.

가늘고 연하다
돈이 잘 모이지 않는
시기에 나타납니다.
태양선이 있다면 머
물러 있는 운을 도와
줄 거예요.

두뇌선에서 출발
머리 회전이 빠르고 사업 센스도 뛰어납니
다. 사실 굴러들어 온 호박보다는 독자적
인 아이디어로 승부를 봐야 더 잘 벌어요.

감정선과 두뇌선으로
소비 성향을 알 수 있다

······························

나에게 쓸까, 남에게 쓸까

돈을 어떻게 버는지는 태양선이나 재물선으로 보지만, 돈의 소비는 두뇌선의 시작점과 감정선의 모양으로 봅니다.

두뇌선과 생명선의 시작점이 5㎜ 이상 떨어진 **'열린 타입'은 성격이 대담해서 큰돈을 주저 없이 씁니다.** 과감하기 때문에 투자나 도박에서 무모한 승부에 나서는 일도 적지 않으니 조심하세요. 여기에 두뇌선이 짧으면 직감에 의존해 소비하기 때문에 돈을 날리는 경향이 높아져요.

한편, **시작점이 붙어 있는 '닫힌 타입'은 조심스럽고 신중하게 돈을 소비**합니다. 돈을 쓰기보다는 착실하게 모으는 타입이지요.

다음으로 감정선을 볼게요. **감정선이 검지와 중지 사이로 들어가듯 길게** 뻗어 있는 사람은 서비스 정신이 투철한 타입입니다. 남에게 돈을 쓸 때 무엇보다 큰 기쁨을 느끼므로 어느새 돈이 바닥나 있기도 해요. 여행 가면 사람들에게 뭘 사다 줄지 계속 생각하는 사람들 있잖아요? 그런 사람들이 이 타입입니다.

남에게 돈을 쓴다는 의미에서는 **운명선의 시작점도 중요**합니다. 월구에서 출발하는 운명선은 주위에서 돈이 잘 들어오는데, 들어온 만큼 되돌려주는 선이기도 합니다. 그래서 결과적으로 돈을 잘 쓰게 되는데, 이 경우는 돈을 소비함으로써 금전운이 올라가는 좋은 순환을 낳습니다.

◇ 이것이 '돈을 소비하는 사람'의 손금 ◇

좋은 의미든 나쁜 의미든 돈을 잘 쓰는 손금이 있습니다.
그 특징을 체크해 보세요.

검지와 중지 사이로 들어가는 감정선

이것도 익숙한 감정선이지요. 주위 사람들에게 애정을 쏟기 때문에 밥을 사거나 선물을 주는 기회도 많아요.

**생명선과 두뇌선의
시작점이 '열린 타입'**

이제 많이 봐서 익숙한 '열린 타입'은 주저 없이 돈을 쓰는 경향이 있습니다. 실패하더라도 인생을 공부했다고 받아들이는 타입이라서 그래요.

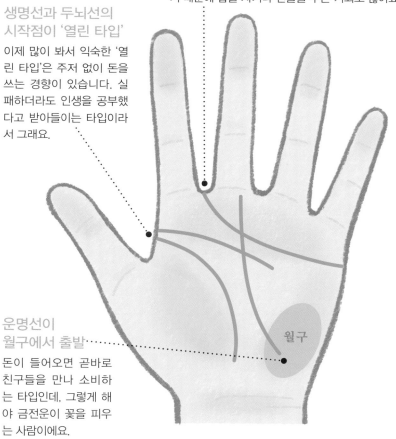

**운명선이
월구에서 출발**

돈이 들어오면 곧바로 친구들을 만나 소비하는 타입인데, 그렇게 해야 금전운이 꽃을 피우는 사람이에요.

월구

절약을 하거나 돈 관리를 잘하는 손금은 위와 정반대예요. 단, 돈을 소비하는 것은 나쁜 것이 아닙니다. 돈을 써야 금전운이 오르는 경우도 있어요. 참고로 직선적인 감정선을 가진 사람은 자신의 라이프스타일을 최우선으로 여기기 때문에 하고 싶은 일에는 돈을 씁니다.

금전적 위기에서 구원 받기

신비십(十)자선이 있다
위기 상황에 빠져도 요리조리
잘 빠져나가는 행운을 금전적
위기에서도 발휘합니다.

\ 그리고 /
**생명선이 엄지
쪽으로 들어간다**
혈연이나 지연을 소중히
여겨 도움을 기대할 수 있
습니다.

평소에 불단에 기도를 올리거나 성
묘하는 등 조상이나 신불을 정성스
레 섬기면 운기가 올라갑니다.

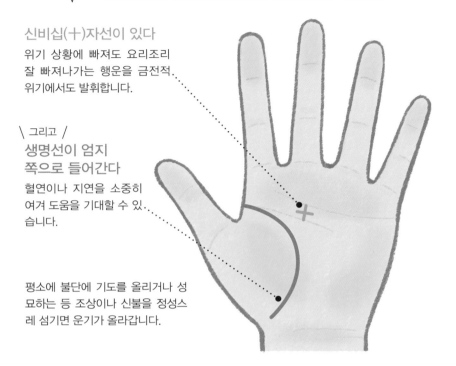

◇ 신비십(十)자선은 조상의 가호

　감정선과 두뇌선 사이에 나타나는 십자 모양의 **신비십(十)자선**이 있으면 금전적 위기에 강합니다. 예를 들어 내일까지 반드시 돈이 필요한 절체절명의 위기 상황에서 하늘에서 돈이 뚝 떨어지거든요.

　이 강렬한 운은 조상이 지켜주는 신비십자선 덕분입니다. 조상이나 신불의 가호를 받아 위기 상황을 빠져나갈 수 있어요.

　이 손금을 가진 사람은 신기하게도 길에 쓰레기를 버리는 일이 없습니다. 의식은 하지 않아도 왠지 조상이나 신불이 지켜보고 있다는 생각이 드는 걸까요? 늘 바르게 생활하려고 합니다.

행운이 넝쿨째 굴러들어 온다?

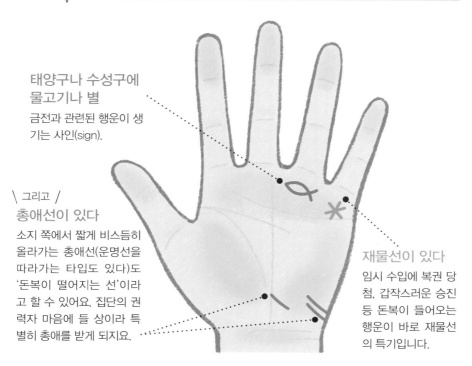

태양구나 수성구에 물고기나 별

금전과 관련된 행운이 생기는 사인(sign).

\ 그리고 /

총애선이 있다

소지 쪽에서 짧게 비스듬히 올라가는 총애선(운명선을 따라가는 타입도 있다)도 '돈복이 떨어지는 선'이라고 할 수 있어요. 집단의 권력자 마음에 들 상이라 특별히 총애를 받게 되지요.

재물선이 있다

임시 수입에 복권 당첨, 갑작스러운 승진 등 돈복이 들어오는 행운이 바로 재물선의 특기입니다.

◇ 재물선은 돈을 모으는 손금

태양선이 성공이나 명예와 연관 있고 돈을 버는 능력을 나타내는 반면, **재물선**은 이른바 '돈을 모으는 손금'입니다.

예를 들어 복권에 당첨되거나 거액의 현금을 상속받거나 임원에 결원이 생겨 갑자기 배우자가 승진해서 보너스를 받아 집안 재정 상황이 좋아지거나…. 타인에게서 다양한 형태로 금전운을 받을 수 있기에 부자와 결혼하는 사람도 재물선을 가진 경우가 많습니다.

돈복이 굴러들어 오기 쉬운 시기에는 **물고기나 별이 태양구나 수성구**에 나타납니다. 태양구와 수성구는 금전운을 담당하고, 물고기와 별 문양은 갑작스러운 행운을 불러들인다는 뜻이 있어요.

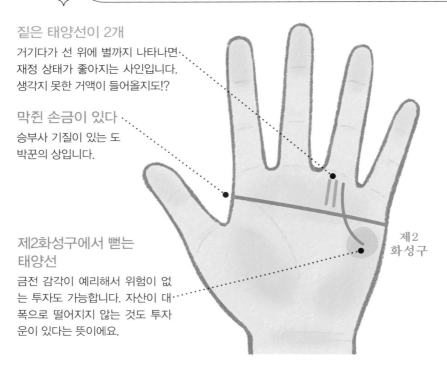

투자운이 있다

짙은 태양선이 2개
거기다가 선 위에 별까지 나타나면
재정 상태가 좋아지는 사인입니다.
생각지 못한 거액이 들어올지도!?

막쥔 손금이 있다
승부사 기질이 있는 도
박꾼의 상입니다.

**제2화성구에서 뻗는
태양선**
금전 감각이 예리해서 위험이 없
는 투자도 가능합니다. 자산이 대
폭으로 떨어지지 않는 것도 투자
운이 있다는 뜻이에요.

제2
화성구

◇ 날카로운 금전 감각, 지지 않는 투자

투자로 성공하는 사람에게는 약지 아래에 **짙은 태양선이 비슷한 굵기로
2개** 있습니다. 이것은 수입원이 2개 있다는 뜻이에요. 그게 주식이나 부
동산으로 얻는 수입이라는 것이지요. 부업으로 성공하는 손금이기도 합
니다. 특히 **제2화성구에서 태양선**이 출발하는 경우는 금전 감각이 예리한
타입이에요. 맨땅에 헤딩해서 부를 이루는 능력이 있으며, 사업을 일으켜
도 잘됩니다.

도박에 강한 손금도 소개할게요. 두뇌선과 감정선이 일직선인 막쥔 손
금은 천재 갬블러의 상입니다. 타고난 승부욕으로 투자 기회를 손에 넣지
요(단, 부침은 있을 테니 주의하세요).

낭비 없이 차곡차곡 저금할 수 있다

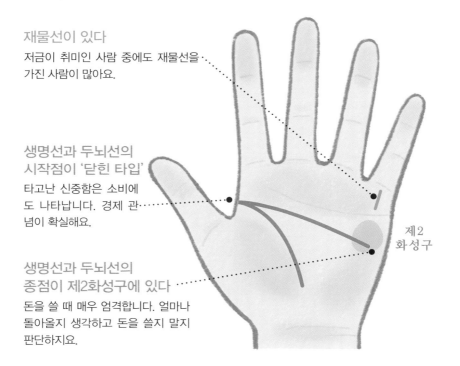

재물선이 있다
저금이 취미인 사람 중에도 재물선을 가진 사람이 많아요.

생명선과 두뇌선의 시작점이 '닫힌 타입'
타고난 신중함은 소비에도 나타납니다. 경제 관념이 확실해요.

제2
화성구

생명선과 두뇌선의 종점이 제2화성구에 있다
돈을 쓸 때 매우 엄격합니다. 얼마나 돌아올지 생각하고 돈을 쓸지 말지 판단하지요.

◇ 돈에 엄격한 절약가

재물선이 곧게 뻗어 끊어지지 않는 손금은 절약가 타입입니다. 수입이 많고 적고는 상관없이 낭비를 싫어하고 착실히 저금하려고 하지요. 게다가 **생명선과 두뇌선의 시작점이 붙어 있는 '닫힌 타입'**도 돈을 덜컥 쓰지 않고 차곡차곡 모으는 타입입니다.

두뇌선이 제2화성구까지 뻗은 사람은 가족의 돈을 철저하게 지킵니다. 그래서 본인의 명의보다 가족 명의로 돈을 모으면 불리기가 쉬워요! 특히 자식의 명의로 저금을 하면 무난하게 천만 원 정도는 바로 모을 수 있을 거예요.

버는 만큼 나간다

◇ 지출이 많은 손금의 특징

운명선이 또렷한 사람은 경제적으로 걱정이 없는 사람입니다. 하지만 여기서 소개하는 선을 가진 사람들은 돈을 버는 만큼 지출도 많아지는 타입이에요. 쉽게 말해 돈이 모이지 않는 손금에는 이렇게 3가지 특징이 있습니다.

①재물선이 많으면 쇼핑을 좋아하는 기질을 타고났습니다. 들어온 만큼 쓰기 때문에 '돈이 나가는 손금'이라고 불리기도 있지만, 신기하게도 돈에 궁하지는 않은 상이에요.

◇ '열린 타입'들의 소비

②생명선과 두뇌선의 시작점이 붙어 있지 않은 '열린 타입'은 큰돈을 움직이는 결단력과 과감함이 있습니다. 그래서 투자할 생각으로 쓴 거액이 물거품처럼 사라져 쓰라린 경험을 하기도 합니다. 그래도 그 시련을 양식으로 삼아 불사조처럼 일어나 다시 돈을 벌기 때문에 본인은 금전운이 나쁘다고 생각해도 주변에서는 좋게 보는 경우가 많아요.

마지막으로 태양선도 유심히 살펴보세요. **③짧게 여러 개 있는 태양선**은 쇼핑처럼 즐기는 것에 돈을 많이 쓰는 손금이에요. 하지만 그중에 긴 태양선이 몇 개 있다면, 지출이 많은 대신 수입도 많은 타입이에요.

여담이지만, 태양선이 여러 개 있는 사람에게는 어떤 공통된 특징이 있습니다. 사실 자기 계발을 하거나 본인을 열심히 꾸미는 데 진심이에요.

여러 개의 수입원을 얻는 손금이라서 그런지, 마치 무의식중에 잠들어 있는 여러 가능성을 이끌어내려는 것 같아요. 열심히 배우거나 공부하는 사람이 아주 많거든요.

여러 개의 재물선

쉽게 말하면 '돈이 나가는 손금'
이에요. 진하든 연하든 상관없이
그 경향이 있습니다.

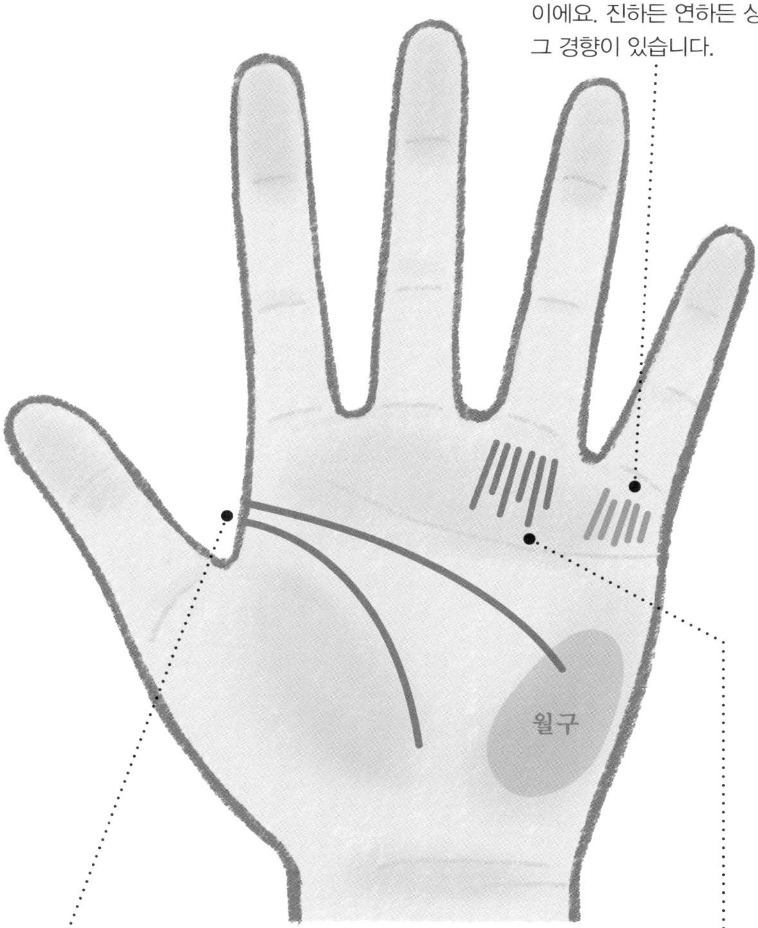

월구

생명선과 두뇌선의
시작점이 열린 타입

실패를 실패로 보지 않는 강한
멘탈을 갖고 있어서 돈을 벌겠다
는 의욕을 잃지 않습니다.

여러 개의 태양선 안에
긴 선이 있다

지출은 많지만 그걸 채울 만큼 수입
도 많습니다. '돈에 궁해 본 적이 없
네'라는 사람이 많을 거예요.

남을 위해 돈을 쓰면 금전운이 올라간다

◇ 가족을 위해 돈을 쓰는 손금

남은 남이지만 선의 위치에 따라 누구에게 쓰는지가 달라집니다.

감정선이 검지와 중지 사이로 뻗은 경우는 가족에게 헌신하는 것을 좋아하는 이른바 '현모양처의 손금'입니다. **금성구가 볼록 솟은 손금**도 마찬가지예요.

열심히 일해서 아이가 원하는 값비싼 선물을 사주거나 배우자의 빚을 대신 갚아 주기도 합니다. 가족을 위해 돈 쓰기를 주저하지 않아 거액도 덜컥 내놓는 사람이 많을 거예요.

엄지의 두 번째 관절에 사슬 모양(패밀리링)이 있는 손금은 그 의미가 더 강해져서 같이 사는 가족뿐 아니라 본가를 위해서도 돈을 쓸 것 같은 사람입니다.

◇ 베푼 만큼 돌아온다

한편, 가족이 아닌 타인에게 돈을 쓰는 상도 있어요.

운명선이 바깥쪽을 향하는 사람은 호감을 사기 위해 주변 사람들에게 돈을 잘 씁니다.

특히 운명선의 **시작점이 월구에 있으면** 사람들이 좋게 봐 주는 덕분에 주변에서 돈이 잘 들어오지만, 그만큼 사람들에게 쓰기도 잘 쓰는 상입니다. 여행을 가서 사람들에게 줄 선물을 얼마까지 쓸지 고민하다 몇십만 원이나 써버린 경험이 있는 사람들은 이 손금이 있을지도 모르겠네요.

자신 말고 다른 사람들에게 돈 쓰기를 자제해야겠다고 생각하겠지만, 누군가가 웃어주길 바라는 마음에서 노력할 수 있는 사람이기 때문에 그럴 수 있는 거예요.

베푼 만큼 본인의 금전운도 상승합니다.

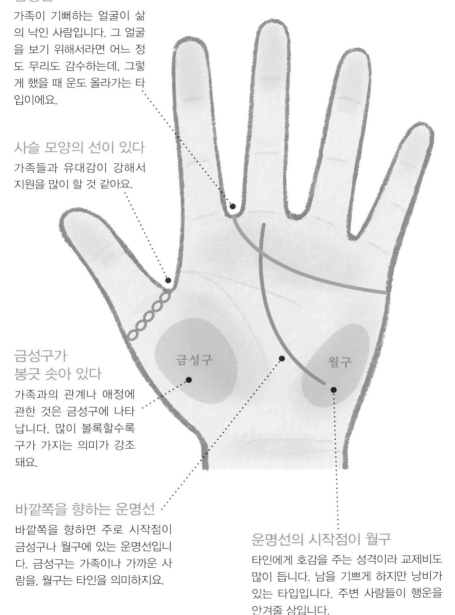

검지와 중지 사이에 감정선

가족이 기뻐하는 얼굴이 삶의 낙인 사람입니다. 그 얼굴을 보기 위해서라면 어느 정도 무리도 감수하는데, 그렇게 했을 때 운도 올라가는 타입이에요.

사슬 모양의 선이 있다

가족들과 유대감이 강해서 지원을 많이 할 것 같아요.

금성구가 봉긋 솟아 있다

가족과의 관계나 애정에 관한 것은 금성구에 나타납니다. 많이 볼록할수록 구가 가지는 의미가 강조돼요.

바깥쪽을 향하는 운명선

바깥쪽을 향하면 주로 시작점이 금성구나 월구에 있는 운명선입니다. 금성구는 가족이나 가까운 사람을, 월구는 타인을 의미하지요.

금성구

월구

운명선의 시작점이 월구

타인에게 호감을 주는 성격이라 교제비도 많이 듭니다. 남을 기쁘게 하지만 낭비가 있는 타입입니다. 주변 사람들이 행운을 안겨줄 상입니다.

금전운 **먹을 복이 있다**

표문이 있다
또렷하고 짙을수록 좋다고
합니다. 이 상을 가진 사람
은 집이 유복하여 돈에 궁
한 적이 없을 거예요.

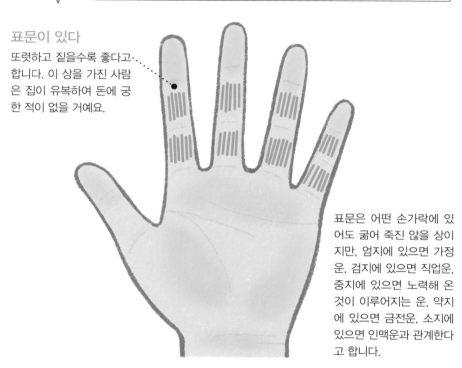

표문은 어떤 손가락에 있
어도 굶어 죽진 않을 상이
지만, 엄지에 있으면 가정
운, 검지에 있으면 직업운,
중지에 있으면 노력해 온
것이 이루어지는 운, 약지
에 있으면 금전운, 소지에
있으면 인맥운과 관계한다
고 합니다.

◇ 손바닥에 쥔 쌀가마니

표문은 쌀가마니처럼 생긴 손가락 안쪽의 세로 주름을 말하는데, 손바닥에 커다란 쌀가마니를 쥐고 있는 것이나 마찬가지예요. 어떤 상황에서든 먹을 복이 있는 길상이니까요.

표문은 금전운이나 건강운과 관련이 있지만, 어디에 보이느냐에 따라 의미가 달라집니다.

약지에 보이면 단순히 수입이나 일이 늘어납니다. 소지에 보이면 인맥이 넓어지는 것을 뜻하는데, 그러면 유익한 인간관계를 통해 일이 성사될 가능성이 커지겠지요. 중지에 있다면 고독력이 높아지는 상이라 혼자서 조용히 신규 사업을 구상하기에 적절한 시기입니다.

부모님의 유산이나 공적을 상속받는다

태양선에 있는 보조선 끝이 퍼져 있다

이것도 끝이 퍼지는 태양선의 일종입니다. 나이가 들면서 경제적으로 안정된다는 것을 의미해요.

운명선의 시작점이 금성구

금성구는 가족과의 유대감을 의미합니다.

\ 그리고 /

럭키 M선이 있다

수입이 안정된 사람에게 나오는 상인데, 땅을 상속받는 경우가 많아요.

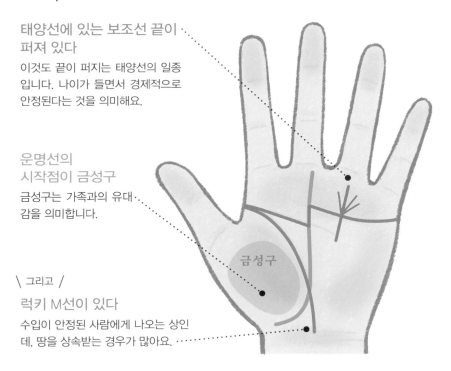

금성구

◇ 집안의 덕은 다양한 형태로

금성구에서 출발하는 운명선에는 집안의 가업이나 유산을 이어받는다는 의미가 있습니다.

왜냐면 금성구는 가족이나 고향과의 인연을 뜻하기 때문이에요. 조상의 땅을 상속받는 경우도 많아서 집주인으로서 대대로 아파트 경영을 하는 사람들에게는 이 운명선이 아주 굵게 나와 있기도 해요.

굵은 태양선 옆에 가느다란 선이 있고 그 끝이 퍼져 있는 경우는 부모의 회사 일을 돕다가 유산으로 그 회사를 물려받는 경우가 많아요. 가업의 경리 등을 병행하면서 취미로 부업을 하는 경우도 더러 있지요.

고향을 떠나면 금전운 상승

◇ 고향에 인연이 있는 사람과 없는 사람

태어난 고향을 떠나야 금전운의 덕을 받는 손금이 있습니다.

월구에서 중지를 향해 뻗는 운명선에는 지혜와 인복으로 사회에서 활약한다는 의미가 있어요. 타인과 깊은 인연이 있다는 뜻이기 때문에 고향을 떠나야 개운하는 상입니다.

운명선의 방향과 같이 봐야 할 것이 생명선의 방향입니다. **종점이 엄지를 향한다면 고향, 손목을 향한다면 타지**를 의미합니다. 따라서 나중에 고향으로 돌아가는 것이 좋은지, 타지로 나가 평생을 보내는 것이 좋은지 알 수 있어요. 생명선은 인생의 흐름을 나타내기 때문에 이직 타이밍에 도시에 남을지 고향으로 돌아갈지 고민될 때는 손금의 방향을 보고 어떤 행동을 취해야 할지 답을 구해 보세요.

◇ '운명'을 거스르면 어떻게 될까?

일에서 성공을 거두기 위한 방향성은 운명선의 방향으로, 제2의 인생이나 퇴직 후 인생은 **생명선의 방향으로 보는 것**을 추천합니다.

어떤 계기 때문에 고향으로 꼭 돌아가고 싶은 마음이 간절해질 때가 있잖아요. 하지만 고향 쪽으로 선이 전혀 나오지 않았다면 아직 돌아갈 시기가 아니라는 뜻이에요. 전에 이런 일이 있었어요. 어떤 분은 고향 쪽으로 선이 나오지 않았는데도 무시하고 정년퇴직을 계기로 귀향했습니다. 그런데 1년도 채 지나지 않아 도쿄로 돌아오더군요.

그분은 고향을 떠나야 성공할 수 있는 선(여행선 등)을 갖고 있었어요. 그런 분들은 외부로 나가야 활약할 수 있는 겁니다. 반대로 고향 쪽으로 선이 나 있을 때는 고향 밖이나 도시로 눈을 돌리지 말아야 하겠지요.

손금은 변하기 때문에 지켜야 할 사인은 놓치지 마세요!

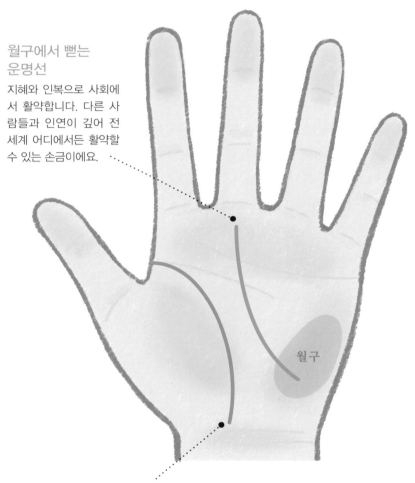

월구에서 뻗는 운명선

지혜와 인복으로 사회에서 활약합니다. 다른 사람들과 인연이 깊어 전세계 어디에서든 활약할 수 있는 손금이에요.

월구

생명선이 손목을 향한다=고향 밖

생명선으로는 제2의 인생이나 정년퇴직 후 어떻게 살아가는지를 봅니다. 생명선이 거의 곧게 손목 쪽으로 향한다면 고향을 떠났을 때 운이 열리는 타입입니다. 반면 엄지 방향으로 향한다면 고향을 중심으로 활약해요. 고향에서 응원받는 손금이지요.

금전운의 트러블 사인

◇ 장애선이나 섬을 조심

운명선 위에 비스듬히 교차하는 장애선은 금전운이 내려간다는 경고 신호입니다. 장애선이란 주요 선의 흐름을 방해하듯 가로지르는 선을 가리키는데, 시련이나 고생을 의미해요.

뚝뚝 끊어진 재물선, 태양선 위에 나타나는 섬이나 십자도 어떠한 금전 트러블이 찾아올 것을 암시합니다. 단, 이들 손금은 환경의 변화나 돈과 일에 대한 자세에 따라 달라집니다.

또한 **생명선에 있는 섬**은 스스로 제어하지 못하는 불가항력의 사건을 의미합니다. 과거의 금전 트러블을 나타내는 경우도 많아서 예를 들어 10대 후반에 가족이 사업에 실패해서 대학을 포기하고 고생한 경험이 있거나 하다면 나타나기도 해요.

◇ 노력하지 않는 것이 방어술

금전 트러블 등 앞으로 일어날지도 모르는 사건이 언제쯤 일어날지는 유년법(244페이지)으로 계산할 수 있어요.

하지만 시기를 알아도 뭔가를 노력하려고 하지 마세요. 특히 운이 내려가는 시기에는 저항하려고 하면 할수록 상황이 더 나빠집니다. 실제로 운이 내려갈 때 노력했더니 주변이나 환경이 방해해 결국 잘 풀리지 않을뿐더러 심신이 모두 지쳐버린 분들도 많이 봤어요.

흐름을 거스르려 하지 말고 '그런 시기도 있는 거지' 정도로 넘기면 다시 운기가 올라갈 거예요.

서두르지도 호들갑을 떨지도 말고, 당장 할 수 있는 일을 무리하지 않는 선에서 하면서 타인에게 의지도 하고 쉴 때는 쉬어야 합니다. 자신을 돌보면서 흘러가도록 내버려 두는 것이 최강의 개운법입니다.

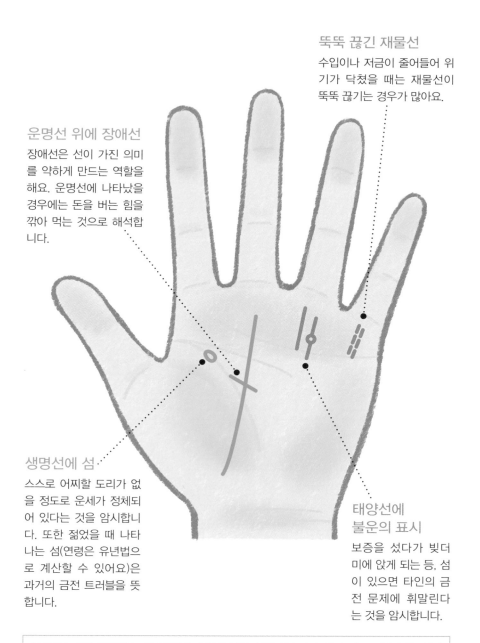

뚝뚝 끊긴 재물선

수입이나 저금이 줄어들어 위기가 닥쳤을 때는 재물선이 뚝뚝 끊기는 경우가 많아요.

운명선 위에 장애선

장애선은 선이 가진 의미를 약하게 만드는 역할을 해요. 운명선에 나타났을 경우에는 돈을 버는 힘을 깎아 먹는 것으로 해석합니다.

생명선에 섬

스스로 어찌할 도리가 없을 정도로 운세가 정체되어 있다는 것을 암시합니다. 또한 젊었을 때 나타나는 섬(연령은 유년법으로 계산할 수 있어요)은 과거의 금전 트러블을 뜻합니다.

태양선에 불운의 표시

보증을 섰다가 빚더미에 앉게 되는 등, 섬이 있으면 타인의 금전 문제에 휘말린다는 것을 암시합니다.

첫머리에 이야기했듯이, 기본적으로 손금에 나쁜 선은 없습니다. 있다 해도 다른 좋은 선이나 표시가 그 의미를 없애주기 때문에 사실 나쁘다고 보는 손금의 영향력은 그렇게 크지 않아요. 단, 장애선은 살짝 주의가 필요합니다. 높은 확률로 시련이 닥치는 경우가 많으니까요.

가계부를 쓰면 좋은 손금, 쓰면 안 좋은 손금

· ·

'돈의 흐름을 파악하려면 가계부를 쓰는 게 좋아'라는 말을 흔히 듣습니다. 하지만 가계부를 쓰면 오히려 금전운이 떨어지는 손금이 있다는 사실을 알고 계시나요?

우선 가계부를 쓰면 금전운이 올라가는 손금부터 소개할게요. **태양구 (약지의 관절 부분)에 짧은 태양선이 한 개 있는 경우**입니다.

이 손금을 가진 사람은 돈에 대한 마인드가 매우 신중합니다. 절약을 취미 삼아 하는 사람도 많아서 가계부를 쓰면 돈의 흐름도 마음도 개운해지는 타입이지요.

반면, 같은 위치에 **태양구가 3개 이상 있는 경우**는 가계부를 쓰지 않는 게 좋습니다. 애초에 이런 손금을 가진 사람은 가계부 쓰는 것 자체를 힘들어합니다.

게다가 무리해서 가계부를 쓰려고 하면 나가는 돈에만 정신이 팔려 돈을 소비하는 것에 대한 죄책감이 생겨요.

그리고 설령 가계부를 써서 억지로 절약한다 해도 그 돈을 엉뚱한 곳에 쓰기도 합니다.

태양구에 세로선이 많은 손금은 '다각 경영의 손금'이라고도 불립니다. **기분 좋게 돈을 융통해야 돈을 더 잘 번다는 손금**이에요.

따라서 가계부 쓸 시간에 업무 계획을 짜거나 장래에 하고 싶은 일을 위해 자격증 공부를 추천합니다. 그렇게 해야 장기적으로 돈을 더 잘 벌 수 있어요.

전에 이렇게 짧은 태양선이 여러 개 있는 사람 몇십 명에게 재정 조사를 했던 적이 있어요. '식비를 줄이면 뭐가 좋나요?'라는 질문을 한 사람 한 사람에게 했지요.

그중에 이런 사람이 있었어요.

그 사람은 오랫동안 회사 생활을 했고, 1년 전에 퇴직했습니다. 실업 보험이 나올 때까지 식비를 줄이려고 콩나물만 먹었다더군요.

그러자마자 '금전운이 나쁘다'라는 생각이 들 만한 사건이 연달아 터졌습니다.

가전제품이 고장 나기도 하고 하필 지갑에 큰돈이 들어 있을 때 잃어버리기도 하고……

혹시나 해서 이 **'식비 절약 콩나물 생활'을 그만뒀더니, 머피의 법칙도 잠잠해졌다**고 합니다.

희한하게 다른 사람들에게도 이런 비슷한 이야기를 들었습니다. 지극히 일부 사람들만 조사하긴 했지만, 이걸 계기로 태양구에 세로선이 많은 사람은 가계부를 쓰거나 허리띠를 졸라매야 하는 상황은 어울리지 않는다고 새삼 깨달았지요.

소비 형태를 점검할 때는 가계부를 쓰면서 제일 먼저 생활비 절약에 눈이 가잖아요.

하지만 태양구에 세로선이 있는 사람들은 **마음을 편하게 먹어야 돈을 버는 폭이 넓어집니다.** 스트레스를 쌓지 말고 편안한 마음을 유지하면서 괜찮은 일들을 넓혀 가는 거예요.

이런 것이 바로 태양구에 세로선이 많은 사람이 금전운을 올리는 방법이기도 합니다.

태양선은 자력으로
늘리고 뻗게 할 수 있다

태양선은 타인에게 높은 평가를 받으면서 나타나는 선입니다. 그래서 그런지 젊었을 때는 태양선이 없었다는 사람들도 많고, 늦게 꽃을 피우는 타입은 50세가 넘어서야 나타나기도 합니다.

태양선을 늘리고 싶나요? 태양선이 더 길어졌으면 좋겠나요?

그럴 때는 **힘이 들지 않는 선에서 남에게 도움이 되는 일을 하나둘씩 쌓는 것**을 추천합니다.

《기브앤테이크 〈Giver(주는 사람)〉가 성공하는 시대》라는 책에 '5분간의 친절'이라는 항목이 있습니다. 5분 이내에 할 수 있는 친절은 보통 자신이 잘하는 것일 때가 많기에 남에게 베풀어도 부담이 되지 않고 계속할 수 있다는 사고법입니다.

그런 하루하루의 친절이 모여 태양선이 늘어나고 길어지고, 장기적으로 금전운이 좋아집니다.

예를 들어 꽃을 기르는 걸 잘한다면, 직접 기른 꽃을 사람들에게 선물하는 건 어떨까요.

웨이트 트레이닝이 취미라면 그 방법을 누군가에게 가르쳐주는 것도 괜찮겠네요.

태양선은 없는 것보다는 있는 게 인간적으로 더 빛이 나고 인생도 더 즐거워집니다.

지금은 없다고 해서 포기하지 마세요. **태양선은 행실에 따라 늘어나기도 하고 길어지게 할 수도 있으니까요.**

LESSON 5

· ◇

누구나 숨겨진 가능성이나 천직이 있다!

직업운을 아는 3가지 포인트

'나한테 더 어울리는 일을 하고 싶어!'
'언제 이직하는 게 좋을까?'
일에 대한 고민은 끊이질 않습니다.
그럴 때는 손금과 상담해 보세요!
직업운은 사회 안에서 어떤 모습인지, 인생의 전환기가 언제인지가 나타나는
운명선을 중심으로 봅니다.

짙고 곧은 선은 직업운이 좋다!

·····································

운명선은 사회적 자기실현의 바로미터

일반적으로 짙고 곧게 뻗은 운명선을 가진 사람일수록 직업운이 좋고 에너지가 충만한 인생을 보내기 쉬워집니다. 사회에 나가 열심히 일하는 사람에게 많이 보이는 손금인데, 여성이라면 커리어우먼 타입입니다. 스스로 운명을 개척하는 힘이 있어서 결혼이나 출산을 경험해도 가정에 들어가지 않고 일을 계속하는 사람이 많은 것도 특징입니다.

단, 사회적으로 활약하는 사람만이 그런 운명선을 가진 것은 아닙니다. 운명선은 **'사회적 자기실현의 바로미터'**라고도 해요. 사회생활이나 학교생활에 국한되지 않고 가정이나 취미 세계 등, 사회와 얽히며 그 속에서 정력적으로 목표를 갖고 노력하는 사람에게는 운명선이 또렷하게 새겨져요.

한편, 운명선이 연한 경우는 보람이나 목표를 찾지 못했거나 혹은 남몰래 갖고 있는 힘과 실력을 제대로 발휘하지 못하는 상태일지도 몰라요. 하지만 목표가 뚜렷해지고 열심히 노력하면 점점 짙어질 테니 걱정하지 마세요!

게다가 **운명선이 연하다고 직업운이 나쁜 것은 아닙니다.** 협조성이라는 장점을 살려 조직 안에서 활약하는 타입은 운명선이 연하고, 성공해서 주변이 평가를 해 주는데도 자기만족도가 낮으므로 계속 연한 경우도 흔해요. 참고로 운명선은 한번 멈췄다 다른 선으로 교체되거나 중간에 공백이 생기는 일도 흔합니다.

각각 어떤 의미인지 다음 페이지에서 설명할게요.

◇ 운명선의 전환과 공백이 의미하는 것 ◇

짙고 곧게 뻗지 않아도 괜찮습니다!
어떤 모양이든 좋은 일이 더 많을 테니 안심하세요.

운명선에 공백이 있다

결혼과 출산 등으로 경력이 중단되었다는 뜻이에요. 일의 방향성을 고민할 때도 나타나는 경우가 많아요.

운명선이 한번 멈췄다 다른 선으로 교체된다

이사, 교우 관계의 변화, 승진, 상사가 바뀌는 등 환경이 달라지면서 운명이 살짝 변화하는 것을 의미합니다. 참고로 커리어가 크게 바뀌는 등 그 사람에게 영향이 클수록 선이 더 크게 나타나요.

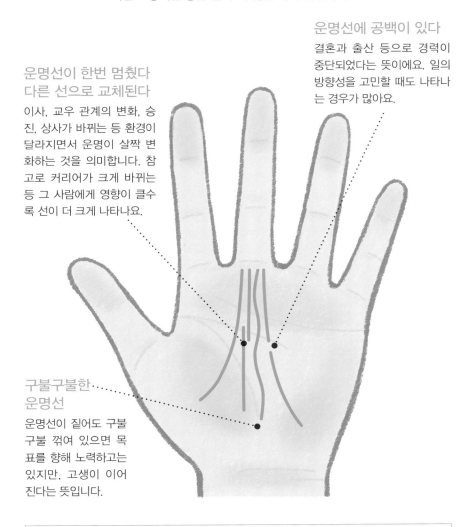

구불구불한 운명선

운명선이 짙어도 구불구불 꺾여 있으면 목표를 향해 노력하고는 있지만, 고생이 이어진다는 뜻입니다.

운명선이 짙고 뚜렷한 경우, 많은 분이 결혼 후 가정에 충실하고 싶지만 어떠한 사정으로 일을 계속해야 하는 상황에 놓였습니다.

운명선만 가지고 직업운 보기

1 — 운명선으로 곧게 뻗은 일직선

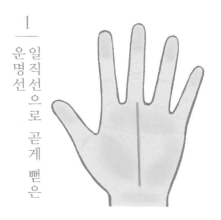

어릴 때부터 독립심이 강하고 목적을 향해 노력하는 손금입니다. 그 결과, 계획대로 인생을 보낼 수 있는 운이 강한 사람입니다. 그리고 젊었을 때 그린 인생 설계를 그대로 이룰 수 있어요.

2 — 운명선에서 멈춘 두뇌선

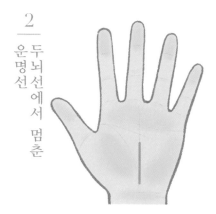

젊었을 때는 탄탄대로였는데 30대에 접어들면서 직업운에 그늘이 질 가능성이 있어요. 한창 순조로웠기 때문에 자신의 힘을 과신하고 있진 않나요? 노력을 게을리하지 않는 것이 해결책입니다.

3 — 중간에만 있는 운명선

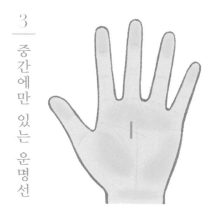

30대부터 50대 중반까지는 순조롭다는 것을 뜻합니다. 30세를 기점으로 재능을 활짝 꽃피우고 중년기에 복을 받는 타입이에요. 55세쯤에 조기 퇴직하는 사람에게 많이 보이는 손금이기도 합니다.

4 — 위쪽에만 있는 운명선

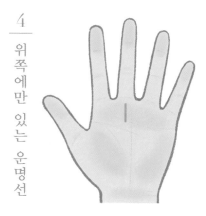

늦게 꽃을 피워 말년 운이 좋은 타입입니다. 젊었을 때는 방향성이 흐릿해서 이직을 반복하는 등 빛을 보지 못하는 기간이 이어지는데, 50세를 기점으로 운이 열릴 기회가 찾아와요! 소위 말하는 대기만성형입니다.

먼저 운명선만 가지고 직업운을 살펴보세요.
보통 손금풀이를 할 때는 다양한 선을 복합적으로 보지만, ══════
한 종류만 봐도 많은 것을 알 수 있어요.

5
—
중
간
에
끊
어
진
운
명
선

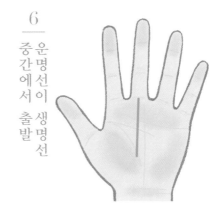

운명선이 중간에 끊어져 있는 경우는 그 기간
(유년법으로 알 수 있어요)에 일시적으로 운
세가 정체하거나 슬럼프에 빠진다는 것을 의
미합니다. 일이 벌어질 때까지 기다리지 말고
긍정적으로 준비하면 피해 갈 수도 있어요.

6
—
중 운
간 명
에 선
서 이
출 생
발 명
선

'자립선'이라고도 부릅니다. 독립심이 강해서
노력 여하에 따라 운을 좋게 만들 수도 있어
요. 개운선이나 노력선(32페이지)과 닮았는
데, 이 선들은 5mm~1cm로 짧기 때문에 구별
할 수 있을 거예요.

7
—
있 시
는 작
운 점
명 이
선 소
  지
  쪽
  에

소지 쪽, 그러니까 월구에서 올라가는 운명선
은 '인기선'이라고도 불립니다. 주위의 호감
을 사서 응원을 받으면 직업운이 열릴 거예
요. 인기 가수나 예능인들에게 많이 보이는
손금이에요.

해설을 읽을수록
운명선은 있기만 해도
행운이라는 걸
알게 될 거예요

8
운명선이 생명선 안쪽에서 출발

가족이나 고향에 인연이 있는 손금입니다. 그래서 부모님이나 친척이 하던 일 또는 재산을 물려받아 성공을 이루는 타입이지요. 부모의 연줄을 잘 이용하고 원조를 받아서 운을 키우세요.

9
엄지 쪽을 향해 교체되면서 생긴 운명선

운명선이 겹치면서 교체되어 뻗어나가는 모양은 2가지 일을 동시에 진행한다는 뜻입니다. 특히 엄지 쪽으로 교체되면서 뻗어나가면 의지를 다져서 이직했을 때 운을 키울 수 있는 사람입니다.

10
뚝뚝 끊어진 운명선

운명선이 교체되는 손금과 뚝뚝 끊어지는 손금은 의미가 다르니 잘 봐야 합니다. 자잘하게 끊어지는 손금은 한 가지 일을 오래 하지 못한다는 뜻이에요. 끈기없는 성질이 화가 되어 운세가 고르질 못하고 변덕스러워집니다.

11
운명선 평행한 선이 있는

운명선 바로 옆에 나타나는 선은 보조선입니다. 엄지 쪽에 있으면 가족이나 친척, 소지 쪽에 있으면 타인에게 지원을 받아 일에서 성공합니다. 이중 운명선과 비슷해 보이지만 그보다 조금 더 연해요.

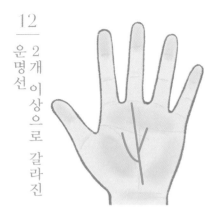

12
2개 이상으로 갈라진 운명선

다양한 수입원이 생긴다는 것을 암시하며, 더 많이 갈라져 있을수록 다양한 직종에 발을 들이게 된다는 뜻이에요. 하나의 일에 집중하기보다는 여러 곳으로 손을 뻗어야 성공하는 손금입니다.

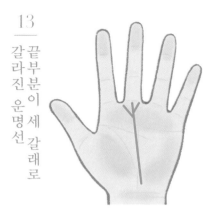

13
끝부분이 세 갈래로 갈라진 운명선

목표 지점이 세 갈래로 갈라진 운명선은 행운의 사인이에요. 젊었을 때는 일을 하며 고생해도 말년에 복을 받는 길상이지요. 일이 다양화되거나 사회적인 영향력을 갖게 되기도 해요.

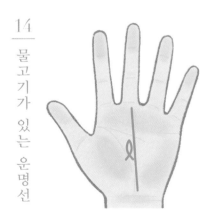

14
물고기가 있는 운명선

물고기는 예기치 못한 행운을 암시합니다. 특히 운명선에 나타났다면 업무상 큰 기회가 찾아온다는 뜻이에요. 구체적인 시기는 유년법으로 확인해 보세요(244페이지).

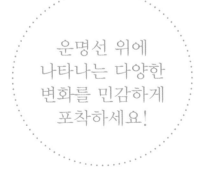

운명선 위에
나타나는 다양한
변화를 민감하게
포착하세요!

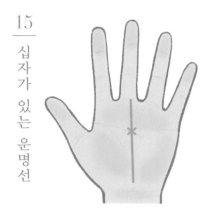

15
——
십
자
가
있
는
운
명
선

운명선에 십자가 있으면 일을 하면서 생각지 못한 큰 트러블에 휘말리게 되는 것을 암시해요. 잠시 주변을 둘러보는 것을 추천합니다. 십자 위로 운명선이 또렷하게 뻗어나간다면 일시적인 재난으로 끝날 거예요.

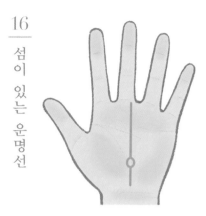

16
——
섬
이
있
는
운
명
선

어느 위치든 상관없이 운명선 위에 섬이 나타났다면 주의 환기가 필요하다는 표시입니다. 일이 뜻대로 되지 않는 장기 슬럼프를 의미해요. 무리해 봤자 통하지 않으니 2~3년은 꾹 참을 필요가 있어요.

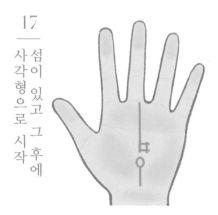

17
——
사
각
형
으
로
시
작

섬
이
있
고
그
후
에

트러블(섬)과 행운(사각형)이 비슷한 시기에 나타난다는 뜻이에요. 트러블 때문에 한동안 일이 침체되지만, 갑작스럽게 협력자가 나타나 운세가 급속히 호전됩니다.

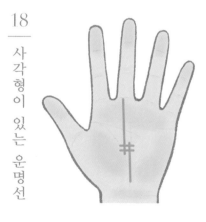

18
——
사
각
형
이
있
는
운
명
선

운명선 위에 있는 사각형은 부정적인 미래를 긍정적으로 바꿔 줍니다. 예를 들어 일시적으로 업무상 큰 사건에 휘말린다 해도 마지막에는 위기를 벗어나 극복함으로써 전보다 기세가 더 강해진다는 뜻이 있어요.

19
운명선이 중간에 끊어지고 태양선이 나타난다

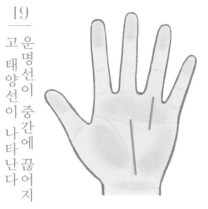

태양선은 제2의 운명선으로 불립니다. 일반적으로 운명선이 끊어지면 그 후에는 업무상 그늘이 드리워지지만, 태양선이 나타나면 직업운이 조금 떨어져도 지장이 없는 인생을 보낼 수 있어요.

20
운명선이 없거나 흐릿하다

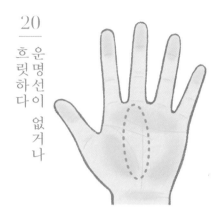

눈에 띄진 않지만, 협조성을 살려 보좌역을 훌륭히 소화하는 등 직업 복이 있어 평화롭고 행복하게 보낼 수 있습니다. 여성은 현모양처이자 전업주부로 가정에서 활약하는 경우도 많아요.

21
구불구불한 운명선

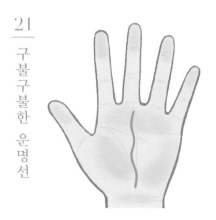

각 손금은 대표적인 예입니다. 비슷해 보이면 해당하는 것으로 생각하세요.

고민이나 가정 내 사정으로 먼길을 돌아가고 있는 상황입니다. 생각이 완고한 것도 한 요인입니다. 하지만 고민은 나쁜 것이 아니니 본인을 위해 충분히 시간을 들이세요.

두뇌선 방향이 천직을 알려준다

··

생각하는 버릇은 일상생활 속 온갖 상황에 영향을 준다

　두뇌선에는 그 사람의 가치관이나 판단 기준, 생각하는 버릇이 나타납니다. 그래서 두뇌선을 보면 어울리는 직종뿐 아니라 일을 할 때 무엇을 중시하는지까지 보여요.

　먼저 두뇌선의 방향을 볼게요. 크게 나눠서 월구 쪽을 향하면 영업직, 제2화성구를 향하면 사무직에 적합하다는 걸 알 수 있어요.

　여러분의 두뇌선은 어디를 향해 뻗어 있나요?

　월구를 향해 뻗는 두뇌선은 변화를 좋아하는 타입입니다. 창조적인 일을 지향하고 직감을 중시하지요. 일에서 꿈을 실현하거나 낭만을 추구하는 경향이 있어요. 이 타입은 성과를 낼 때도 과정을 중시합니다. 시간이 들더라도 동료들과 서로 이해하고 마음을 툭 털어놓으며, 충분히 이해가 가는 방법으로 거래처를 대하고 싶어 합니다.

　반면, **제2화성구를 향해 곧게 뻗는 두뇌선**은 숫자로 분석하여 논리적으로 생각하고 싶은 타입입니다. 룰에 따라 전체를 내려다보며 사물을 이해하지요.

　실제로는 이렇게 단순히 나뉘지 않겠지만, 타입을 알면 좋은 점도 있습니다. 적성에 맞는 일을 만날 가능성이 커지기도 하고, 동료나 거래처의 타입을 파악하면 그 사람이 선호하는 일의 진행 방법을 제안할 수 있으니 불필요한 실랑이를 피할 수 있지요.

◇ 적성에 맞는 직업을 알려면 두뇌선의 종점을 보자 ◇

지금까지 두뇌선의 '시작점'에 대해서는 여러 번 해설했지만,
적성에 맞는 직업을 알아볼 때 열쇠가 되는 것은 '종점'입니다.
월구나 제2화성구 말고도 종점의 위치를 보고 적성에 맞는 직업을 소개할게요.

종점이 수성구

숫자에 강하고 장사꾼 기질이 있어요. 자영업이나 경리 등 돈 다루는 일에 재능이 있습니다. 또한 커뮤니케이션을 담당하는 수성구의 영향을 받아 교섭 능력도 뛰어나요! 접객업이나 영업, 기자나 통역 등도 적성에 맞습니다.

종점이 제2화성구

사물을 논리적으로 생각하는 두뇌파. 정에 휩쓸리는 일 없이 합리적으로 일을 처리합니다. 금융 관련이나 회계사 등의 금융업, 의사나 설계사 등의 기술직, 변호사 등이 적성에 맞는 손금입니다.

종점이 월구

월구는 감수성이나 창의력을 담당하므로 감성을 살릴 수 있는 일이나 정신세계와 관련된 일이 적성에 맞습니다(꼭 창의력과 관련된 일은 아닐 수도 있어요). 대중의 인기를 휘어잡는 능력도 있어서 미용사, 스타일리스트, 디자이너, 작가, 예능 관계에 어울립니다.

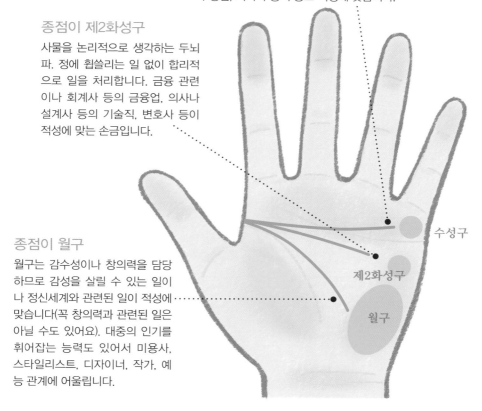

수성구

제2화성구

월구

두뇌선에서 나온 지선이 위에 나온 3개의 구로 들어가는 경우도 의미가 똑같습니다. 지선이라서 메인 선보다는 그 영향력이 살짝 떨어져요.

감정선을 보면
직업에 대한 마인드를 알 수 있다

···

굴곡으로 알 수 있는 일과의 거리감

감정선의 굴곡을 보면 직업에 대한 마인드를 알 수 있습니다. 여기서는 **본인이 일에 감정을 끌어들이는 타입인지 아닌지**에 주목해서 보세요. 감정선이 어떤 커브를 그리고 있나요? **일반적으로 감정선이 곧을수록 맺고 끊음이 확실**하고, 커브가 심할수록 일과 개인 시간이 섞이기 쉽습니다.

특히 **검지와 중지 사이로 들어가는 감정선**은 일에 감정을 싣는 경향이 강하기 때문에 일에서 보람을 얻으려고 합니다. 일을 라이프워크라고 받아들여서 그런지 이런 감정선을 가진 사람일수록 자신이 하고 싶은 일을 직업으로 삼으면 운이 올라가지만, 여기서 한 가지 주의해야 합니다. 악덕 기업은 무조건 피할 것입니다.

'그건 누구나 다 그런 거 아니야?'라고 생각하셨나요? 하지만 이런 감정선을 가진 사람은 자기희생 정신이 강하기 때문에 너덜너덜해질 때까지 회사를 위해 몸을 바칩니다. 이런 경향을 알아둬야 자신을 지키는 법이지요.

저는 직업운을 볼 때 금성대의 존재도 확인합니다. 일반적으로 미적 감각을 나타낸다고 하는데, 일상생활에서 행복을 추구하는 마음을 나타내기도 하니까 **서비스업 등에서 재능을 발휘할 수 있는 선**이거든요. 미용사나 디자이너 같은 크리에이티브 관련 직업뿐 아니라, 어떤 장르든 막론하고 금성대가 있으면 아주 좋습니다.

◇ 직업운을 감정선으로 보는 의미는? ◇

직업운은 운명선이나 두뇌선으로 보는 경우가 많은데, 저는 감정선을 중요시합니다.
세상에는 '일은 일'로 맺고 끊을 수 있는 사람만 있는 게 아니니까요.
직업을 따질 때 유쾌한지 불쾌한지는 적성 이상으로 중요합니다.

감정선이 직선적

공과 사를 확실히 맺고 끊을 줄 아
는 사람입니다. 목표를 설정해서 지
금 해야 할 일을 덤덤하게 해치워
나가요.

감정선이 검지와 중지
사이로 들어간다

일에서 보람을 찾는 타입입
니다. 누군가 자신을 믿어주
면 다소 무리를 해서라도 그
에 부응하려고 하는 면도 있
어요. 일 하나하나를 중요하
게 여기는 나머지, 타인의
언동에 영향을 받기 쉬운 섬
세한 타입이기도 합니다.

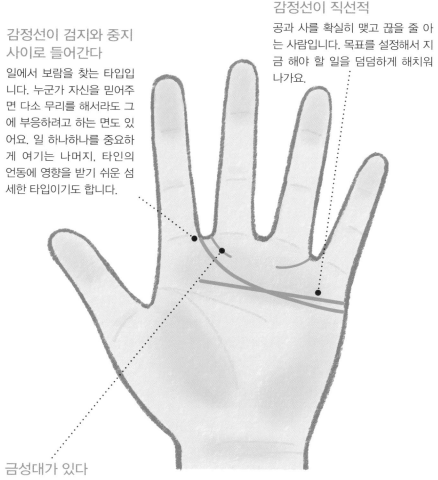

금성대가 있다

'일상생활 속에서 행복을 탐구하는 마음'이란 생활에 빛깔을 입혀주
는 재능을 뜻합니다. 즐거운 일, 재미있는 일, 아름다운 것을 싫어하
는 사람은 없겠지요. 금성대를 가진 사람은 일을 통해 빛깔을 더해
주며 주변 사람들을 행복하게 만드는 것이 삶의 낙입니다.

직업운 영업직에 어울리는 사람

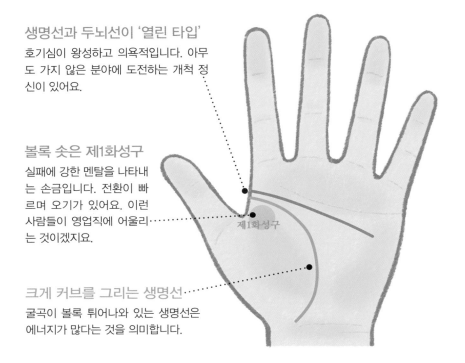

생명선과 두뇌선이 '열린 타입'
호기심이 왕성하고 의욕적입니다. 아무
도 가지 않은 분야에 도전하는 개척 정
신이 있어요.

볼록 솟은 제1화성구
실패에 강한 멘탈을 나타내
는 손금입니다. 전환이 빠
르며 오기가 있어요. 이런
사람들이 영업직에 어울리
는 것이겠지요.

제1화성구

크게 커브를 그리는 생명선
굴곡이 볼록 튀어나와 있는 생명선은
에너지가 많다는 것을 의미합니다.

◇ 넘어져도 다시 일어나는 활력이 있다

두뇌선과 생명선의 시작점이 떨어져 있는 '열린 타입'은 데스크 업무보
다는 밖으로 나가 움직이는 일을 선호합니다. 그리고 **생명선이 크게 커브
를 그린다면** 밝고 사교성이 있으며 사람을 대하는 일과 적성이 맞아요.
속상한 일이 있어도 벌떡 일어나는 힘이 있으며, 그 에너지로 고객의 마
음을 사로잡습니다.

그리고 **제1화성구가 볼록 솟아 있는 손금**은 지기 싫어하는 노력가입니
다. 영업직에서 결과를 남길 수 있는 사람이지요. 영업직은 자신의 성과
가 계약 건수로 나타나기 쉬우니까 특히 성과제라면 투쟁심이 끓어올라
뜻밖의 성과를 내기도 합니다.

데스크 업무에 어울리는 사람

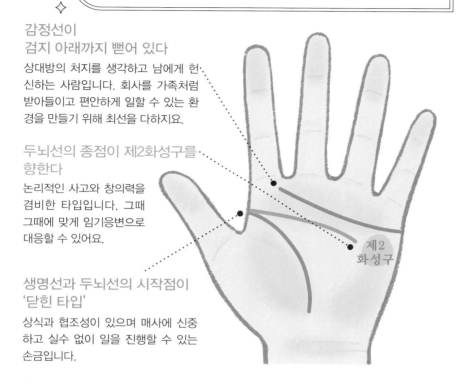

감정선이 검지 아래까지 뻗어 있다

상대방의 처지를 생각하고 남에게 헌신하는 사람입니다. 회사를 가족처럼 받아들이고 편안하게 일할 수 있는 환경을 만들기 위해 최선을 다하지요.

두뇌선의 종점이 제2화성구를 향한다

논리적인 사고와 창의력을 겸비한 타입입니다. 그때그때에 맞게 임기응변으로 대응할 수 있어요.

제2 화성구

생명선과 두뇌선의 시작점이 '닫힌 타입'

상식과 협조성이 있으며 매사에 신중하고 실수 없이 일을 진행할 수 있는 손금입니다.

◇ 균형 잡힌 사고력이 무기

완만한 커브를 그리는 두뇌선은 데스크 업무에 어울립니다. 그리고 종점이 제2화성구를 향한다면 최강이에요. 상식적이며 균형 잡힌 사고력을 가진 지적인 타입이지요.

데스크 업무 중에서도 사무직은 다른 부서와 연계하는 일이 많잖아요. **감정선이 검지 아래까지 뻗은** 사람은 솔직하고 배려심이 깊어 '같이 일하기 편한 사람'으로 평가받습니다.

한편, **생명선과 두뇌선의 시작점이 붙어 있는 '닫힌 타입'**은 늘 생각이 깊고 묵묵히 업무를 소화하는 사람입니다. 꼼꼼하고 실수도 적으니까 데스크 업무에서 귀중한 사람이지요.

직업운 조직에서 출세하는 타입

◇ 조직에서 출세하려면 호감을 얻어야 한다

월구에서 뻗는 운명선은 조직 안에서 일하는 것이 어울리는 사람의 손금입니다. 친부모 말고 다른 사람들과의 인연이나 사회성을 나타내는 월구에 선의 시작점이 있으면, 사람들 무리 안에서 힘을 발휘하고 응원을 받는다는 뜻입니다. 그래서 회사원이 적성에 맞지요.

사내 정치에도 강해서 출세하는 손금이기 때문에 대기업 사장 중에도 이런 손금을 가진 분들이 많아요. **총애선**이 있으면 출세 기회는 더 높아집니다. 출세라는 건 본인의 노력만으로 이루어지는 게 아니잖아요. 끌어주는 사람이 꼭 필요합니다.

이 총애선은 회사나 조직의 우두머리에게 예쁨을 받는 아주 고마운 손금입니다. 힘 있는 사람이 뒤에서 든든하게 받쳐주기 때문에 출세로 이어지기 쉬워지지요.

◇ 목성구는 조직 내 지위에 영향

목성구에 나타나는 물고기 문양은 출세 기회가 찾아온다는 징조입니다. 목성구는 지위나 야심을 담당하는 구예요.

뜻밖의 얘기를 듣고 놀라겠지만, 평소에 열심히 일했던 것에 대한 보상이니까 안심하고 출세하세요.

감정선과 두뇌선이 하나로 이어진 막쥔 손금은 천재적인 발상이나 위에 설 만한 자격을 가진 사람에게 나타납니다. 운기가 강한 반면, 파란만장한 인생이 될 수도 있어요. 하지만 강력한 개성을 가진 리더로서 사람들을 잘 이끌 거예요.

운명선이 중지의 관절까지 뻗어 있는 사람은 자신에게 딱 맞는 길을 찾으면 보통 사람들보다 몇 배나 더 빠른 속도로 출셋길이 열릴 거예요.

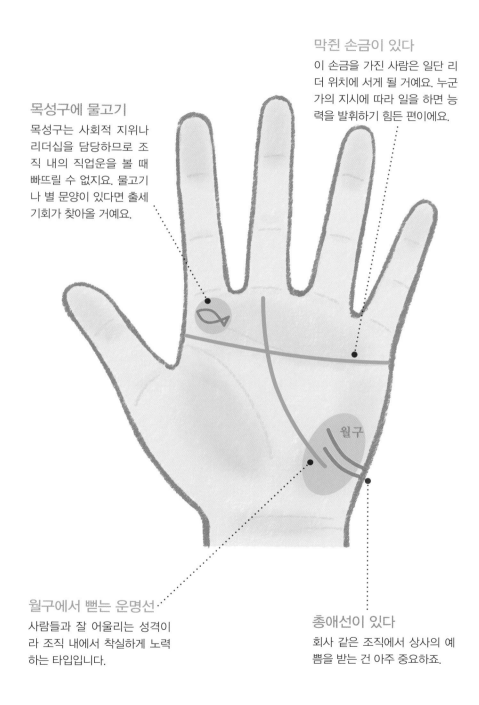

목성구에 물고기

목성구는 사회적 지위나 리더십을 담당하므로 조직 내의 직업운을 볼 때 빠뜨릴 수 없지요. 물고기나 별 문양이 있다면 출세 기회가 찾아올 거예요.

막쥔 손금이 있다

이 손금을 가진 사람은 일단 리더 위치에 서게 될 거예요. 누군가의 지시에 따라 일을 하면 능력을 발휘하기 힘든 편이에요.

월구

월구에서 뻗는 운명선

사람들과 잘 어울리는 성격이라 조직 내에서 착실하게 노력하는 타입입니다.

총애선이 있다

회사 같은 조직에서 상사의 예쁨을 받는 건 아주 중요하죠.

관리직에 어울리는 사람

◇ 현실과 이상의 균형 감각을 가져라

두뇌선이 두 갈래로 갈라져 제2화성구와 월구로 뻗는 손금은 관리직이나 매니저에 어울립니다. '현실적인 손금'과 '창조하는 손금'을 겸비했기 때문에 뛰어난 관리 능력과 엄격한 경영 판단력을 발휘할 수 있어요.

제2화성구로 뻗은 두뇌선은 추진력을 의미합니다. 혹독한 환경에서도 끈기 있게 업무를 수행하는 힘을 말하지요.

한편, **월구로 뻗는 두뇌선**은 말하자면 '현장에 걸맞은 크리에이티브'를 뜻합니다.

관리직에 크리에이티브라니? 그게 무슨 소리일까요? 조금 신기하게 생각할 수도 있지만, 적재적소에 업무를 나눠주는 센스가 필요하잖아요. 저는 그걸 '현장에 걸맞은 크리에이티브'라고 불러요. 관리직에 반드시 필요한 능력 중 하나입니다. 플레잉 매니저가 늘어나는 요즘, 조직에서 존재감을 더 뽐낼 수 있을 거예요.

◇ 노력가라서 용납할 수 없는 일도…

목성구가 봉긋 솟은 사람도 관리직에 적합한 타입이라고 할 수 있습니다. 왜냐면 남을 가르치고 이끄는 것을 좋아하는 손금이니까요. 게다가 향상심이나 야망도 겸비한 덕분에 부하와 함께 노력하고 성장할 수 있는 사람이에요.

흥미로운 것은 본인이 노력가의 손금을 갖고 있는 만큼, 노력하지 않는 부하를 봐줄 때는 상당히 괴로움을 느낀다는 사실입니다. '누구나 그런 부하는 싫어하겠죠'라고 생각하셨나요? 그건 그렇지만, 이 손금을 가진 사람은 그 고통의 정도가 꽤 크답니다.

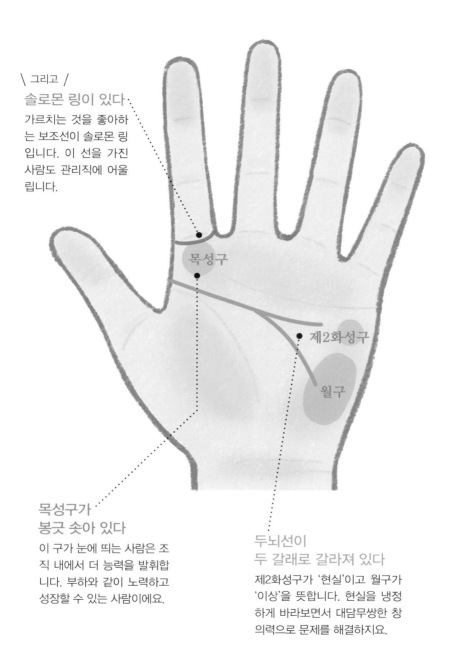

\ 그리고 /
솔로몬 링이 있다
가르치는 것을 좋아하
는 보조선이 솔로몬 링
입니다. 이 선을 가진
사람도 관리직에 어울
립니다.

목성구

제2화성구

월구

**목성구가
봉긋 솟아 있다**
이 구가 눈에 띄는 사람은 조
직 내에서 더 능력을 발휘합
니다. 부하와 같이 노력하고
성장할 수 있는 사람이에요.

**두뇌선이
두 갈래로 갈라져 있다**
제2화성구가 '현실'이고 월구가
'이상'을 뜻합니다. 현실을 냉정
하게 바라보면서 대담무쌍한 창
의력으로 문제를 해결하지요.

사업을 하거나 독립이 어울리는 사람

◇ 재물선이 가져다주는 사업 센스

손의 중심에서 곧게 뻗는 운명선은 개인 사업자나 프리랜서에게 자주 보입니다. 스스로 미래를 개척하며 남에게 기대지 않고 재능을 펼치는 손금이에요. 특히 생명선 위에서 운명선이 뻗어간다면 독립심이나 향상심이 남들보다 훨씬 강합니다.

생명선에서 소지의 관절 부근으로 뻗는 **재물선**이 있나요? 이 선은 '사업선'이라고도 불리는데, 보기 드문 장사꾼 기질이나 기술적 재능을 의미합니다. 그 센스를 살려 창업해도 좋아요! 또한 이 손금을 가진 사람에게 사업 상담을 하는 것도 괜찮아요.

제1화성구가 봉굿 솟아 있다면 지기 싫어하는 성격과 넘치는 에너지를 뜻합니다. 여기에 여행선이 더해지면 풋워크가 훨씬 더 가벼워집니다! 머릿속으로 생각한 일을 곧장 이루어내는 손금이지요.

◇ 프리랜서에 적합한 손금은 의외로 많다

그 밖에도 사업을 하거나 독립해서 성공하는 손금을 소개할게요.

두뇌선과 감정선이 하나로 이어진 막쥔 손금은 좋을 때와 좋지 않을 때의 차이가 크고 기복이 있는 타입인데, 자신에게 딱 맞는 길을 발견하면 최강이 됩니다. 이 손금도 개인 사업자나 사업가에게 자주 보여요.

중지의 관절 부분에 있는 토성구는 끈기나 자립심, 인내심 등을 나타냅니다. 이곳이 봉긋 솟아 있으면 고독에 강한 타입이에요. 혼자 있는 시간이 무엇보다 편안하며 집중이 잘 되는 타입이라서 혼자 할 수 있는 일로 프리랜서가 되면 좋겠네요. 특히 **두뇌선이 월구를 향하는** 손금은 창의적인 일을 하면 성공하기 쉬워요.

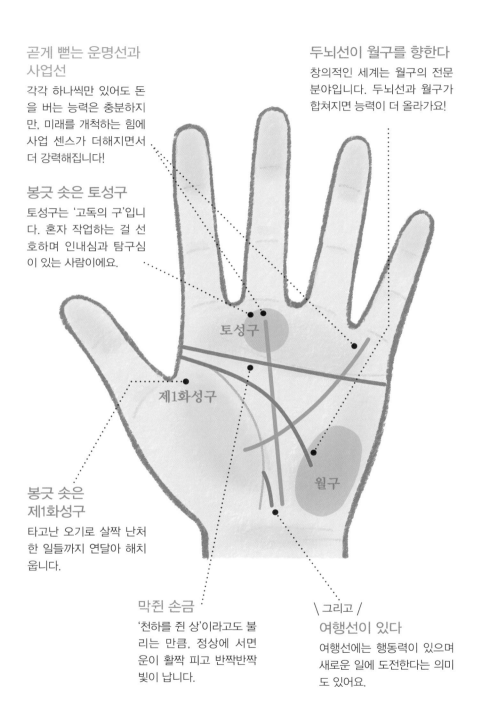

곧게 뻗는 운명선과 사업선

각각 하나씩만 있어도 돈을 버는 능력은 충분하지만, 미래를 개척하는 힘에 사업 센스가 더해지면서 더 강력해집니다!

봉긋 솟은 토성구

토성구는 '고독의 구'입니다. 혼자 작업하는 걸 선호하며 인내심과 탐구심이 있는 사람이에요.

두뇌선이 월구를 향한다

창의적인 세계는 월구의 전문 분야입니다. 두뇌선과 월구가 합쳐지면 능력이 더 올라가요!

토성구

제1화성구

월구

봉긋 솟은 제1화성구

타고난 오기로 살짝 난처한 일들까지 연달아 해치웁니다.

막쥔 손금

'천하를 쥔 상'이라고도 불리는 만큼, 정상에 서면 운이 활짝 피고 반짝반짝 빛이 납니다.

\ 그리고 /
여행선이 있다

여행선에는 행동력이 있으며 새로운 일에 도전한다는 의미도 있어요.

상품 개발이나 기획에서 연속 히트!

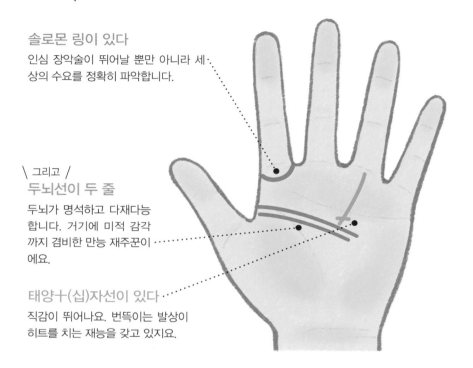

솔로몬 링이 있다
인심 장악술이 뛰어날 뿐만 아니라 세
상의 수요를 정확히 파악합니다.

\ 그리고 /
두뇌선이 두 줄
두뇌가 명석하고 다재다능
합니다. 거기에 미적 감각
까지 겸비한 만능 재주꾼이
에요.

태양十(십)자선이 있다
직감이 뛰어나요. 번뜩이는 발상이
히트를 치는 재능을 갖고 있지요.

✧ **"태양"의 영향은 빼놓을 수 없다**

　약지 아래쪽에 있는 감정선과 두뇌선 사이에 **태양十(십)자선**이 있는 사
람은 히트를 만들어내는 타입입니다. 뛰어난 직감으로 영감을 받아 다른
사람이 생각지 못한 독특한 아이디어를 생각해냅니다.

　그리고 그 아이디어는 금전운과 명성을 담당하는 태양구나 태양선의
영향을 받기 때문에 히트로 이어집니다. 특히 십자를 이루는 세로선이 태
양선일 경우에는 그 효과가 커집니다.

　검지의 관절에 나타나는 **솔로몬 링**은 선견지명이 있다는 것을 나타냅니
다. 타인의 마음을 확 사로잡기 때문에 세상의 수요를 캐치할 수 있어요.

부업을 하면 운이 올라간다

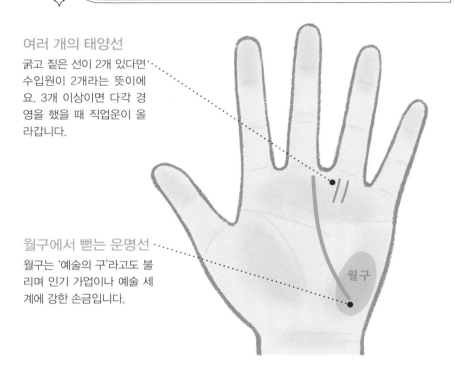

여러 개의 태양선
굵고 짙은 선이 2개 있다면
수입원이 2개라는 뜻이에
요. 3개 이상이면 다각 경
영을 했을 때 직업운이 올
라갑니다.

월구에서 뻗는 운명선
월구는 '예술의 구'라고도 불
리며 인기 가업이나 예술 세
계에 강한 손금입니다.

월구

◇ 선의 수만큼 수입원이 있다!?

태양선의 수는 수입원을 나타냅니다. 선이 또렷하게 두 줄 있다면 부업이 잘 맞아요. 두 가지 일을 병행하여 양쪽에서 수입을 얻을 수 있습니다.

태양선이 3개 이상이면 다각 경영 타입입니다. 관심 대상도 많아서 여러 가지 다른 일들을 해 보고 마지막에 남은 2~3개를 병행하면 잘 풀릴 거예요. 좋아하는 일로 돈까지 벌 수 있는 능력이라니, 복 받은 손금이지요.

월구에서 뻗는 운명선은 사람을 끌어모으는 상술로 활약하는 손금입니다. 부업으로 각종 SNS나 블로그, YouTube를 시작해 보는 건 어떨까요? 당장 인기를 얻어 부수입을 버는 날이 꿈은 아닐 수도!?

직업운 나이가 들어도 일을 하면 운기 상승

◇ 길고 굵은 운명선이 결정타

중지 관절까지 뻗은 운명선은 평생 현역이라는 뜻입니다.

유년법(244페이지)으로 중지 관절은 100세를 의미합니다. 그 위치까지 주로 직업운과 관련된 운명선이 뻗어 있다는 것은 평생 현역으로 일을 한다는 뜻이에요.

프리랜서로 활약하는 분이나 개인사업자, 중소기업 사장에게 이 손금이 자주 보여요. 특히 **중지 관절에 나타나는 별**은 대기만성형으로 인생의 후반에도 성공할 수 있는 아주 반가운 사인입니다.

◇ 그것도 좋아하는 일로

'평생 현역이라면 마차를 끄는 말처럼 죽어라 일만 하며 생활비를 벌어야 하는 거 아닌가?'라는 생각을 하신 분도 있을 거예요.

제가 손금을 봤던 분들에 한정해서 말하자면, 그렇지 않습니다. 다들 하고 싶은 일을 실컷 하면서 빛나는 사람들이 많았어요. 보람을 위해서 일을 하는 것이지요.

선이 100세 위치까지 도달하지 않더라도 운명선이 뚜렷하고 길면 길수록 나이가 들어도 어떠한 일을 해서 수입을 얻을 수 있습니다.

운명선이 어떤 나이부터 부채꼴로 확 퍼지는 경우가 있어요. 이런 분들은 부채가 펼쳐지는 나이(유년법으로 구체적인 시기를 알 수 있어요)까지 회사원으로 일하다가 조기 퇴직을 하고 자신이 좋아하는 세계에서 알차게 일할 거예요.

이런 손금을 가진 사람은 자신만의 주관이 뚜렷하므로 남에게 지시받는 것을 좋아하지 않습니다. 혼자서 해낼 수 있는 사업 규모로 되도록 스트레스를 받지 않고 일하는 것을 추천합니다.

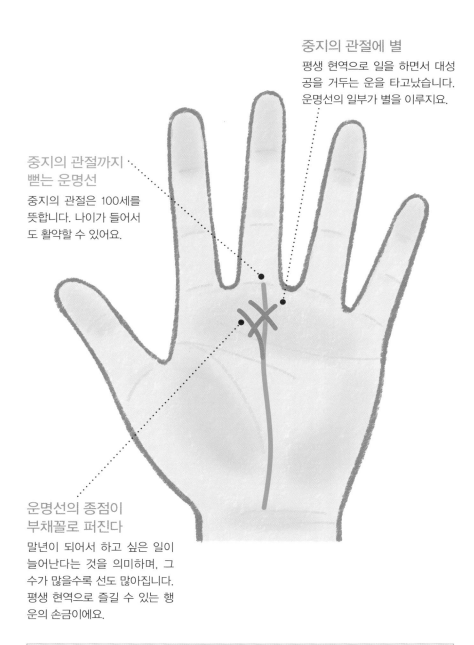

중지의 관절에 별
평생 현역으로 일을 하면서 대성
공을 거두는 운을 타고났습니다.
운명선의 일부가 별을 이루지요.

중지의 관절까지
뻗는 운명선
중지의 관절은 100세를
뜻합니다. 나이가 들어서
도 활약할 수 있어요.

운명선의 종점이
부채꼴로 퍼진다
말년이 되어서 하고 싶은 일이
늘어난다는 것을 의미하며, 그
수가 많을수록 선도 많아집니다.
평생 현역으로 즐길 수 있는 행
운의 손금이에요.

중간에 선이 교체되면 그 시기에 커리어가 바뀌게 될 거예요. 이런저런 변화가 있다고 하
더라도 운명선이 길면 사회에 나가 활약하는 사람입니다.

이직으로 스텝업

계단 모양으로 교체되는 운명선

'헤드헌팅의 선'이라고도 불립니다. 한 단계씩 올라가는 듯한 손금은 전보다 보람이 있는 일을 하게 되거나 연봉이 올라간다는 뜻이에요.

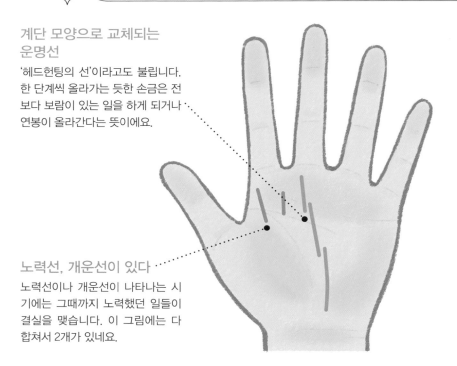

노력선, 개운선이 있다

노력선이나 개운선이 나타나는 시기에는 그때까지 노력했던 일들이 결실을 맺습니다. 이 그림에는 다 합쳐서 2개가 있네요.

◇ 운명선이 교체된다는 것은?

운명선이 엄지 쪽으로 교체되면서 위로 향하는 손금은 이직을 통해 스텝업을 한다는 뜻입니다. 자신을 믿고 미래를 개척하며 독립심이 강한 손금이지요.

운명선이 일자로 곧게 뻗지 않아서 불안을 느낄 수도 있지만 괜찮습니다! 운명선이 교체된다는 것은 일이 바뀌는 시기라는 뜻이에요.

그리고 **생명선에서 위쪽으로 뻗는 선**이 있다면 덤빌 자는 아무도 없습니다. 이 선은 노력선과 개운선이에요. 도전 정신이 넘치고 항상 노력할 수 있는 상이라서 때가 왔을 때 기회를 꽉 잡을 수 있어요.

직장을 오래 못 다닌다

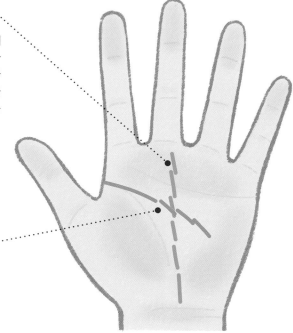

뚝뚝 끊어진 운명선
계단 모양과는 달리, 겹치는 곳 없이 뚝뚝 끊어진다는 특징이 있습니다. 안 좋을 때니까 오히려 현상을 유지해서 금세 그만두는 버릇을 개선해 보세요.

뚝뚝 끊어진 두뇌선
끈기가 없고 의지가 약해지려고 할 때는 두뇌선이 뚝뚝 끊깁니다.

◇ 뚝뚝 끊어진 선 중에 좋지 않은 것

뚝뚝 끊어진 운명선은 직업운이 고르지 않다는 뜻입니다. 그래서 이직을 반복하기도 해요. 앞에서 이직을 통해 스텝업하는 손금을 소개했는데, 그에 비하면 자잘하게 선이 변화한다는 것에 특징이 있습니다.

두뇌선이 뚝뚝 끊어지면 싫증을 잘 내고 끈기가 없는 경향이 있습니다. 또한 두뇌선 끝부분이 갈라져 있는 경우도 변덕이 심한 성격임을 암시합니다.

어쨌든 지금 하는 일에 대한 마음이 어떤지 다시 살펴봐야 할 시기인 건 분명해요.

직업운

가업을 잇는다

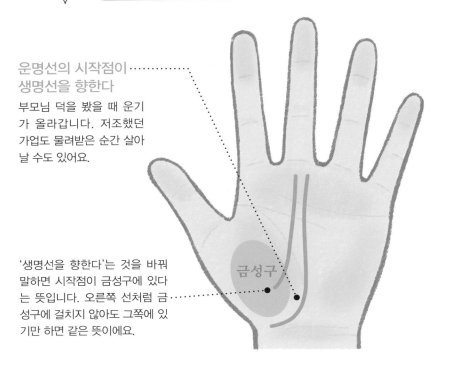

운명선의 시작점이
생명선을 향한다
부모님 덕을 봤을 때 운기
가 올라갑니다. 저조했던
가업도 물려받은 순간 살아
날 수도 있어요.

'생명선을 향한다'는 것을 바꿔
말하면 시작점이 금성구에 있다
는 뜻입니다. 오른쪽 선처럼 금
성구에 걸치지 않아도 그쪽에 있
기만 하면 같은 뜻이에요.

금성구

◇ 후계자의 손금에 주목

운명선의 시작점이 생명선 쪽을 향하면 집의 가업을 물려받는 경우가
많습니다. 이런 모양을 가진 운명선은 부모의 은혜를 받아 개운할 수 있
는, 이른바 '후계자의 손금'입니다. 2대째 사장, 회사의 장남 등 가업을 계
승할 사람에게 나타납니다.

가업뿐만 아니라 유산을 물려받는 경우도 있고, 부모에 국한되지 않고
혈연관계에 있는 사람 모두에게 인연이 있습니다. 감사하는 마음을 잊지
말고 대하면 인연이 더 깊어져 강한 운의 덕을 받게 될 거예요.

운명선이 금성구에서 출발하는 경우도 가업을 물려받는 손금입니다.

총애선이 있으면 고소득층을 겨냥한 사업으로 성공하기 쉽다

총애선은 '사회적 지위가 있는 사람에게 예쁨을 받는다'는 의미가 있습니다. 그래서 그 손금을 가진 사람이 고소득층을 겨냥한 사업을 시작하면 승승장구하는 경우가 있습니다.

전에 에스테틱숍을 경영하는 여성이 손금을 보러 오셨어요. 그분은 '사업을 궤도에 올리고 싶다'라는 고민을 털어놓으면서 조언을 부탁하셨지요. 그래서 손금을 봤더니, 짙은 총애선이 선명하게 뻗어 있더라고요. **총애선은 나타나는 것 자체가 드물기에 발견하면 써먹지 않을 이유가 없지요.**

그래서 저는 '고소득층을 겨냥한 서비스를 제공해 보는 건 어떨까요?' 하고 제안해 봤어요.

그 후 그 분에게 연락이 왔는데, 과감하게 시술 요금을 올렸더니 **전보다 손님이 늘어서 수입이 많아졌다**고 하더군요.

요즘 시대에 시술 요금을 올리려면 용기가 필요했을 겁니다. 오히려 고객이 떠나갈 수도 있으니까요.

지금까지 5만 원으로 제공했던 메뉴를 과감하게 7만 원으로 했더니, 먼저 고객층이 달라졌다고 합니다.

게다가 고객이 지인이나 친구를 소개해 주는 일이 늘어서 소개받은 고객만으로도 가게 운영이 됐다고 합니다. 결과적으로 고객 불만도 줄어들었다고 하고요.

사업을 기사회생하고 싶은 타이밍에 총애선을 발견했다면 기회예요! 고소득층을 겨냥한 서비스를 생각해 보는 것도 좋은 방법입니다.

직업운 # 공무원에 어울리는 사람

여기부터는 직업별 손금을 소개합니다.
지금까지 손금을 풀이했던 경험에서 공통부분을 정리한 것이에요.
모든 것이 딱 들어맞을 필요는 없고,
해당하는 손금이 많을수록 적성이 더 잘 맞는다는 뜻으로 해석하세요.

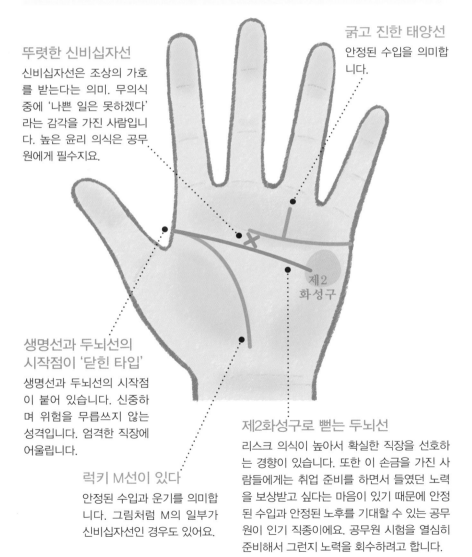

뚜렷한 신비십자선
신비십자선은 조상의 가호를 받는다는 의미. 무의식 중에 '나쁜 일은 못하겠다'라는 감각을 가진 사람입니다. 높은 윤리 의식은 공무원에게 필수지요.

굵고 진한 태양선
안정된 수입을 의미합니다.

생명선과 두뇌선의 시작점이 '닫힌 타입'
생명선과 두뇌선의 시작점이 붙어 있습니다. 신중하며 위험을 무릅쓰지 않는 성격입니다. 엄격한 직장에 어울립니다.

제2 화성구

럭키 M선이 있다
안정된 수입과 운기를 의미합니다. 그림처럼 M의 일부가 신비십자선인 경우도 있어요.

제2화성구로 뻗는 두뇌선
리스크 의식이 높아서 확실한 직장을 선호하는 경향이 있습니다. 또한 이 손금을 가진 사람들에게는 취업 준비를 하면서 들였던 노력을 보상받고 싶다는 마음이 있기 때문에 안정된 수입과 안정된 노후를 기대할 수 있는 공무원이 인기 직종이에요. 공무원 시험을 열심히 준비해서 그런지 노력을 회수하려고 합니다.

금융 관련이 맞는 사람

목성구를 향하는 감정선

목표를 위해서라면 가끔은 단호하게 판단을 내릴 수 있는 사람입니다.

끝이 퍼지는 태양선이 여러 개 있다

끝이 퍼지는 태양선은 말년에 금전운이 좋다는 것을 암시합니다. 그 수가 많을수록 운이 좋아요. 금융계는 월급, 특히 퇴직금이 안정되어 있기에 이 업종에 있는 사람들에게 많이 보이는 손금이지요. 여러 가지 일들에 대한 흥미와 관심을 나타내는 선이기도 합니다.

생명선과 두뇌선의 시작점이 '닫힌 타입'

생명선과 두뇌선의 시작점이 붙어 있는 손금은 너무 과감한 행동을 취하지 않는 신중파입니다.

목성구

여행선이 있다

해외와의 인연을 나타내는 여행선입니다. 이 선이 있는 사람은 풋워크가 가벼운 것이 매력이에요. 즉각 영업하러 떠나는 행동력이 있습니다.

재물선이 많다

경제 사정에 민감해서 돈이 들어오고 나가는 것에 인연이 있습니다. 기본적으로 돈을 아주 좋아해서 거액의 현금에도 기가 죽지 않아요.

두뇌선이 두 갈래로 갈라져서 제2화성구와 월구를 향한다

금융업계에서 출세하는 타입입니다. 제2화성구로 향하는 두뇌선은 금융 감각이나 이익을 추구하는 계산 능력을 나타내고, 월구로 향하는 두뇌선은 유머 감각이나 창의력을 나타냅니다. 사업에 필요한 요소가 거의 다 담겨 있지요!

직업운

통역-번역이 맞는 사람

감정선이 검지와 중지 사이로 들어간다

'퍼주는 손금'이라 불리며 자연스레 상대방의 입장
에 서서 행동할 줄 아는 사람입니다. 통역하는 사
람의 발언을 통해 진지하게 마음을 전하려는 자세
는 이 손금이 나타내는 성격 그 자체입니다.

수성구로 뻗는 두뇌선

수성구는 커뮤니케이션을 담
당하는 구라서 통역자에게 필
수입니다. 지선이 수성구 쪽을
향해도 같은 의미예요.

**생명선과 두뇌선의
시작점이 열린 타입**

행동에 대담한 면이 있어서
해외 유학이나 이주도 그
선택 중 하나예요.

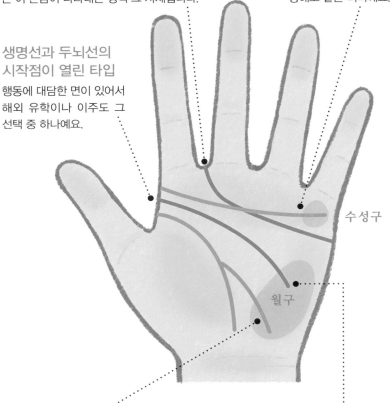

수성구

월구

여행선이 있다

여행선은 해외와의 인연을 나타냅니다.
특히 생명선 중간쯤에서 여행선이 시작
된다면 해외 유학이나 해외 이주를 할 가
능성이 높고, 결과적으로 어학력이 있는
사람이 많은 것 같아요.

월구로 뻗는 두뇌선

상상력이 있어서 상대의 의도를 파악하
거나 돌발적인 트러블에 임기응변으로
대응하는 걸 잘해요. 개성을 살리면서도
창의력이 필요한 직종이 적성에 맞아서
이 일을 하는 사람들에게 많이 보이는 손
금이에요.

의료 복지 관련이 맞는 사람

목성구에 세로선이 있다

일을 할 때는 항상 모든 힘을 다 쏟습니다! 한 순간이라도 한눈을 팔 수 없는 치열한 의료 현장에서는 필수라고 할 수 있겠네요. 그런 현장에 있을 때 더 의욕이 불타오릅니다.

검지와 중지 사이로 뻗는 감정선

남에게 다 해주는 타입입니다. 헌신적인 자세는 의료, 복지, 간호 일에 빠질 수 없는 재능이지요.

성직의 상이 있다

솔로몬 링과 목성구의 세로 선이 교차하면 '성직의 상' 이라고 해서 사회에 공헌 하는 일에 어울리는 손금이 나옵니다. 그림처럼 # 모양 이 되는 경우가 많아요.

제1
화성구

제1화성구가 봉긋 솟아 있다

인간관계가 고정된 직장에서 는 때때로 분쟁이 일어나는 법입니다. 그런 현장에서도 강한 멘탈로 버텨낼 수 있는 사람들은 바로 이 손금을 가 졌습니다. 지기 싫어하는 성 격을 살려서 굳세게 살아남 아요.

이중 생명선이 있다

매우 강한 생명력의 소유자입 니다. 야근도 버텨내는 체력이 있다는 것은 그만큼 이 직종에 적성이 맞는다는 뜻이겠지요.

감정선 아래에 지선

공감력이 높고 눈물이 많은 사람입니다. 다정 한 성격 덕분에 노인이 나 아이들에게도 좋은 인상을 주지요. 간호사 나 돌보미, 보육사, 이제 부터 되고 싶은 사람들 에게 보이면 반가운 손 금이에요.

서비스업에 어울리는 사람

기본선이 짙다

기본선이 짙은 사람은 생명력이 넘치고 밝은 성격을 가졌어요. 호텔업이나 요식업, 각종 판매원 등 다양한 서비스업이나 접객업에 적성이 맞습니다. 본능에 솔직하며 인생을 즐기고 싶은 사람이라 일을 할 때도 남을 즐겁게 만들 수 있지요.

태양구가 봉긋 솟아 있다

사교적이라서 사람들이 북적북적 활기 넘치는 곳을 좋아합니다.

감정선이 검지와 중지 사이로 들어간다

남에게 기쁨을 주는 손금입니다. 서비스업에서 재능을 살릴 수 있어요.

태양구

생명선 안쪽에 주름이 적다

생각을 많이 하지 않는 손금입니다. 컴플레인에도 어려움 없이 대응합니다.

서비스업이라고 하면 요식업 같은 접객업을 떠올릴 수도 있는데, 모든 일은 서비스업의 측면을 갖고 있어요. 상대방의 바람을 이루어주는 것은 서비스의 일종이니까요.

여행선이 있다

이 선에는 유행에 민감하다는 뜻도 있어요. 매일 최신 유행 서비스를 제공하면 치열한 경쟁에 살아남을 수 있어요!

여행 관련이 맞는 사람

태양구가 봉긋 솟아 있다

태양구는 사교성을 나타냅니다. 손님의 테두리 안에 들어가거나 현지 사람들과 소통하거나 여러 나라 사람과 접하며 세계를 넓혀 나가지요.

 감정선이 갈라져 있다

앞 페이지에서 검지와 중지 사이로 들어간 감정선을 소개했는데, 그와 더불어 이 손금을 가진 사람도 사근사근하며 말도 잘해요.

태양구

월구

짙은 여행선이 있다

여행선은 태어난 고향을 떠나는 것, 혹은 해외와의 인연을 의미합니다. 선이 짙을수록 그 의미가 강조되기 때문에 국내외를 이동하는 여행 관련 직업에 잘 맞지요!

월구에서 뻗는 운명선

지식과 인복을 얻어 세계를 넓히고 사회에서 활약한다는 의미가 있어요.

연구직에 어울리는 사람

목성구에 세로선이 있다

목성구는 '향상심의 구'라고도 불러요. 목표를 향해 100% 이상의 노력을 쌓아갈 수 있습니다.

두뇌선에서 뻗는 태양선

지적인 장르에서 착실하게 쌓은 노력이 성과를 남깁니다. 대기만성형.

생명선과 두뇌선의 시작점이 '닫힌 타입'

신중해서 매사에 심사숙고하는 타입입니다.

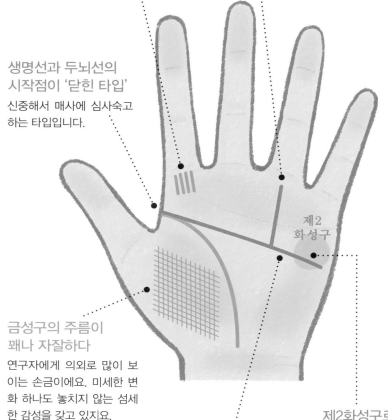

제2
화성구

금성구의 주름이 꽤나 자잘하다

연구자에게 의외로 많이 보이는 손금이에요. 미세한 변화 하나도 놓치지 않는 섬세한 감성을 갖고 있지요.

길게 뻗은 두뇌선

하나하나 납득이 갈 때까지 곰곰이 생각합니다. 자기만의 페이스가 있어서 혼자 연구 계획을 세우는 연구직을 추천해요.

제2화성구로 들어가는 두뇌선

흔히 말하는 '이과 타입'의 두뇌선이에요. 논리적 사고나 계산을 좋아하지요.

교육 관련이 맞는 사람

솔로몬 링이 있다
사람들 위에 서서 지도하거나
교육하는 능력이 뛰어납니다.

**감정선에
아래쪽으로 뻗는 지선이 있다**
사소한 것도 배려할 줄 알고 헌신적으로 애정
을 쏟는 재능이 있습니다.

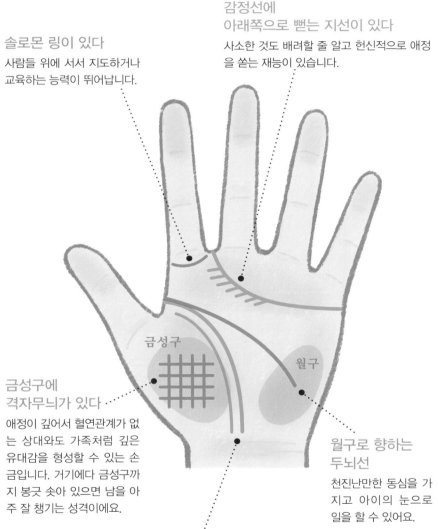

금성구

월구

**금성구에
격자무늬가 있다**
애정이 깊어서 혈연관계가 없
는 상대와도 가족처럼 깊은
유대감을 형성할 수 있는 손
금입니다. 거기에다 금성구까
지 봉긋 솟아 있으면 남을 아
주 잘 챙기는 성격이에요.

**월구로 향하는
두뇌선**
천진난만한 동심을 가
지고 아이의 눈으로
일을 할 수 있어요.

이중 생명선이 있다
남을 교육하거나 아이와 놀아줄 때는 체
력이 기본입니다. 이중 생명선이 있으면
남들보다 두 배는 더 열일할지도!?

역술가에 어울리는 사람

태양선이 여러 개 있다

일반적으로는 '다각 경영의 손금'이라고 불리지만, 그 바탕에는 사실 다양한 일에 흥미가 있다는 사실이 깔려 있어요. 역술가는 고객 한 사람 한 사람에게 흥미를 보이는 것이 중요합니다.

**수성구가
볼록 솟아 있다**

수성구는 '소통의 구'입니다. 상대방의 고민을 확실하게 이끌어냅니다.

두뇌선에 섬이 있다

힘든 일을 극복했다는 증거입니다. 그 경험을 살려서 표면적이 아닌 유익한 조언을 할 수 있어요.

수성구

월구

부처의 눈이 있다

선견지명, 직감력이 뛰어난 사람에게 나타나는 상이에요.

월구를 향하는 두뇌선

월구는 '영감의 구'라고 불리며 직감력이나 영적인 능력이 뛰어납니다.

월구에서 뻗는 운명선

역술가로 성공하려면 인기운도 중요합니다. 남들에게 응원받는다는 의미가 있어요. 있으면 반가운 선.

**감정선 위아래에
지선이 있다**

흔히 말하는 공감형으로 카운슬러에 적합한 손금입니다. 위아래에 지선이 있어 기분이 들뜬 사람이나 주눅 든 사람 모두에게 친근하게 다가갈 수 있어요.

식품 관련이 맞는 사람

금성대가 있다

금성대는 행복 탐구심이 왕성하다는 의미를 지녔어요. 특히 뚝뚝 끊어져 있으면 일상생활 속에서 소소한 행복을 잘 찾아내지요. 먹는 즐거움을 통해 생활에 활력을 불어넣어요.

목성구에 세로선이 있다

맛을 탐구하는 등 항상 노력할 수 있는 사람입니다.

금성구에 자잘한 주름이 있다

구석구석까지 잘 보고 자잘한 것을 포착하는 타입입니다. 섬세한 맛의 변화에도 민감합니다.

태양구

제2 화성구

월구

월구를 향하는 두뇌선

장인 기질과 창의력을 겸비한 사람입니다. 독창적인 요리로 사람들을 즐겁게 만들 수 있어요.

제2화성구를 향하는 두뇌선

'요리는 화학'이라는 말이 있지요. 요리에는 이과 재능도 필요해서 의외로 셰프에게 많이 보이는 손금 중 하나예요.

직업운 **IT 관련이 맞는 사람**

토성구가 봉긋 솟아 있다

토성구는 '고독의 구'라고도 불립니다. 혼자 있어도 끄떡 없어서 자신의 일에 몰두할 수 있는 강인함이 있지요.

두뇌선이 길다

생각하는 시간을 소중히 여 깁니다. 그 방향이 제2화성 구를 향한다면 '완전한 이과 타입'이라 숫자를 읽을 수 있는 사람이에요. 수성구를 향한다면 성격이 메말라서 현실만 바라보며 사업을 진 행하는 사람입니다.

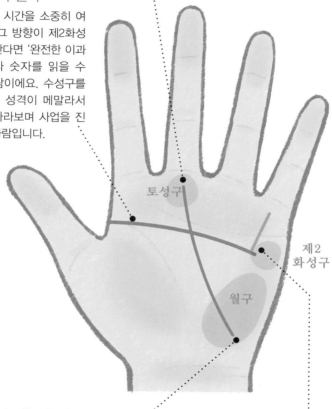

토성구

제2
화성구

월구

월구에서 뻗는 운명선

IT 기업에 근무하는 사람의 손금을 여럿 봐 왔 지만, 출세한 사람 대다수가 이 손금을 갖고 있었어요. 개인의 스킬로 소화할 수 있는 일이 많은 직종이긴 하지만, 역시 월구는 사람 간의 관계를 좋게 만드는 커뮤니케이션 능력을 담 당하잖아요. 이 능력은 필수인가 봅니다.

두뇌선에서 재물선이 나온다

지적 작업을 돈으로 환산할 수 있는 선 입니다. 특히 두뇌선에서 나온 재물선 은 시대의 수요를 캐치하는 센스나 경 제 감각을 의미하기 때문에 확실히 이 익으로 만들 수 있는 타입이에요.

크리에이터에 어울리는 사람

금성대가 있다

미적 감각이 발달했다는 뜻입니다. 특히 미용 계열에 종사하는 사람은 금성대가 뚝뚝 끊어진 경우가 많아서 일상생활에 색채 입히는 걸 잘하지요.

태양구가 봉긋 솟아 있다

커뮤니케이션 능력이 뛰어납니다. 이미지를 직원과 공유하거나 형태로 만들기 위한 필수 능력이지요.

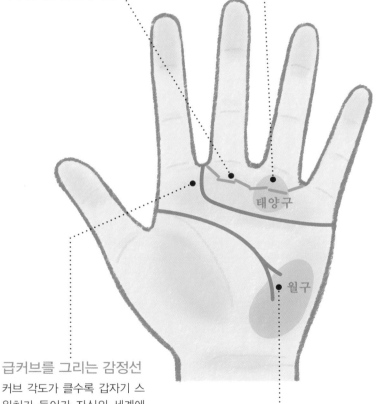

태양구

월구

급커브를 그리는 감정선

커브 각도가 클수록 갑자기 스위치가 들어가 자신의 세계에 몰두하는 힘을 가졌습니다. 무언가를 만들어내는 데 꼭 필요한 재능 중 하나지요.

두뇌선이 갈라져 있다

갈라진 두뇌선은 호기심이 왕성하다는 증거. 특히 창의적인 일을 하는 사람은 갈라진 선이 모두 월구로 들어가 있는 경우가 많은데, 창의력이나 표현력이 뛰어납니다. 무에서 유를 창출해 내는 것을 아주 잘하지요.

직업운 연예인이 맞는 사람

굵고 짙은 태양선이 있다
태양구는 인기나 명성, 표현력 등을
담당합니다. 잘 나가는 연예인 대부
분이 가진 손금입니다.

감정선에 지선이 있다
위로 향하는 지선은 긍정적인 에너지로 사
람의 눈길을 끄는 손금입니다. 아래로 향
하는 지선은 높은 공감력이 있어 노인이나
아이들까지 폭넓은 세대를 아울러 호감을
주는 손금입니다.

월구에서 뻗는 운명선
월구는 타인과의 인연을 담당
합니다. 생판 모르는 남에게
도 사랑과 응원을 받는 것은
연예인의 필수 조건이지요.

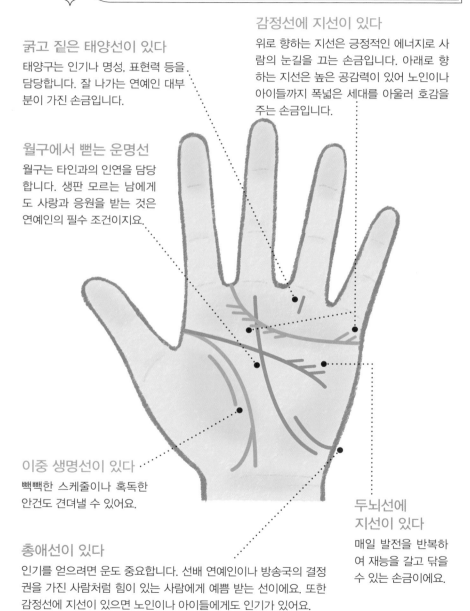

이중 생명선이 있다
빡빡한 스케줄이나 혹독한
안건도 견뎌낼 수 있어요.

**두뇌선에
지선이 있다**
매일 발전을 반복하
여 재능을 갈고 닦을
수 있는 손금이에요.

총애선이 있다
인기를 얻으려면 운도 중요합니다. 선배 연예인이나 방송국의 결정
권을 가진 사람처럼 힘이 있는 사람에게 예쁨 받는 선이에요. 또한
감정선에 지선이 있으면 노인이나 아이들에게도 인기가 있어요.

정치인에 어울리는 사람

막쥔 손금이 있다
'천하를 쥔 상'이라고도 불리며 정치인으로서 정상을 노리는 사람에게는 있으면 좋은 선이겠지요. 부침이 심한 인생이 되기 쉽지만, 강한 개성이 있어서 넘어져도 벌떡 일어나는 오뚝이 같은 사람이에요.

솔로몬 링이 있다
이 선이 있는 사람은 강한 리더십과 카리스마를 가진 사람이에요. 대중에게 지지받을 뿐 아니라, 후배를 양성하고 움직이는 힘이 있지요.

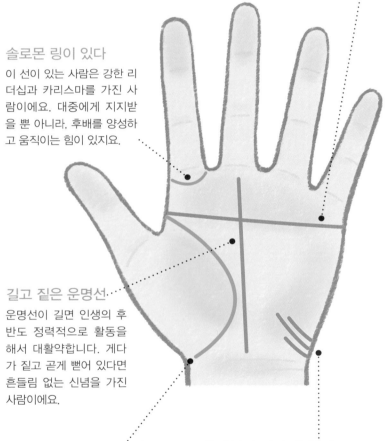

길고 짙은 운명선
운명선이 길면 인생의 후반도 정력적으로 활동을 해서 대활약합니다. 게다가 짙고 곧게 뻗어 있다면 흔들림 없는 신념을 가진 사람이에요.

생명선이 볼록 휘어졌다
과도한 선거 활동을 비롯해서 정력적인 활동을 받쳐주는 에너지가 있어요.

총애선이 여러 개 있다
고향이나 파벌의 힘이 크게 영향을 주는 정치 세계에서는 이 선이 반드시 필요할지도 몰라요. 총애선이 있으면 힘 있는 사람에게 예쁨을 받습니다.

양손을 모두 보면 정말 하고 싶은 게 무엇인지 알 수 있다

· ·

손금은 왼손에 타고난 성격이 나타나고, 오른손에 지금까지 배운 것들이나 경험으로 변화되어 온 생각이 나타난다고 이야기했습니다.

따라서 **직업운은 주로 오른손으로 읽어냅니다.** 현재와 미래를 아는 것이 중요하니까요.

단, '지금 하는 일이 영 시원치 않다' '무슨 일을 하고 싶은지 모르겠다'라는 고민이 생겼다면 저는 왼손을 봅니다.

지금 하는 일이 원래 가진 특성과 잘 맞는지를 알 수 있고, 본디의 나를 알면 **정말로 적성에 맞는 일이나 하고 싶은 일의 방향성이 보이기 때문**이에요.

예를 들어 이런 일이 있었습니다.

케이스1 섬세한 A씨의 이직 드라마

왼손에 남의 마음을 잘 파악하는 섬세한 타입의 손금을 가진 A씨가 고객 회전율이 빠른 패스트푸드 점에서 일했는데, 스트레스 때문에 대상포진이 생겼습니다.

이때 A씨는 접객업에 적성이 맞지 않는 건 아니었어요. 원래 A씨는 사근사근하고 섬세한 서비스를 할 수 있는 타입이거든요. 한 사람 한 사람 정성스레 대할 수 없는 상황을 견디기 힘들어했던 것이지요.

그 후에 개인이 경영하는 바를 오픈했더니 성격과 아주 잘 맞아서 몇 년 후에는 두 번째 가게까지 경영하게 됐습니다.

케이스2 **양손이 가리키는 적성을 부업으로**

병원에서 임상 검사 기사를 하는 B씨의 이야기입니다.

B씨는 병을 발견하는 것이 일이기 때문에 성공할수록 사람들의 슬픈 얼굴을 보는 것이 고민이었습니다.

B씨의 왼손을 봤더니 검지와 중지 사이로 들어가는 감정선이 있었습니다. 이건 남을 기쁘게 하는 것을 좋아하는 손금이에요. 하지만 사실은 소품 가게를 열어보고 싶고, 멋진 소품들을 팔아서 사람들이 웃는 얼굴을 보고 싶다는 마음을 간직하고 있었지요.

하지만 확실히 오른손에는 현재 직업이 적성에 맞는다고 나와 있었어요. 이런 경우에는… 부업이 해결책입니다.

주축이 되는 일을 계속하면서 꿈을 위해 저금을 하거나 소품 가게를 돌아보거나 센스를 기르면서 준비하는 거예요. 필요하다면 나중엔 하나만 선택해도 되지요! 손금의 변화를 보면서 결정할 수 있어요.

*

그런데 직업운이 좋다는 건 무슨 뜻일까요?

저는 뭐니 뭐니 해도 천직을 업으로 삼는 것이라고 생각해요.

당연한 말이지만 정말 딱 맞는 일을 하면 인생의 만족도가 높아지잖아요. **자신에게 맞는 일을 한다는 것만으로도 직업운이 좋은 거예요.**

먼저 자기 적성을 알고, 그 후에 출세나 이직을 해서 날아오를 시기를 아는 것이 자연스러운 흐름이지요. 아무리 노력해도 맞지 않는 곳에 있어 봤자 능력을 허비하게 될 테니까요.

환경에 본인을 끼워 맞추려고 노력하게 되면, 정작 필요한 곳에는 힘을 100%로 쓸 수가 없어요. 그러면 너무 아깝잖아요.

되도록 편한 마음으로 일할 수 있는 장소를 찾았으면 좋겠어요. 천직을 만나려면 왼손도 봐야 합니다. 본인도 모르는 사실을 손금은 확실히 알려주거든요.

단순 작업 하나에도
섬세함을 발휘하는 손금

금성구에는 친정이나 고향과의 인연, 예술성이나 미적 감각, 생명력 등의 의미가 있습니다. 그중에서도 애정이나 누군가를 아끼는 마음이 나타나기 때문에 '애정의 구'라고도 불립니다.

금성구에 그물코 모양의 주름이 있는 사람은 사소한 것도 알아주는 섬세한 사람이라고 누누이 이야기했습니다. 그 특성은 주로 인간관계에서 발휘되는 경우가 많은데, 사실 **일에 대한 마인드에도 나타납니다.**

작업 하나하나에 의미를 부여하기 때문에 단순 작업조차도 가끔은 괴롭게 느껴질 때가 있거든요.

전에 과자 제조 공장에서 일하던 분이 손금을 보러 오셨어요. 그분은 공장에서 라인 관리도 했던 적이 있었지요.

단순 작업을 반복하던 어느 날, 문득 이런 생각이 들었다고 합니다. '나는 기계인가, 기계가 아닌가. 살아 있는 건가, 죽어 있는 건가….'

마지막에는 본인이 인간인지 기계인지조차 알 수 없는 감각에 빠져 회사를 그만두기로 결심했다고 합니다.

급여도 나쁘지 않았고 작업 자체도 복잡하지 않았어요. 솔직히 그만두기 아깝다는 마음도 있었습니다. 하지만 한번 신경 쓰이기 시작하면 머리에서 떠나지 않는 것이 이 손금의 특징이에요. 생각하면 할수록 스트레스가 생길 거라는 것도 알면서 자꾸 생각하게 되는 것이죠. 사소한 것을 알아채는 장점도 이럴 때는 부정적으로 작용하게 됩니다.

금성구에 그물코 모양의 주름이 있는 사람은 **'일은 일이지'라며 딱 끊고 담담하게 일하기가 쉽지 않아요.** 그러니까 이 손금을 가진 사람들은 일을 선택할 때 조건 이상으로 업무 내용이나 직장 환경을 확인해 보세요.

. . . . ✧

궁합이 맞는 상대나 사랑의 패턴이 드러난다!

연애운 보기

연애운은 주로 감정선으로 봅니다.
연애하는 동안에는 마음이 크게 흔들리는 법이지요.
감정선을 보면 연애 성향이나 연애에 원하는 것이 나타나요.
그리고 연애선이나 결혼선을 보면
사랑의 행방이나 연애 기회까지 알 수 있지요.

선의 굴곡으로 연애 패턴을 알 수 있다

연애할 때 자아를 잃어버리는 건 어떤 손금일까?

감정선을 보면 그 사람이 연애 중에 빠지기 쉬운 마음의 변화나 감정 표현 방법을 알 수 있습니다.

감정선이 검지와 중지 사이를 향하면 연애에 불타오르며 모든 것을 바치는 타입입니다. 아주 푹 빠지게 되지요.

연인에게 연락이 오면 즉각 답장하는 건 당연지사. 상대방이 궁금해서 안절부절못하고, 싸운 날에는 입맛도 없어요. 그야말로 연애 세계에 사는 주민입니다.

한편, **감정선이 직선에 가까우면 연애 중이라도 감정 기복이 적은 타입**입니다. 그리고 길이가 짧은 사람은 너무 가까운 관계를 원하지 않고 담백합니다. 이 손금을 가진 사람은 연애할 때 자아를 잃어버리는 일이 드물어요. 또한 감정선에 나타나는 변화에도 주목하세요. 선이 구불구불하거나 뚝뚝 끊어진 경우, 지선이나 문양이 나타나는 시기에는 감정 기복이 심해집니다.

연애 성향을 알려면 두뇌선을 보는 것이 좋아요. **두뇌선과 생명선의 시작점이 붙어 있는 '닫힌 타입'은 연애에 신중하고 소심한 타입입니다.**

반대로 사이가 떨어져 있는 '열린 타입'은 사랑에 적극적입니다. 그리고 **두뇌선이 월구(손바닥의 소지 쪽)로 뻗어 있으면** 원래 갖고 있던 로맨티스트 기질에 더해서 첫눈에 반하는 경우도 수두룩합니다. 정열적인 연애를 하지요.

◇ 연애에 적극적일까? 소극적일까? ◇

'이게 똑같은 감정선이라고?'라는 생각이 들 정도로 사람에 따라 다르게 나타나는 것이
바로 감정선입니다. 자신의 성향을 알면 입을 꾹 다물고 말을 하지 않아 상대에게
상처를 주거나 감정적인 태도를 취해서 화나게 하는 실수를 막을 수 있을 거예요.

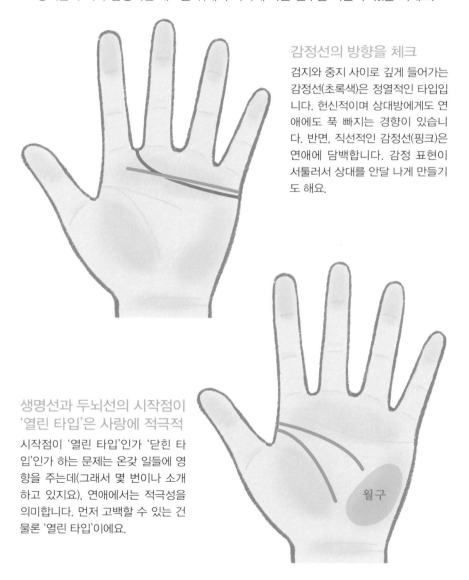

감정선의 방향을 체크

검지와 중지 사이로 깊게 들어가는
감정선(초록색)은 정열적인 타입입
니다. 헌신적이며 상대방에게도 연
애에도 푹 빠지는 경향이 있습니
다. 반면, 직선적인 감정선(핑크)은
연애에 담백합니다. 감정 표현이
서툴러서 상대를 안달 나게 만들기
도 해요.

생명선과 두뇌선의 시작점이
'열린 타입'은 사랑에 적극적

시작점이 '열린 타입'인가 '닫힌 타
입'인가 하는 문제는 온갖 일들에 영
향을 주는데(그래서 몇 번이나 소개
하고 있지요), 연애에서는 적극성을
의미합니다. 먼저 고백할 수 있는 건
물론 '열린 타입'이에요.

월구

인기가 있는지는
연애선과 금성대로 본다

·······································

원나잇 사랑도 불사하지 않는 짧은 연애선

'연애선'에는 그 사람이 얼마나 인기 있는지, 연애 찬스는 있는지가 나타납니다.

금성구 부근에서 출발해 생명선을 가로지르고 소지로 향해 뻗는 선이 있나요? 이게 바로 연애선입니다.

사실 연애선이 없는 사람도 아주 많아요. 그래서 **선이 짙든 연하든 있기만 하면 연애 기회가 많다**는 것을 뜻합니다. 특히 자잘한 연애선이 많이 보이면 사랑이 자주 찾아오는 타입이에요.

흥미롭게도 많은 여성은 **30대 정도에 연애선이 사라지는데, 인기가 많은 사람은 60대가 되어도 연애선이 사라지지 않아요.** 부러운 이야기네요.

참고로 연애선의 길이는 연애 기간을 나타냅니다. 선의 길이는 연애가 지속되는 기간을 말하지요.

짧은 선이 많은 경우는 짧은 연애를 반복하기 쉽고, 가끔은 원나잇 사랑도 불사하지 않는 타입이에요. 반대로 선이 길다면 한 사람과 오래 사귀고, 그대로 결혼까지 이어지기도 합니다.

중지와 약지 아래에 있는 뚜렷한 금성대도 인기선입니다. 성적 매력이 있고 인기가 있는 타입이지요.

또한 연애선이 생명선과 교차하는 위치를 보고 연애의 시기를 계산해 낼 수도 있어요(244페이지).

◇ 인기와 관련된 선은 이 2개! ◇

앞에서 소개한 연애선 말고도 금성대가 있는지 살펴보세요.
'인기선', '에로선'이라 불리는데, 이 선이 있는 사람은 성적 매력이 있다고 합니다.

금성대가 끊어져 있다

사실 금성대와 비슷한 선이
'사교선'입니다. 사교선은 검
지와 중지 사이에서 하나만
딱 나와 있는데, 금성대는 약
지와 소지 쪽에서 하나가 더
나와 있어요. 금성대는 중간
에 끊어지는 일이 많기도 해
서 헷갈리기 쉬운 선이에요.

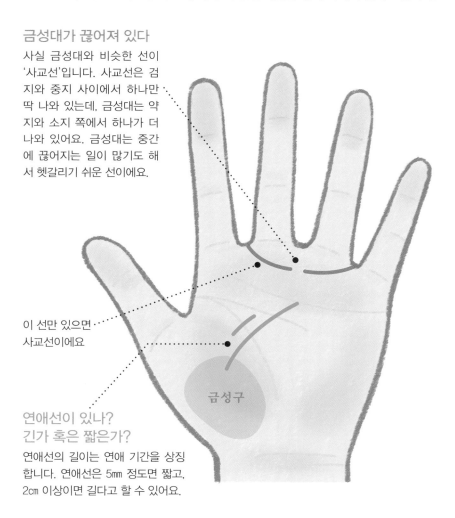

이 선만 있으면
사교선이에요

금성구

**연애선이 있나?
긴가 혹은 짧은가?**

연애선의 길이는 연애 기간을 상징
합니다. 연애선은 5mm 정도면 짧고,
2cm 이상이면 길다고 할 수 있어요.

금성구는 건강 상태나 정력, 가족과의 인연을 담당합니다. 연애를 한 후와 관
련된 세계이지요.

감정선만 가지고 연애운 보기 ◇

1
감정선 중지 아래에서 끝이 난

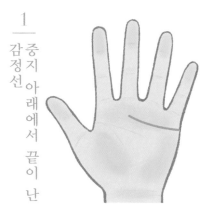

감정선이 살짝 짧아요. 냉정하며 감정을 겉으로 드러내지 않기 때문에 좋아하는 사람에게도 솔직하게 애정 표현을 하지 못하는 타입이에요. 원래는 애정이 깊은데도 가까이 다가가기 힘든 사람으로 오해받을지도!?

2
검지와 중지 사이에서 끝난 감정선

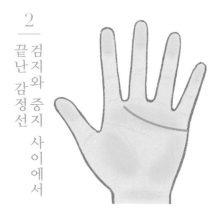

감수성이 예민하고 정열적이에요. 좋고 싫음이 분명하며 냄비 근성도 있지요. 상대방을 위해 헌신하는 경향이 있지만, 눈이 높으면 부족함을 느낄 수도 있어요. 남성보다 여성에게 많이 보이며 연애결혼에 어울립니다.

3
길이가 길고 끝이 아래쪽을 향하는 감정선

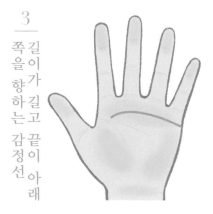

타인에게 배려심이 강해서 주변 사람들에게 신뢰받습니다. 그래서 이 타입은 연하와 인연이 있지만, 일을 중심으로 인생을 보내는 사람도 많아요. 연애나 결혼은 뒷전이 되는 경향이 있습니다.

4
감정선 제1화성구로 들어가는

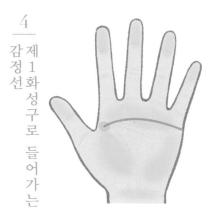

애정이 깊은 탓에 좋아하는 사람에게 푹 빠져 오지랖을 부리는 타입입니다. 상대는 과잉 친절로 느낄지도 몰라요. 상대가 원할 때 행동으로 옮겨야 더 잘될 거예요.

먼저 감정선만 보고 연애운을 진단해 보세요.
보통 손금풀이를 할 때는 다양한 선을 복합적으로 보지만, ══════
한 종류만 봐도 많은 것을 알 수 있어요.

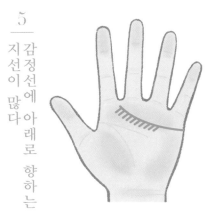

5
감정선에 아래로 향하는 지선이 많다

상대방을 배려하는 섬세한 애정을 소유했어요. 혼자서 여러 가지 생각을 하며 끙끙 앓다가 지레 고통을 받는 경우도 많아요. 연애할 때는 연인의 리드에 맞추는 경향이 있습니다.

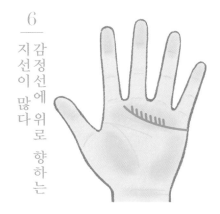

6
감정선에 위로 향하는 지선이 많다

적극적으로 자신을 어필하고 잘 표현하는 타입입니다. 개성적이며 밝고 개방적인 면이 이성을 끌어당길 거예요. 지선이 최근에 나왔다면 만남의 운이 올라갔다는 걸 의미해요.

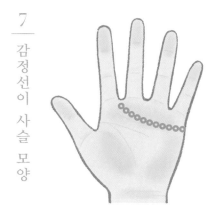

7
감정선이 사슬 모양

섬세하고 예민한 타입이지만 반대로 인기가 많은 손금이기도 합니다. 남들이 눈치채지 못하는 곳에 눈을 돌리며 타인의 고통에 민감하지요. 그래서 배려심이 뛰어나고 늘 서글서글한 사람이라는 호감을 줍니다.

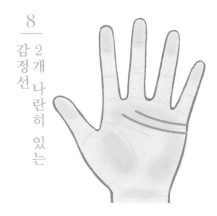

8
감정선 2개 나란히 있는

남을 잘 이해하며 처지가 다른 상대의 마음을 헤아릴 수 있습니다. 끈기가 있는 노력파에 포용력을 갖춘 덕분에 연인을 넓은 마음으로 대합니다.

9 끝이 끊어져서 2개가 된 감정선

감정 컨트롤을 잘하고 매사에 순응하는 사람입니다. 여성은 가정을 지키는 타입이에요. 헌신하거나 헌신을 받는 면을 두루 갖추고 있고. 가정에서는 아빠 역할을 맡는 경우도 많아요.

10 뚝뚝 끊어진 감정선

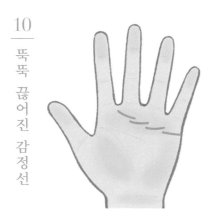

기분이 변덕스러우며 이성 취향도 자주 바뀌는 타입이에요. 짜증이 많아서 버럭 화를 내거나 관심을 끌려고 하는 등 감정 기복이 심한 면도 있어요. 하지만 그런 점이 개성적인 매력이기도 합니다.

11 중간에 섬이 있는 감정선

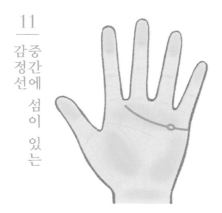

연애 상대와의 트러블을 나타냅니다. 연인에게 배신당하거나 상처를 받는 등 정신적 충격이 있을 가능성을 암시합니다. 단, 약지 아래쪽 감정선에 섬이 생긴다면 피곤하다는 사인일지도 몰라요.

12 십자가 있는 감정선

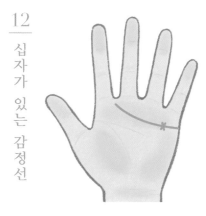

십자는 제삼자에게서 불똥이 튀는 암시입니다. 감정선에 있으면 연인과의 관계가 최악으로 치달을 가능성이 있어요. 장애를 뛰어넘으려면 시련이 따라오겠지만, 노력으로 극복하면 원래대로 돌아갈 거예요.

13 ─ 감정선 끝이 세 갈래

연인이나 배우자의 운기를 올려주는 '평강공주 손금'이에요. 단, 감정선과 비슷할 정도로 또렷한 경우에만 해당합니다. 옆, 아래, 사선으로 떨어지는 가느다란 지선이 나온 경우는 눈물이 많은 손금이기도 합니다.

14 ─ 감정선 아래에 반항선이 있다

소지 쪽에서 나온 짧은 선이 감정선 아래에 있으면 정의감이 강해서 강한 것이나 억지에 반발합니다. '반항선'이라고도 불리는데, 연인에게서 존경스럽지 않은 면을 보면 종종 반항적인 태도를 보여요.

15 ─ 감정선이 목성구까지 뻗은 다음 아래로 내려온다

'이거다!'라는 생각을 한 사람이나 사물에 정열적이며 아주 맹목적입니다. 특히 연애할 때는 그 사람만 보일 정도예요. 그런데 만족할 만큼 모두 풀어내면 관심이 급격히 사라지기도 합니다.

16 ─ 갈라진 감정선이 생명선에 붙었다

깊은 포용력으로 한 사람만을 해바라기처럼 바라보기 때문에 실연을 당하면 오래 미련이 남거나 트라우마 때문에 다음 연애로 나아가질 못하는 경향이 있습니다. 생명선을 가로지르면 그런 성향이 더 강해져요.

◇ 미남 미녀를 좋아한다

◇ 금성대가 끊어졌다

얼굴을 밝히는 타입으로 **뚝 끊어진 금성대**(검지와 중지 사이에서 출발해 약지와 소지 사이로 향하는 반원 모양의 선)가 손바닥에서 존재를 뿜어냅니다. 포인트는 중간에 끊어졌다는 점입니다.

이 손금은 가까이에서 얻을 수 있는 일상생활의 행복으로써 예쁜 것에 둘러싸이고 싶다는 마음이 강합니다. 그래서 연애에서는 미남이나 미녀처럼 외모가 아름다운 사람을 좋아하게 돼요.

사실 금성대는 뚝 끊어진 모양이 일반적입니다. 나쁜 손금은 아닙니다. 깔끔하게 반원 모양을 그리는 손금은 아주 희귀하고, 대부분은 가운데가 뚫려 있거나 가느다란 선이 끊어져 있어요.

끊어진 부분이 없고 선명한 금성대는 '행복의 탐구심이 왕성하고, 그 생각이 점점 커져 출가를 생각한 적이 있는 손금'이 됩니다. 그래서 사실 스님에게 많이 보이는 손금이에요.

◇ 일반적인 미의 기준은 아니다

금성대는 이성이 느끼는 매력과 미적 감각을 나타냅니다.

이 선이 있는 사람은 원래 아름다운 것을 아주 좋아하며 자신의 미적 감각을 매우 소중히 여깁니다.

이렇게 얘기하면 '그래서 비주얼을 중시하는구나'라고 생각할 수 있겠지만, 사실 아닙니다. 겉으로 보이는 아름다움보다 자신의 '미적 감각'에 맞는 물건이나 사람에게 확 끌리지요.

그래서 얼굴만 예쁘고 잘 생기면 좋아하는 줄 알았더니, 대중적으로 통하는 미남 미녀에게는 흥미가 없을 때도 있어요. 이게 바로 금성대 미적 감각의 복잡하면서도 재미있는 부분이에요.

금성대가 끊겨 있다

아름다운 것에 둘러싸이고 싶
은 마음이 강하기 때문에 미
남이나 미녀에게 관심이 갑니
다. 원래 뚝뚝 끊어진 선은 그
다지 반가운 선이 아니지만,
금성대는 원래 가느다란 선들
이 모인 '대'잖아요. 그래서 뚝
뚝 끊어져도 나쁜 선은 아니
에요.

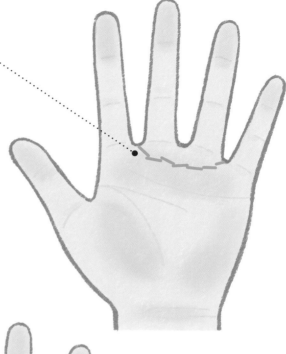

사실은 보기 힘든
깔끔한 금성대

제 경험에서 보면 왠지 모르
게 스님에게 많이 보이는 게
이 금성대예요. 이중으로 보
이는 금성대도 보기 드문데,
성적인 매력이 있으면서 강
한 성욕까지 소유하고 있지
요. 예술 방면에서 재능을 발
휘하는 손금인 만큼 역시 아
름다운 얼굴을 좋아해요.

연애운 이성들이 가만 놔두지 않는 인생

◇ 상대를 쥐락펴락

인기가 많은 사람의 손금은 **감정선이 두 갈래로 갈라져 있어요**. 이 손금은 한 가닥이 검지와 중지 사이로 들어가고, 다른 한 가닥은 곧게 뻗는다는 특징이 있어요.

감정선이 두 갈래로 갈라져 있기에 새침함과 부끄러움을 번갈아 보이며 상대를 농락하는 마치 신비롭고 고고한 꽃과 같아요.

검지와 중지 사이로 급커브를 그리며 들어가는 감정선은 상대방에게 헌신하는 손금입니다. 세심하게 에스코트를 해주지요.

곧게 뻗는 감정선의 다른 한 가닥은 새침한 성격을 의미합니다. 공주나 왕자 같은 느낌이라고 하면 이해가 될까요?

때와 장소에 따라 헌신적인 성격과 공주나 왕자 같은 성격을 번갈아 보이니까 정말 신비롭지요. 상대방을 쥐락펴락할 거예요.

그리고 사슬 모양의 선이나 뚝뚝 끊어진 선은 원래 그렇게 좋은 선이 아니지만, 감정선 중에서도 특히 연애에 있어서는 이야기가 다릅니다. 이런 선을 가진 사람은 감성이 풍부하고 인간미가 넘치는 사람이에요. 가끔 상대를 휘두를 때도 있지만, 그것조차 매력으로 다가오는 것이 연애니까요.

◇ 왼손에는 상대방의 마음이 나타난다

연애선을 보면 그 사람이 인기가 있는지도 알 수 있어요. 금성구 부근에서 생명선을 비스듬히 가로지르는 연애선이 왼손에 많으면 많을수록 인기가 있는 손금이에요. 왜냐면 왼손에는 상대방의 마음이 나타나니까요(오른손에는 자신의 마음이 나타납니다). 이 연애선이 양손에서 같은 장소에 나타났다면 서로 같은 마음일 가능성이 높다고 할 수 있어요.

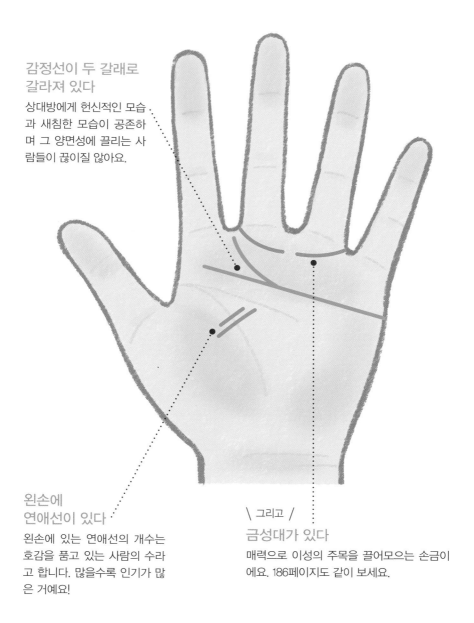

**감정선이 두 갈래로
갈라져 있다**

상대방에게 헌신적인 모습
과 새침한 모습이 공존하
며 그 양면성에 끌리는 사
람들이 끊이질 않아요.

**왼손에
연애선이 있다**

왼손에 있는 연애선의 개수는
호감을 품고 있는 사람의 수라
고 합니다. 많을수록 인기가 많
은 거예요!

\ 그리고 /

금성대가 있다

매력으로 이성의 주목을 끌어모으는 손금이
에요. 186페이지도 같이 보세요.

연애운

연애가 어려운 신중파

화성평원이 푹 꺼져 있다
화성평원이란 손바닥 중심 구역을
말해요. 온화한 성격이나 안정된 운
기를 나타냅니다.

**생명선과 두뇌선이 길게
겹쳐 있다**
겹쳐 있는 부분이 길
수록 신중합니다.

금성대에 잔주름
남들보다 애정이 풍부
하지만, 꼭 행동으로
옮길 수 있는 건 아니
에요.

결혼선이 없거나 연하다
연애나 결혼에 대한 흥미나 관
심이 희박합니다.

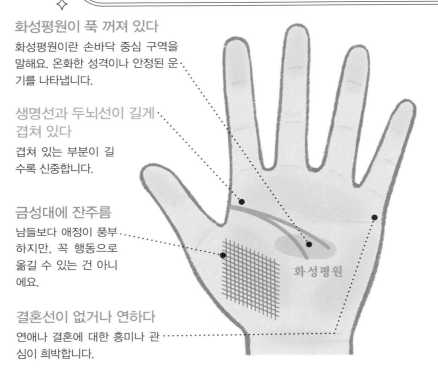

화성평원

◇ **고백을 먼저 한다니, 상상할 수 없다!?**

　생명선과 두뇌선이 겹쳐 있는 부분이 길면 내향적이고 수줍음이 많으며 신중하고 사랑에 소극적인 타입입니다. 그리고 **금성구에 자잘한 선**이 많으면 예민하고 섬세한 사람이에요. 상대의 마음을 미리 헤아리고 뒤로 물러나는 면이 있어요. **화성평원이 꺼져 있는 사람**도 소극적인 경향이 있습니다.

　결혼선은 결혼운만 보는 선이 아니라는 사실을 아시나요? 결혼선은 연애에 대한 의욕을 나타내기 때문에 **결혼선이 없거나 옅은 경우**는 연애에 대한 흥미가 희박한 시기라는 사실. 물론 결혼하고 싶은 마음이 적어서 스스로 연애 기회를 멀리하고 있을 가능성이 있어요.

나쁜 남자, 나쁜 여자에게 끌린다

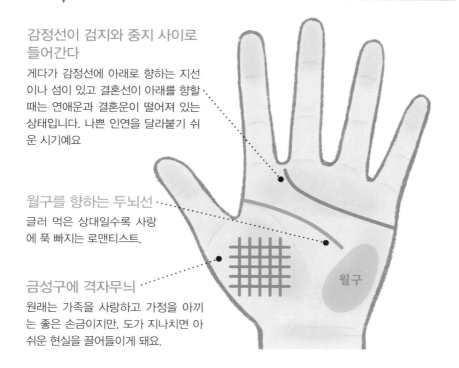

감정선이 검지와 중지 사이로 들어간다

게다가 감정선에 아래로 향하는 지선이나 섬이 있고 결혼선이 아래를 향할 때는 연애운과 결혼운이 떨어져 있는 상태입니다. 나쁜 인연을 달라붙기 쉬운 시기예요

월구를 향하는 두뇌선

글러 먹은 상대일수록 사랑에 푹 빠지는 로맨티스트.

금성구에 격자무늬

원래는 가족을 사랑하고 가정을 아끼는 좋은 손금이지만, 도가 지나치면 아쉬운 현실을 끌어들이게 돼요.

월구

◇ 연애운의 저하와 악연

로맨틱한 연애를 추구하는 사람은 어려움이 있을수록 더 불타오르기 때문에 매력적인 나쁜 남자나 나쁜 여자에게 푹 빠지는 경우가 있습니다. **두뇌선이 월구를 향해 뻗고, 감정선이 검지와 중지 사이로 들어가는** 손금이 이런 타입이에요.

여성의 경우, **금성구에 격자무늬**가 있으면 연인에게 '이상적인 엄마'가 되려고 합니다. 지금까지 사귀었던 남자들이 모두 속을 썩이진 않았나요? 도움이 되고 싶다는 충족감을 얻기 위해 오냐오냐 헌신한 나머지 이용당하고 있다는 사실을 깨닫지 못하는 경우가 있어요.

금방 사랑에 빠진다, 냄비 같은 사랑

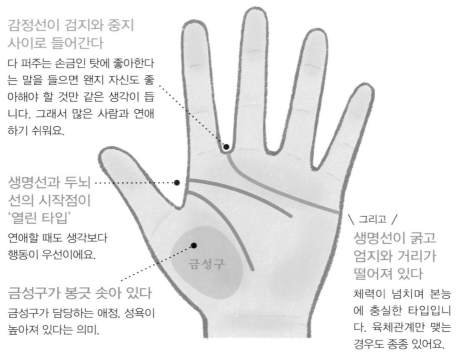

감정선이 검지와 중지 사이로 들어간다
다 퍼주는 손금인 탓에 좋아한다는 말을 들으면 왠지 자신도 좋아해야 할 것만 같은 생각이 듭니다. 그래서 많은 사람과 연애하기 쉬워요.

생명선과 두뇌선의 시작점이 '열린 타입'
연애할 때도 생각보다 행동이 우선이에요.

금성구가 봉긋 솟아 있다
금성구가 담당하는 애정, 성욕이 높아져 있다는 의미.

금성구

\ 그리고 /
생명선이 굵고 엄지와 거리가 떨어져 있다
체력이 넘치며 본능에 충실한 타입입니다. 육체관계만 맺는 경우도 종종 있어요.

◇ '좋아한다'는 말에 약하다

감정선은 급커브를 그릴수록 감정이 크게 흔들린다는 의미예요. **감정선이 검지와 중지 사이로 들어가는** 손금은 좋은 의미로든 나쁜 의미로든 마음이 금방 뜨거워졌다가 금방 식어버리는 경향이 있어요.

생명선과 두뇌선의 시작점이 떨어져 있는 사람은 성격이 열려 있으며 행동력도 빠릅니다. 좋아한다는 말을 들으면 사랑에 빠지는 사람들이 이 타입이에요.

금성구가 봉긋 솟아 있을수록 애정에 민감합니다. 받는 사랑이나 주는 사랑 모두 좋아하기 때문에 금방 사랑에 빠지는 사람이 많은 것 같아요.

바람피울 위험성이 있다!?

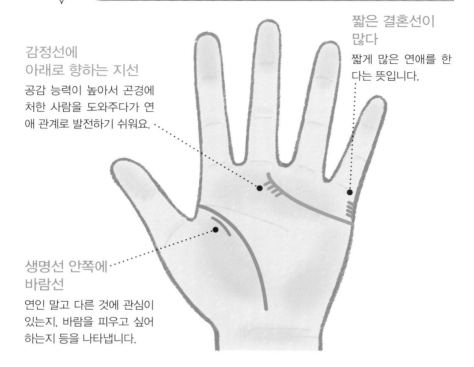

짧은 결혼선이 많다
짧게 많은 연애를 한다는 뜻입니다.

감정선에 아래로 향하는 지선
공감 능력이 높아서 곤경에 처한 사람을 도와주다가 연애 관계로 발전하기 쉬워요.

생명선 안쪽에 바람선
연인 말고 다른 것에 관심이 있는지, 바람을 피우고 싶어 하는지 등을 나타냅니다.

◇ 사랑에 빠지는 속도와 바람을 피울 확률은 비례한다?

금방 사랑에 빠지는 사람의 손금(앞페이지)과 더불어 **감정선에 아래로 향하는 짧은 지선이 여러 개** 들어가 있으면 바람을 피울 수 있으니 의심해야 합니다. 이 손금을 가진 사람은 공감 능력이 무척 높고 눈물이 많은 성격이에요. 곤경에 빠진 사람을 보고 그냥 지나치질 못해요. 그래서 상담을 해주다가 눈이 맞아 연애 관계로 발전하는 패턴도 있어요.

결혼선이 많을수록 여러 사람과 사귀고 싶은 마음이 강한데, 그때 결혼선은 짧은 경우가 많습니다. 또한 생명선과 평행해서 안쪽에 나 있는 1~2㎝ 정도의 짧은 선은 '바람선'입니다. 금방 싫증을 내는 사람이나 연애 자체를 좋아하는 사람에게 나타나지요.

나이 차 있는 연애를 선호

◇ 상대가 연상인 경우

위로 띠동갑 이상인 상대와 연애나 결혼을 하는 사람은 이런 손금을 가졌어요.

먼저 상대가 연상인 경우는 **운명선이 짙고 곧으며 굵직합니다.** 이 손금을 가진 사람은 본인이 야무진 만큼 남에게 약한 모습을 보이기 싫어해요. 어리광을 못 부리기 때문에 동년배나 연하보다는 연상에게 평소 일할 때는 보여주지 못하는 약한 모습을 안심하고 보여줄 수 있어요. 그렇게 균형을 맞추는 것이지요.

그리고 월구나 운명선을 받쳐주듯 **총애선**이 뻗어 있다는 특징이 있어요.

총애선은 '후원선'이라고도 불리며 사회적 지위가 확실한 사람과 만날 운이 있는 손금입니다. 총애선이 있는 사람은 정신 연령이 높고 애교가 많아서 꼭 연애 관계가 아니더라도 연상 친구들 복이 타고났습니다.

◇ 상대가 연하인 경우

한편, 연하인 상대와 연애나 결혼을 하기 쉬운 사람은 남을 잘 챙겨주는 손금을 가졌어요. 검지와 중지 사이로 감정선이 들어간 경우, **다 퍼주는**(204페이지) 경향이 있지요.

감정선에서 엄지로 향하는 짧은 지선이 많이 있는 사람은 정이 깊어서 난처한 사람을 그냥 두지 못하는 성격이에요. 그렇게 잘 챙겨주기 때문에 나이 차이가 많이 나는 연하와 결혼을 해도 잘 어울리는 것이겠지요. 이런 손금을 가진 사람은 상대에게 애정을 쏟을 때 자기만족을 합니다. 나이와 상관없이 경제적으로 지켜줘야겠다는 생각이 들게 만드는 남성에게도 약해요.

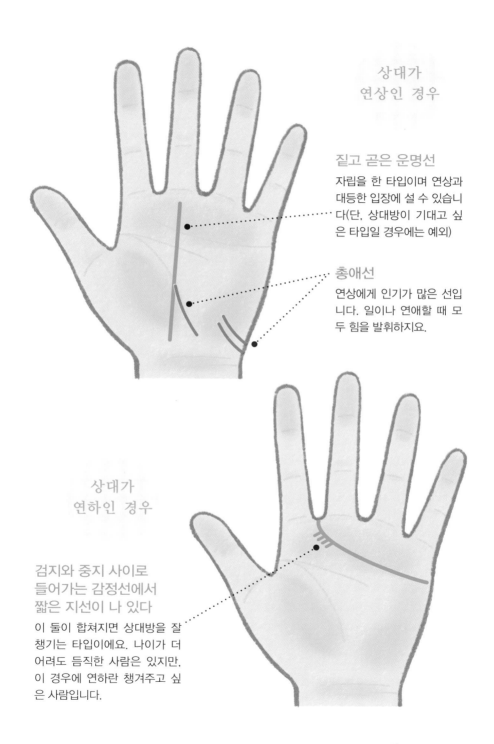

상대가
연상인 경우

짙고 곧은 운명선
자립을 한 타입이며 연상과
대등한 입장에 설 수 있습니
다(단, 상대방이 기대고 싶
은 타입일 경우에는 예외)

총애선
연상에게 인기가 많은 선입
니다. 일이나 연애할 때 모
두 힘을 발휘하지요.

상대가
연하인 경우

검지와 중지 사이로
들어가는 감정선에서
짧은 지선이 나 있다
이 둘이 합쳐지면 상대방을 잘
챙기는 타입이에요. 나이가 더
어려도 듬직한 사람은 있지만,
이 경우에 연하란 챙겨주고 싶
은 사람입니다.

낭만적인 사랑을 하고 싶다

\ 그리고 /
금성대가 있다

연애를 즐기려면 금성대가 필수!?
로맨티스트는 싫다는 의견도 있지
만, 남을 즐겁게 만드는 재능이 뛰
어나서 결국에는 인기 있는 사람입
니다.

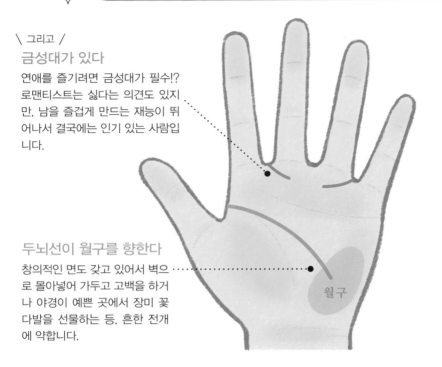

월구

두뇌선이 월구를 향한다

창의적인 면도 갖고 있어서 벽으
로 몰아넣어 가두고 고백을 하거
나 야경이 예쁜 곳에서 장미 꽃
다발을 선물하는 등, 흔한 전개
에 약합니다.

◇ **아름다운 것을 사랑하고 망상을 즐긴다**

두뇌선이 월구의 중심부에서 아래쪽을 향해 뻗어 있다면, 마음보다는
눈에 보이는 것을 우선시하는 경우가 많으며 망상을 아주 좋아합니다. 근
사한 상대와 야경이 예쁜 레스토랑에서 식사하거나 꿈을 좇는 상대와 불
타는 사랑에 빠지거나 드라마 같은 전개를 꿈꾸기 때문에 잘 생기고 예쁜
사람을 좋아하는 타입이기도 하지요.

'돈이 아무리 많이 들어도 괜찮아. 설렘만 느낄 수 있다면….' 이렇게 순
간적으로 타오르는 연애를 하기도 합니다.

로맨티스트에게는 창의적인 재능이 있어서 분위기를 잡거나 상대를 즐
겁게 만드는 대화에도 능합니다. 사실은 인기가 많은 상이지요.

연애운 | 조건을 보고 상대를 고른다

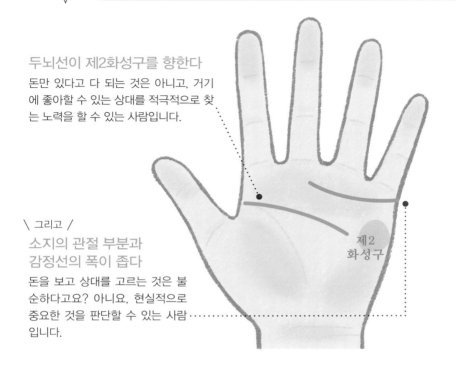

두뇌선이 제2화성구를 향한다
돈만 있다고 다 되는 것은 아니고, 거기에 좋아할 수 있는 상대를 적극적으로 찾는 노력을 할 수 있는 사람입니다.

\ 그리고 /
소지의 관절 부분과 감정선의 폭이 좁다
돈을 보고 상대를 고르는 것은 불순하다고요? 아니요, 현실적으로 중요한 것을 판단할 수 있는 사람입니다.

제2
화성구

◇ 길게 보면 역시 돈이 중요하다

로맨티스트는 두뇌선이 월구를 향했지만, 현실적인 타입은 **두뇌선이 제2화성구를 향해 있습니다.**

가성비를 중시하는 연애를 원하기 때문에 눈앞에 있는 사람이 돈을 잘 버는지, 자신에게 도움을 줄 수 있는지, 효율이 좋고 조건 좋은 상대와 결혼에 골인할 수 있는지를 우선시합니다. 생명선과 두뇌선의 시작점이 붙어 있는 '닫힌 타입'은 그 경향이 더 두드러집니다.

이 손금은 실제로 돈을 잘 버는 상대와 결혼에 골인하는 경우가 많기에 더 대단합니다. 결혼 후에도 부족함 없이 생활하지요.

좋아하는 사람에게 다 퍼준다

연애운

◇ 분위기를 흐리고 싶지 않아…

남에게 다 퍼주는 사람은 **검지와 중지 사이로 감정선**이 들어가는 손금을 가졌습니다. 감정이 쉽게 흔들리는 손금이기도 하며 서비스 정신도 투철합니다. 남을 기쁘게 하기에 도가 튼 손금이기도 합니다.

또한 **월구에 가로선**이 있는 손금도 헌신하는 타입입니다. 남에게 성과를 양보하는 형태로 그 성질이 드러나는 경우가 많은데, 성과가 곧 돈이 되면 자기 돈을 연인에게 퍼주게 될 테니 주의해야 합니다.

내향적인 성격을 갖고 있어서 결과적으로 상대방에게 다 퍼주는 연애를 하게 될 가능성도 있어요. 이럴 때는 **두뇌선이 생명선 중간에서 나오는 경우**가 많습니다. 이 손금은 내향적이라 자기주장도 강하지 않아요.

화성평원이 넓게 꺼져 있어도 같은 경향이 나타납니다. 이런 선들은 모두 분위기를 흐리지 않도록 담아둔 말을 꾹 참는 손금입니다. 자신의 의견을 밀어붙여서 생길 트러블을 피하고 싶은 다정한 사람이에요.

◇ 다 퍼주는 버릇을 자각하기

하지만 '다 퍼주는 것'과 '잘 챙겨주는 것'은 종이 한 장 차이입니다. 자신을 잘 컨트롤해 보세요. 특히 무리한 부탁을 받거나 금전적으로 도움을 주는 지경까지는 발전하지 않도록 해야겠지요.

만약 거절 못하는 성격이라면 살짝 거리 두기 스킬을 쓰는 것도 좋을 거예요. 예를 들어 메신저 어플로 이야기를 할 때를 생각해 보세요. 일을 할 때는 빨리 답장해도 좋지만, 연애 관계에서는 쉬운 사람으로 보일 수도 있어요. 가끔은 알림을 꺼 놓고 시간이 조금 지난 후에 답장을 하면 상대방의 페이스에 휘말리지 않게 될 거예요.

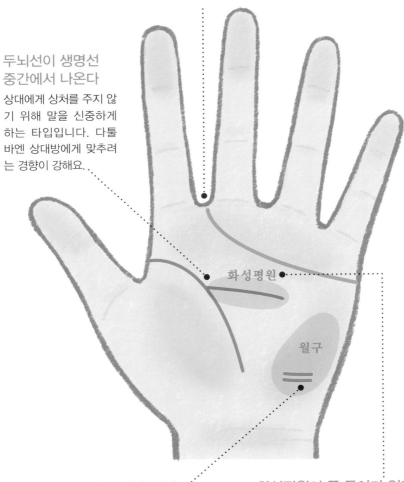

감정선이 검지와 중지 사이로 들어간다

서비스 정신이 투철한 것으로 유명하죠. 이게 바로 다 퍼주는 손금입니다.

두뇌선이 생명선 중간에서 나온다

상대에게 상처를 주지 않기 위해 말을 신중하게 하는 타입입니다. 다툴 바엔 상대방에게 맞추려는 경향이 강해요.

화성평원

월구

월구에 가로선이 들어가 있다

월구로 들어간 가로선은 '남에게 양보하는 손금'입니다. 가로선은 거의 직선이며 2, 3개로 적은 경우가 많고, 방향은 평행하기도 하고 살짝 위나 아래를 향하는 등 제각각입니다.

화성평원이 푹 들어가 있다

원래부터 들어가 있는 곳이지만, 그 정도가 깊으면 소극적이거나 기력이 떨어져 있는 시기입니다. 푹 꺼진 정도에 기준은 없으니 전과 비교해서 어떤지를 보고 판단하세요.

연애운

찰싹 달라붙어 있는 걸 싫어한다

◇ 홀로 있는 시간을 각별히 사랑한다

토성구는 다른 말로 '고독의 구'입니다. 이곳이 볼록 솟아 있는 사람일수록 혼자 있는 시간을 중요하게 여깁니다.

그래서 연인과 하루 종일 붙어 있는 것을 부담스럽게 느끼는 경우가 많아요. 이런 성향은 연애뿐 아니라 모든 인간관계에서도 나타납니다.

자신이 이런 타입이든 상대가 이런 타입이든 적당히 혼자 있는 시간을 확보하고 거리를 두면서 사귈 필요가 있어요.

좋아하는 사람이나 연인이 속마음을 잘 이야기하지 못하는 성격이거나 상대의 마음을 먼저 생각해 주는 다정한 성격을 갖고 있다면, 속에 담아두고 있는 경우도 있어요. 최근에 웃는 얼굴이 많이 줄어들었다 싶으면 토성구를 확인하세요.

◇ 궁합 진단은 중요

손금은 상대의 속마음을 아는 데 도움이 됩니다. 대부분의 연애 비극은 추구하는 연애 스타일이 다른 데서 일어나는 경우가 많지요.

예를 들어 일일이 연락을 원하는 타입과 내버려 두길 바라는 타입입니다. 일일이 연락을 원하는 사람은 '이렇게 쓸데없는 걸로 연락하면 민폐 아닌가'라고 생각할 만한 내용에도 기뻐합니다. '오늘 점심으로 이거 먹었어. 다음에 데이트할 때 먹자' 같은 내용처럼 말이에요.

반면, 내버려 두길 바라는 타입에게 저런 연락을 하면 어떨까요? '무슨 그런 것까지 보고를 해?'라고 생각하지 않을까요?

우선 손금을 보고 상대가 말로 하지 못하는 깊은 심리나 연애 스타일을 파악하세요. 서로 좋은 상태로 오래 연애할 수 있는 아주 좋은 방법입니다.

토성구가
볼록 솟아 있다

이 손금은 탐구심이 강해서 좋아하는 일에 깊게 빠져드는 타입입니다. 따라서 취미에 들이는 시간을 우선시하는 탓에 종종 연애에 힘을 덜 쓰기도 해요.

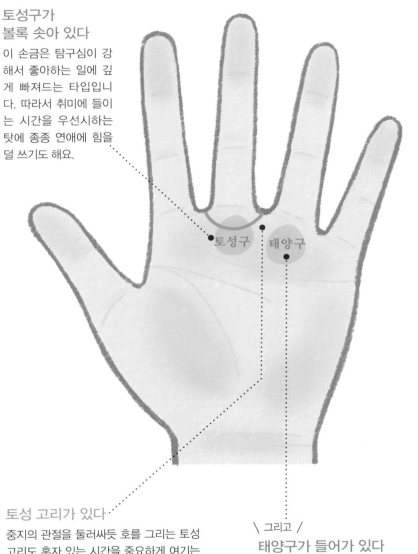

토성구　태양구

토성 고리가 있다

중지의 관절을 둘러싸듯 호를 그리는 토성 고리도 혼자 있는 시간을 중요하게 여기는 손금입니다. 예전에는 좋지 않은 선으로 다루어졌지만, 요즘에는 '포기하지 않는 탐구심으로 끝까지 해내는 힘'이라며 긍정적인 선으로 보고 있어요.

\ 그리고 /
태양구가 들어가 있다

태양구가 평평하거나 살짝 들어간 사람은 웬만하면 사람들과 얽히고 싶지 않은 상태예요. 조금 거리가 있는 메마른 관계를 선호합니다.

여자 친구가 있는 사람만 좋아하게 되는 이유

두뇌선이 제2화성구를 향해 뻗어 있거나 그 구역으로 들어가는 사람은 '이상보다 현실'을 따지는 타입이라고 이야기했지요.

그 객관성과 냉정함은 연애할 때도 굳건합니다. 특히 상대방을 고를 때 그 능력을 발휘해서 상대방이 돈을 잘 버는 사람인지, 항상 변함없는 애정을 쏟아 줄 것인지 분석해요.

정곡을 찔러 보자면, **상대 고르기에 실패하고 싶지 않아서 조건을 중시하기 때문**이에요.

그런 손금을 가졌는데도 여자 친구가 있는 남자만 좋아한다는 분이 전에 상담을 하러 오셨어요.

아무리 상대의 조건이 좋아도 여자 친구가 있는 사람을 좋아해 봤자 가성비가 떨어지잖아요. 신기해서 물어봤더니 본인에게는 상대를 보는 눈이 없다고 하더라고요. 여자 친구가 있다는 건 적어도 누군가가 인정했다는 뜻이니까 괜찮은 사람이구나 하고 안심을 할 수 있다면서요.

이 이야기를 들었더니, 확실히 이 손금을 가진 사람답다는 생각이 들더군요. 제2화성구를 향하고 있거나 들어가 있는 두뇌선은 쇼핑하기 전에 리뷰를 싹 다 보는 사람입니다. 실패를 하고 싶지 않기 때문이겠죠?

이 손금에는 **사람들이 좋다고 평가한 것을 갖고 싶어 하는 성향**이 있는 거예요. 두뇌선과 생명선의 시작점이 붙어 있는 '닫힌 타입'이면 더 그렇죠. 그래서 상담한 분은 여자 친구가 있는 남성만 좋아하게 되는 것이었어요.

이 경험은 손금이 의미하는 개성이 정말 여러 가지 형태로 나타난다는 사실을 다시금 발견했고, 손금풀이는 정말 재미있다는 걸 새삼 깨달았던 에피소드가 되었어요.

····················· ◇

원하는 스타일이나 가정생활로 알 수 있다

알면 알수록 심오한 결혼운

혼기나 결혼 상대, 나아가 결혼 생활의 행방까지…
결혼과 관련된 이런저런 이야기들을 결혼선을 통해 살펴볼게요.
결혼 생활에는 서로의 부모님이나 자녀 등 다양한 인간관계가 얽혀있으니
감정선이나 운명선 등도 같이 복합적으로 보겠습니다.

결혼선은
'결혼을 할 수 있는지 보는 선'이 아니다

··

결혼선에는 결혼을 하고 싶은 마음이나 부부 관계가 나타난다

결혼선은 소지의 관절과 감정선 사이에 있는 짧은 가로선을 말합니다. 그 이름대로 '결혼을 할 수 있는지 점치는 선'이나 '어떤 결혼을 할지 알 수 있는 선' 등 결혼과 관련된 모든 것을 알 수 있는 선이라 생각하기 쉽지만, 이는 사실이 아니에요.

손금풀이를 할 때는 결혼이나 연애 시기가 되면 운명선 혹은 생명선의 유년법(244페이지), 결혼관이나 부부간의 대인관계라면 감정선을 보고 대부분 복합적으로 판단합니다. 특히 결혼 생활에는 부모와 자식 간의 인간관계까지 얽히게 되지요. 그런 의미에서 감정선이 무척 중요합니다.

그럼 결혼선으로는 무엇을 알 수 있을까요? 바로 **결혼에 관한 운기의 흐름**을 알 수 있어요. 이성에 대한 관심이나 결혼에 대한 갈망, 결혼 후의 부부 관계, 불륜 가능성… 그런 것들이 결혼선의 짙기나 길이, 굴곡 등에 나타납니다. 또한 선명하게 **굵은 결혼선이 위쪽을 향해 굴곡진 시기는 결혼운이 상승하고 있을 때**예요. 이 선이 나타난 시기를 노려 결혼 이야기를 진행하는 걸 추천합니다. 왼손은 타고난 운, 오른손은 지금까지 해왔던 경험이 이끌어 낸 운이 나타나기 때문에 왼손에 좋은 결혼선이 있는데도 오른손에는 없다면 아직 운을 살리지 못했다는 뜻이 됩니다.

별로 안 좋아 보이는 선이 있어도 괜찮습니다! 감정의 영향을 받는 결혼선도 자주 바뀝니다. **빠를 때는 하룻밤 만에 바뀌기도 해요.**

◇ 결혼선의 기본 알기 ◇

결혼에 관한 여러 가지는 결혼선을 중심으로 보고, 감정선과 운명선을 같이 체크합니다!
결혼을 하고 싶은지, 결혼 생활을 할 때 운이 있는지를 알 수 있어요.
한 줄이 곧게 새겨져 있는 것이 가장 이상적입니다.

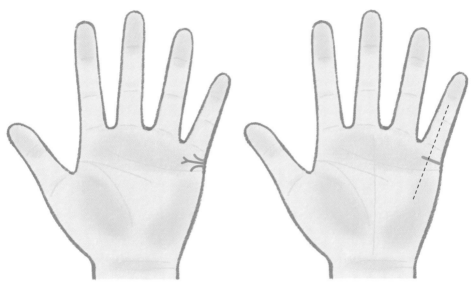

방향
결혼하고 싶은 마음이 크면 위쪽, 결혼에
신중하면 아래쪽을 향합니다. 배우자에게
불만이 있는 시기나 애정이 저하된 시기
에도 아래쪽을 향해요. 선 끝이 갈라지는
경우도 있어요.

짙기
기본선과 비슷할 정도로 눈에 띈다면 짙
은 겁니다. 연하다고 해서 만남이 없는 것
은 아니고, 일이나 취미를 더 우선시하는
상태예요.

길이
소지 중간보다 길게 뻗어 있다면 긴 편인
데, 결혼 생활이 더 안정적입니다.

> ### 감정선
> 애정 표현을 중심으로 부부나 부모와 자식간의 인간관계 경향을 알 수 있어요.
>
> ### 운명선
> 운명선 위의 장애선이나 섬은 결혼 생활의 트러블을 암시합니다. 운명선이 연하거나 혹은
> 없는 여성은 전업주부에 어울린다고 합니다.

결혼선의 수만큼
결혼과 이혼을 반복한다?

···

결혼선의 개수는 애정을 기울이는 횟수

결혼선이 여러 개 있으면 '나는 결혼이랑 이혼을 반복하는 건가?'라며 걱정이 되지요. 그런데 결혼선의 개수는 대체 무엇을 나타내는 것일까요?

사실 결혼선의 개수는 **인생에서 결혼하고 싶을 만큼 깊은 애정을 기울일 수 있는 횟수**를 나타냅니다.

이때 결혼을 할지 말지는 그렇게 중요한 것은 아니고, 실제로 결혼하는 횟수도 아닙니다. 예를 들어 3개 있다면 단순히 결혼할 기회가 3번 있었다는 뜻이에요. 짝사랑에서 그치거나 불륜을 저질렀더라도 그 연애가 진심이었다면 결혼선에 나타납니다.

결혼선이 아예 없는 사람도 있어요. 이건 결혼하고 싶은 마음이 희박하다는 것을 의미하는데, 만약 사귀는 사람이 있고 결혼을 하고 싶은데도 선이 없는 경우는 현재 결혼을 할 시기가 아니라는 뜻이에요.

사실 뚜렷한 결혼선이 하나만 있는 사람은 아주 드물어요. 여러 개 있기도 하고 선의 모양도 각각 다르지요.

다시 말하지만 결혼선에 나쁜 상이 있더라도 현재 좋지 않은 사인이 나타나 있는 것뿐이지, 계속 이어지는 것은 아닙니다. 주의가 필요하다는 손금의 메시지라 생각하고 긍정적으로 행동하세요.

◇ 개수의 의미를 풀어보자 ◇

결혼선의 개수만 보고 일희일비하지 않아도 됩니다!
한 개가 있든 여러 개가 있든 기본적으로 나쁜 의미는 아닙니다.

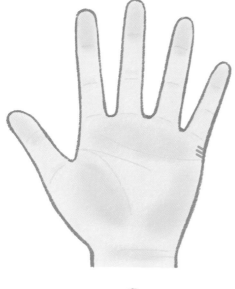

비슷한 짙기와 길이의
선이 여러 개 있다

사람을 좋아한 횟수를 나타냅니다.
4개 이상 있으면 연애 기회가 많았고, 오
히려 선택하지 못했기 때문에 인기선입
니다(다음 페이지 4번도 참조).

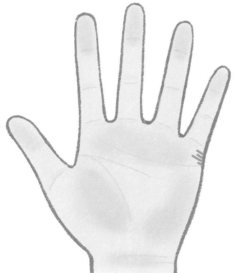

여러 개 있는데,
그중 1, 2개만 길다

선이 여러 개 있을 때는 가장 긴 선으로
판단합니다. 방향이나 길이, 선의 모양
등을 체크하세요.

결혼선만 가지고 결혼운 보기

1 — 감정선 쪽에 있다 결혼선이

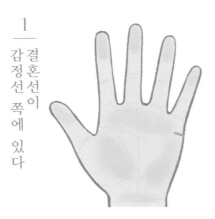

소지의 관절과 감정선 사이를 이등분한 위치 보다 아래에 결혼선이 있으면 결혼이 빠른 타입입니다. 감정선에 가까울수록 학생 때 결혼하거나 연애 초기에 스피드 결혼을 하는 등 어릴 때 결혼하기 쉬워요.

2 — 소지 쪽에 있다 결혼선이

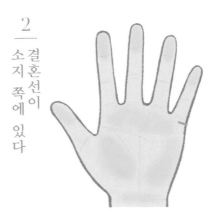

소지의 관절과 감정선 사이를 이등분한 위치 보다 위에 결혼선이 있으면 늦게 해야 더 좋은 상대를 만날 수 있는 타입입니다. 중간에 있는 결혼선이 30세를 나타낸다고 하니까 기준은 30대 후반이나 40대입니다.

3 — 긴 결혼선이 하나 있다

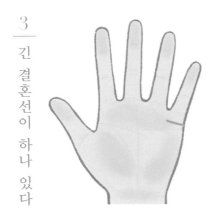

한 사람을 사랑하고 행복한 결혼을 하는 타입인데, 그중에는 드라마 같은 사랑을 하는 사람도 있어요. 주위에 축복을 받고 골인합니다. 특히 선이 짙으면 자신이 원하는 결혼 상대를 끌어당긴다는 걸 암시합니다.

4 — 결혼선이 3개 이상 있다

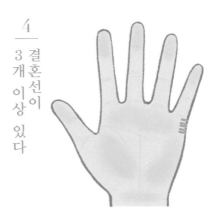

결혼을 세 번 한다는 손금이 아니고, 일명 '덕질' 손금입니다. 아이돌이나 배우 등 애정을 쏟을 상대가 많이 있으며, 그 설렘은 연애와 똑같거나 그 이상이에요. 인생을 즐길 수 있는 사람입니다.

먼저 결혼선만 가지고 결혼운을 살펴보세요.
보통 손금풀이에서는 다양한 선을 복합적으로 보는데, ══════════
한 종류만 가지고도 많은 것을 알 수 있어요.

5
—
별
이
나
타
났
다

결
혼
선
가
까
이
에

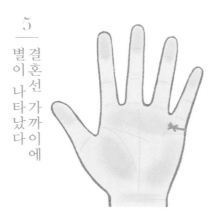

결혼선 중간이나 가까이에 나타나는 별은 결혼에 긍정적이라는 표시입니다. 가까운 시일 내에 연인이 생기거나 이상형을 만나는 징조예요. 연인이 있는 경우는 단숨에 결혼까지 진전됩니다.

6
—
결
혼
선
이
위
를
향
한
다

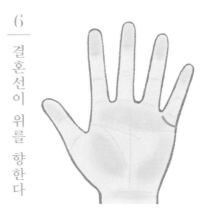

위를 향하는 결혼선도 좋은 사인입니다. 자신이 바라던 것보다 더 좋은 상대와 결혼하고, 게다가 그 결혼 덕분에 운기가 상승하는 흐름을 탈 수 있어요. 결혼에 대한 희망이 높아져 있는 상태예요.

7
—
아
래
를
향
한
다

결
혼
선
이

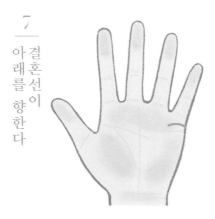

결혼선처럼
짧은 선도
여러 가지 표정이
있어요

연인에 대한 마음이 멀어져 있거나 결혼으로 이어질 상대와 만났는데도 사랑을 포기했을 때는 연애선이 아래쪽을 향해요. 결혼운이 잠깐 멈춰 있다는 사인입니다. 기혼자들은 배우자에게 불만이 있다는 뜻이에요.

8
가로질렀다 결혼선이 감정선을

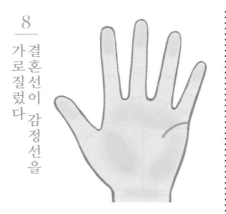

결혼 상대와 평생을 백년해로하며 끝까지 함께 하는 손금입니다. 한 사람만을 사랑하며 인생을 바친다는 의미가 있어요. 이 손금이 나타나면 모든 것을 바쳐 사랑할 수 있는 상대와의 만남을 기대할 수 있어요.

9
결혼선이 없다

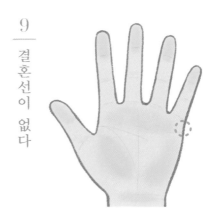

결혼선이 전혀 없거나 있어도 연한 경우는 결혼에 대한 의욕이 희박합니다. 일이나 취미푹 빠져 있거나 친구들과 노는 게 즐거워서 연애나 결혼에 관심이 없는 경우에 결혼선이 사라지는 경우가 있습니다.

10
갈라져 있다 결혼선 끝이 두 갈래로

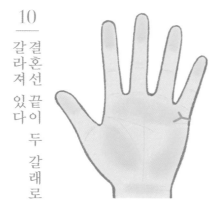

연인이나 결혼 상대와 마음이 멀어져 있거나 별거, 이혼할 가능성을 암시합니다. 상대방이 전근을 가 있는 경우에도 나타날 때가 있으니 냉정하게 상대방과의 관계성을 돌아보는 시기라고 생각하세요.

11
길이로 갈라져 있다 결혼선 끝이 같은

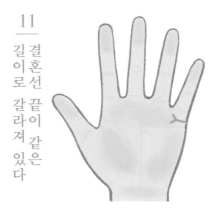

'10'이나 이혼 손금과 비슷해 보이지만 의미는 완전히 달라요. 갈라진 길이가 같다면 부부가 원만하다는 뜻입니다. 이 경우는 부부가 각방을 쓰는 등 적당한 거리감을 유지하면 더사이가 좋아질 수 있어요. 결과적으로 결혼운은 상승합니다.

12
중간에 하나로 합쳐졌다
갈라졌던 결혼선이

두 개에서 하나가 된 결혼선은 파트너와 결혼하기 위해 극복해야 할 벽이 매우 높다는 것을 암시합니다. 하지만 그것만 넘기면 전보다 더 강한 유대감이 생겨 행복한 결혼을 하게 됩니다.

13
결혼선에 섬이 있다

큰 장애를 의미하며 생각대로 결혼할 수 없는 상황이나 불륜 관계 등, 심각한 고민이 생길 수도 있습니다. 하지만 섬을 지나 결혼선이 뻗어 있다면 둘이 트러블을 헤쳐 나간다는 뜻이에요.

14
두 갈래로 갈라져 있다
시작점과 종점이

이 사람이 아닌 것 같다고 생각하며 결혼했고, 역시 아니어서 결국 이혼에 이르는 암시입니다. 연인 사이에서도 마찬가지로 파트너가 있는데, 이 사람이 맞나 싶어 다른 사람에게 눈이 갈 수 있어요.

매일 변화하는
선을 소중히
여기면서 손금을
즐기세요

초스피드로 결혼하는 타입

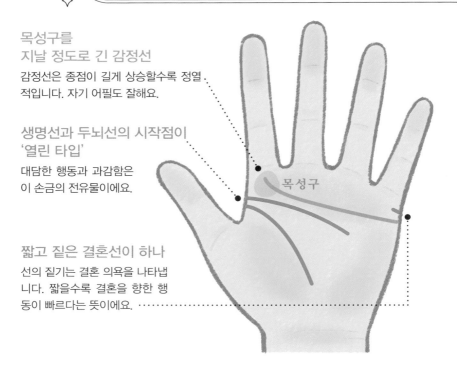

**목성구를
지날 정도로 긴 감정선**

감정선은 종점이 길게 상승할수록 정열
적입니다. 자기 어필도 잘해요.

**생명선과 두뇌선의 시작점이
'열린 타입'**

대담한 행동과 과감함은
이 손금의 전유물이에요.

목성구

짧고 짙은 결혼선이 하나

선의 짙기는 결혼 의욕을 나타냅
니다. 짧을수록 결혼을 향한 행
동이 빠르다는 뜻이에요.

◇ 공통점은 망설임이 없다는 것

감정선이 목성구 중앙을 지날 정도로 길고 굴곡이 있으면 연애에 몰입
하는 타입입니다. 정열적이고 독점욕도 강하며 남녀 불문하고 먼저 다가
가 결혼에 이르러요.

또한 **생명선과 두뇌선의 시작점이 떨어져 있는 '열린 타입'**은 주변에서
깜짝 놀랄 행동을 잘해요. 첫눈에 반해 갑자기 결혼하는 패턴이 많은 것
도 이 타입이지요.

짧고 짙은 결혼선이 하나만 나타나는 것도 어떻게 보면 초스피드 결혼
의 징조입니다. 이때 본인에게는 결혼에 망설임이 없으므로 정당한 과정
을 밟게 되지만, 주변에서 볼 때는 초스피드 결혼처럼 비칠 수 있어요.

중매결혼이 맞는 타입

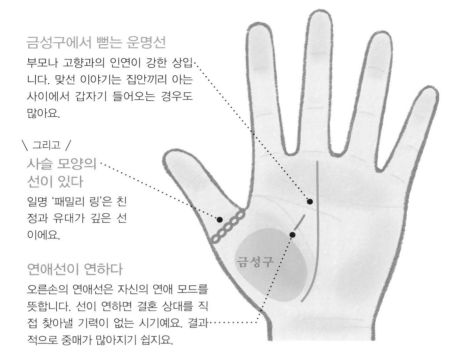

금성구에서 뻗는 운명선
부모나 고향과의 인연이 강한 상입니다. 맞선 이야기는 집안끼리 아는 사이에서 갑자기 들어오는 경우도 많아요.

\ 그리고 /
사슬 모양의 선이 있다
일명 '패밀리 링'은 친정과 유대가 깊은 선이에요.

연애선이 연하다
오른손의 연애선은 자신의 연애 모드를 뜻합니다. 선이 연하면 결혼 상대를 직접 찾아낼 기력이 없는 시기예요. 결과적으로 중매가 많아지기 쉽지요.

금성구

◇ 집안과의 인연이 좋은 인연으로

엄지와 생명선 부근에 있는 **금성구에서 운명선이 뻗어 있는** 사람은 중매결혼을 할 확률이 높습니다. 왜냐면 금성구는 부모님이나 고향과의 인연을 담당하기 때문이지요. 혈연관계에서 맞선 얘기가 많이 들어오잖아요? 그래서 중매결혼으로 이어지기 쉬운 거예요.

또한 **오른손의 연애선이 연한** 손금도 그렇습니다. 기본적으로 연애선이 생명선 위에 드문드문 있거나 적은 시기는 연애가 결혼으로 이어질 확률이 낮은 시기예요. 하지만 결혼을 하고 싶지 않은 것은 아니기 때문에 연애선이 적은 시기가 길게 이어질수록 중매결혼 확률이 높아지지요.

상향혼을 하는 손금

◇ 반드시 부자와 결혼하는 것은 아니다

태양선에 이어져 있거나 교차하는 결혼선은 이른바 '상향혼'을 하는 손금입니다. 경제적으로 유복한 상대와 결혼할 가능성이 높다는 뜻이지요.

만약 남성에게 이 선이 있다면 그 반대라는 의미입니다. 또한 태양선이 없어도 **약지의 관절 부근까지 뻗어 있다면 똑같은 의미**가 있고, 선이 연하더라도 그 가능성이 있습니다.

흥미로운 것은 상향혼 선이 있다고 해서 반드시 부자와 결혼할 수 있는 것은 아니라는 사실입니다. 일반적인 상향혼은 결혼 상대에게 자산이나 사회적 지위가 있고, 자신도 그 은혜를 받아 유복해진다는 이미지가 있잖아요. 하지만 상향혼 선에는 '결혼을 해서 부를 이룬다'라는 뜻이 더 강합니다.

◇ 상향혼이란 결혼으로 운이 열리는 것

예를 들어 돈이 없거나 돈은 있어도 다른 문제가 있는 상대와 결혼을 했더니 내가 나설 수밖에 없어서 결과적으로 돈을 많이 벌게 됐다? 이런 경우도 상향혼 선에서 자주 볼 수 있는 이야기예요.

또한 결혼하자마자 일이 잘 풀려서 수입이 껑충 뛰어오르는 경우도 많이 봤어요. 그러니까 여기서 말하는 상향혼은 서로 의지하여 같이 부를 이뤄내는 파트너십이 상승하는 손금인 셈이지요.

사실 '금전운을 올리고 싶다' '연인이 돈을 못 번다'라는 불만이 있는 동안에는 상향혼 선이 나타나지 않아요. 자신의 처지에 감사하고 열심히 노력하면 상향혼 선이 나타나는데, 결혼해서 한동안 생활이 힘들더라도 그 후에 성공하는 패턴이 대부분이에요.

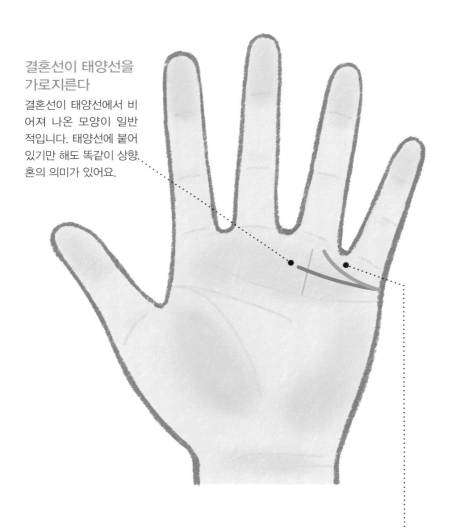

**결혼선이 태양선을
가로지른다**

결혼선이 태양선에서 비
어져 나온 모양이 일반
적입니다. 태양선에 붙어
있기만 해도 똑같이 상향
혼의 의미가 있어요.

**결혼선이 약지 관절까지
닿아 있다**

이 손금도 상향혼 선과 똑같은
의미를 가집니다. 보기 드문 손
금 중 하나지요.

결혼운 | 장남, 장녀와 결혼하는 상

신비십(十)자선과 이어진 연애선이 있다

신비십(十)자선은 운명선 위에 나타납니다. 연애선이 뻗어 신비십(十)자선의 한 변에 붙으면 결혼에 이르는 상이 됩니다. 또한 신비십(十)자선에 이끌려 무덤을 지키는 입장이 되기도 해요.

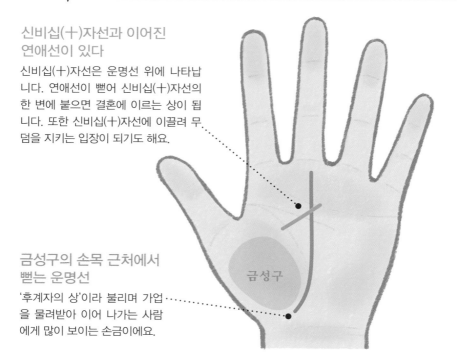

금성구

금성구의 손목 근처에서 뻗는 운명선

'후계자의 상'이라 불리며 가업을 물려받아 이어 나가는 사람에게 많이 보이는 손금이에요.

◇ 신비십(十)자선과 조상의 가호

두뇌선과 감정선 사이에 있는 **'신비십(十)자선'에 붙어 있는 연애선**은 장남이나 장녀와 결혼할 가능성이 있는 손금입니다. 원래 신비십(十)자선에는 조상이 든든하게 버텨 신불의 가호를 받는다는 의미가 있습니다. 이 선이 있으면 무덤을 지키는 입장에 서기가 쉬우므로 본인이 꼭 장남 장녀가 아니더라도 결혼을 계기로 장남 장녀의 역할을 하게 된다는 의미가 있어요.

비슷한 의미를 지닌 손금으로는 '후계자의 상'이 있습니다. **손목과 가까운 금성구 구역에서 중지를 향해 뻗는 운명선**인데, 역시 대를 이어 집안을 돌본다는 뜻이 있습니다.

결혼운 | 속도위반 가능성이 있다

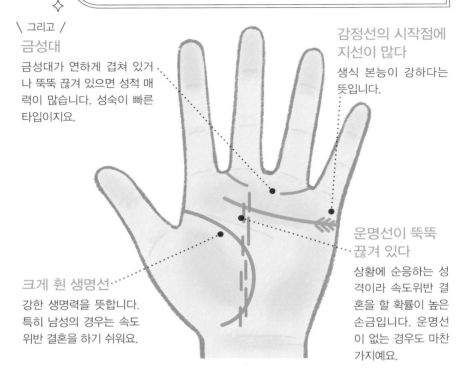

\ 그리고 /
금성대

금성대가 연하게 겹쳐 있거나 뚝뚝 끊겨 있으면 성적 매력이 많습니다. 성숙이 빠른 타입이지요.

감정선의 시작점에 지선이 많다

생식 본능이 강하다는 뜻입니다.

운명선이 뚝뚝 끊겨 있다

상황에 순응하는 성격이라 속도위반 결혼을 할 확률이 높은 손금입니다. 운명선이 없는 경우도 마찬가지예요.

크게 휜 생명선

강한 생명력을 뜻합니다. 특히 남성의 경우는 속도위반 결혼을 하기 쉬워요.

◇ 강한 생명력이 결정타

속도위반 결혼을 나타내는 손금은 남녀가 다릅니다. 여성은 **감정선의 시작점에 지선**이 많고, 이들 지선은 강한 생식 본능을 의미하며 아이를 일찍 원하는 성향을 나타내요.

한편, 남성의 경우는 **생명선이 크게 휘어져 있으며 생명선의 시작점이 엄지 쪽에서 떨어져 있어요.** 아이가 생기려면 생명력이 관건인데, 이런 손금을 가진 사람들은 강한 생명력의 소유자입니다. 사실 **운명선이 나타나지 않았거나 뚝뚝 끊어진 사람**도 이 타입이에요. 흘러가는 대로 상황에 맡기고 그때그때 운명을 받아들여 최선을 다하는 타입이라서 결과적으로 속도위반 결혼을 하게 된 사람이 적지 않습니다.

솔로도 괜찮다!

◇ 자기만의 스타일을 고수하는 선

솔로임에도 인생을 즐길 수 있는 손금은 고독력과 경제력에 강하다는 특징이 있습니다.

먼저 고독력부터 볼게요.

바꿔 말하면 자기만의 스타일대로 살기를 원하며 혼자 있는 시간을 소중히 여기는 선이 있어요.

굵고 곧은 운명선은 스스로 인생을 개척하는 타입으로 독립심이 강합니다. 또한 토성구는 '고독의 구'라고도 불리는 만큼, 이 부분이 다른 구에 비해 볼록 솟아올라 있으면 혼자 있는 시간을 매우 중요하게 여깁니다.

둘 다 '연인이나 배우자가 꼭 있어야 한다는 타입'은 아니라서 일이나 취미에 빠져 결혼은 뒷전이 되기 쉬워요.

◇ 금전운에도 주목!

솔로를 즐기려면 경제력도 필요하지요.

혼자 있어도 괜찮을 만한 경제력이 있는지는 **태양선**을 보면 알 수 있어요. 3개 이상 있다면 이른바 '다각 경영의 손금'입니다. 어떤 일을 해도 수입을 얻을 수 있는 행운의 손금이에요.

선이 한 개라도 짙고 또렷하다면 안정된 직업과 수입을 얻을 수 있습니다. 둘 다 경제력을 갖췄기에 서둘러 결혼하지 않아도 되는 선이지요.

원래 ①결혼선이 하나도 없거나 ②결혼선이 옅거나 ③감정선이 직선적이며 짧은 경우는 결혼에 대한 소망이 적고 연애할 때도 소극적으로 행동하기 쉽습니다.

만약 곧 결혼하고 싶은 마음이 있는데도 선이 저렇게 나타났다면 기회가 적은 상태이니 스스로 인연을 잡으러 가야 합니다.

3개 이상의 태양선

태양선은 하나만 있어도 경제적으로 풍족합니다. 이 경우는 3개가 있으니 수입도 더 안정되겠지요.

토성구가 볼록 솟아 있다

몰두할 수 있는 취미가 있어서 혼자서도 외로움을 느끼지 않는 타입입니다. 남을 신경 쓰지 않아도 되니까 오히려 혼자 있는 게 편하다고 생각하는 사람도 많아요.

토성구

굵고 곧은 운명선

독립심이 강하고 스스로 인생을 개척할 수 있는 손금입니다. 경제적 이유 탓에 결혼에 의지하지 않아도 된다는 생각을 갖고 있어요.

결혼선이 여러 개 있다

결혼선이 많이 있는데 솔로라고요? 사실 이건 '덕질'의 손금이에요. 최애에게 열정을 쏟으며 충분히 인생을 즐기고 있습니다. 선의 길이나 짙기는 불규칙적일 때도 있어요.

결혼운 결혼하면 운이 올라가는 타입

제1화성구가
봉긋 솟아 있다

지킬 사람이 있을 때 힘이 생기
는 손금입니다. 가족에게 위기
가 닥치면 전사처럼 우뚝 서서
맞서 싸웁니다.

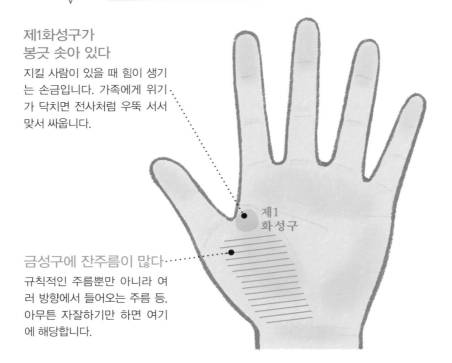

제1
화성구

금성구에 잔주름이 많다

규칙적인 주름뿐만 아니라 여
러 방향에서 들어오는 주름 등.
아무튼 자잘하기만 하면 여기
에 해당합니다.

◇ 가족의 행복이 곧 나의 행복

금성구에 잔주름이 많은 사람은 지지해 주는 누군가가 있어야 운기가
상승합니다. 타인에게 영향을 받기 쉬워서 늘 상처받기에 안심할 수 있는
사람이 곁에 있어 주기만 해도 힘이 나고 강해집니다.

제1화성구가 봉긋 솟아 있는 사람에게도 결혼을 추천하고 싶어요. 역경
에 굴하지 않고 당하면 똑같이 되갚아주는 손금인데, 소중한 사람을 끝까
지 지켜내기 위해 힘을 발휘합니다. 결혼을 하면 힘이 샘솟아 전보다 더
열심히 일할 거예요. 나아가 가족의 기둥으로써 활약하는 사람도 적지 않
아요.

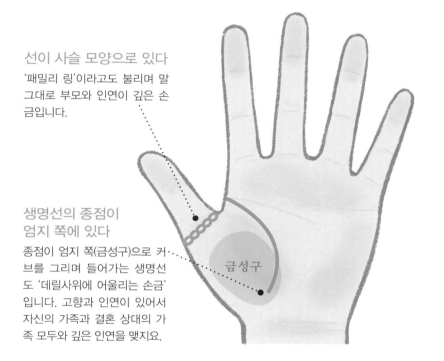

결혼운 데릴사위 타입

선이 사슬 모양으로 있다

'패밀리 링'이라고도 불리며 말 그대로 부모와 인연이 깊은 손금입니다.

생명선의 종점이 엄지 쪽에 있다

종점이 엄지 쪽(금성구)으로 커브를 그리며 들어가는 생명선도 '데릴사위에 어울리는 손금'입니다. 고향과 인연이 있어서 자신의 가족과 결혼 상대의 가족 모두와 깊은 인연을 맺지요.

금성구

◇ 친정과의 강한 인연

엄지의 관절 부분에 사슬 모양의 선이 있는 남성은 데릴사위라는 선택을 할 수도 있어요. '패밀리 링'이라는 별명대로 가족과 인연이 깊다는 것을 나타내는데, 그래서 자신의 가족도 중요하지만, 아내의 친정집 근처에 살거나 아예 같이 사는 경우가 많지요.

데릴사위에는 아내의 친정집에 뿌리를 내린다는 의미가 있습니다. 그래서 그 사람의 일생을 뜻하는 생명선이 엄지 쪽으로 커브를 그리며 육친이나 고향과의 인연을 뜻하는 금성구로 들어가는 경우도 '데릴사위에 어울리는 손금'이에요. 장남이나 장녀와 결혼하는 손금(222페이지)과도 공통점이 많으니 같이 읽어 보세요.

국제결혼 가능성이 있다

결혼운

◇ 여행선이 있다

국제결혼을 하는 타입으로는 ①부모님이나 고향과 멀리 떨어져 생활하면 운기가 상승하는 선 ②변화나 모험을 즐길 줄 아는 선이 있습니다.

먼저 생명선의 중앙보다 아래쪽에서 나와 소지 쪽 손목으로 향하는 '**여행선**'은 해외에 인연이 있는 사람입니다. 나고 자란 곳에서 멀리 떨어져 지내는 손금이기 때문에 여행선이 크게 나 있는 경우는 국제결혼이나 해외 이주를 하는 경우가 많습니다.

또한 **월구에서 뻗는 운명선**에도 비슷한 의미가 있어요.

나라가 다르면 가치관도 다르지만, 두 손금 모두 다양한 가치관을 거리낌 없이 수용할 수 있으며, 오히려 그 차이를 흥미로워할 거예요!

◇ 일부러 모험을 즐기는 막쥔 손금

②의 대표격이 **막쥔 손금**입니다. 이 선이 있는 사람은 스스로 안정감을 버리고 드라마틱하게 인생을 끌고 가려고 합니다. 해외로 이주하거나 교환 유학에 응모하는 등 인생에 과감한 변화를 주려고 하지요.

생명선과 두뇌선의 시작점이 떨어져 있는 '열린 타입'은 굳이 눈치를 보지 않기로 유명한데, 사실 서양 사람들에게 많이 보이는 손금입니다. 이 선을 가진 사람은 어쩌면 해외에 사는 게 더 잘 맞을지도 몰라요. 국제결혼도 추천합니다.

감정선, 두뇌선, 생명선 등의 기본선이 짙은 사람은 기력과 체력이 있어서 인생의 온갖 풍파를 헤쳐나갈 힘이 있습니다. 낯선 땅에서 힘든 일이 있어도 맛있는 음식을 먹고 푹 자면 괜찮아지는 손금이라서 이런 분들도 국제결혼이 맞는다고 할 수 있겠네요.

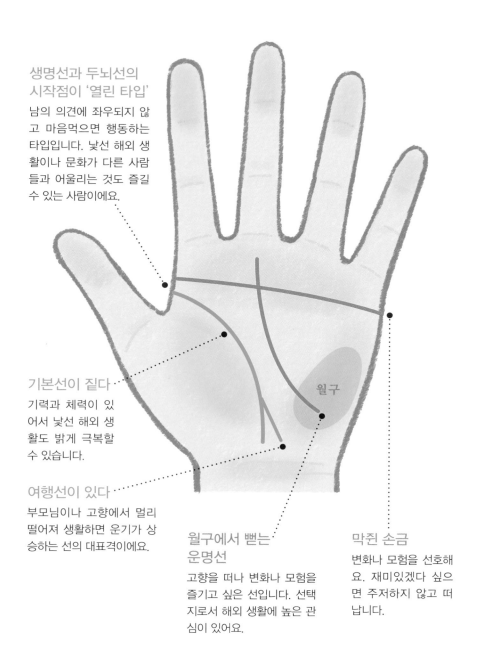

생명선과 두뇌선의 시작점이 '열린 타입'
남의 의견에 좌우되지 않고 마음먹으면 행동하는 타입입니다. 낯선 해외 생활이나 문화가 다른 사람들과 어울리는 것도 즐길 수 있는 사람이에요.

기본선이 짙다
기력과 체력이 있어서 낯선 해외 생활도 밝게 극복할 수 있습니다.

여행선이 있다
부모님이나 고향에서 멀리 떨어져 생활하면 운기가 상승하는 선의 대표격이에요.

월구

월구에서 뻗는 운명선
고향을 떠나 변화나 모험을 즐기고 싶은 선입니다. 선택지로서 해외 생활에 높은 관심이 있어요.

막쥔 손금
변화나 모험을 선호해요. 재미있겠다 싶으면 주저하지 않고 떠납니다.

자녀 교육에 열정적인 부모가 되기 쉽다

◇ 자녀에게도 노력을 강요하는 부모

혹시 주변 사람들에게 교육열이 엄청나다는 애기를 들은 적은 없나요? 잘 모르겠는데 이상하다 싶은 분들은 손바닥을 살펴보세요. 목성구에 분명 이런 손금이 있을 거예요.

- **목성구가 봉긋 솟아 있다**   **• 또렷한 선이 나란히 있다**
- **#처럼 생긴 문양이 있다**

목성구는 관리 능력이나 야망을 담당한다고 합니다.

앞에 나온 손금을 가진 사람은 원래 애정이 풍부하고 남을 잘 챙기는 타입이에요. 하지만 그런 면들이 자녀를 지배하려고 하거나 부모의 희망 사항을 강요하는 식으로 안 좋게 발현되는 경우가 있어요.

자신이 어린 시절부터 노력해서 쟁취한 경험이 있기 때문에 자식도 그렇게 하길 바라는 것이지요.

◇ 자신의 꿈과 자녀의 꿈

제1화성구가 봉긋 솟아 있는 경우도 주의가 필요합니다.

이 구는 투쟁심이나 매진하는 힘을 담당합니다. 전력을 다해 일에 몰두하는 힘이나 남에게 지기 싫어하는 성격을 나타내는데, 경쟁 사회에 있을 때 더 생기 있고 더 노력하는 타입이에요. 자녀가 수험 전쟁에 뛰어들었을 때는 열정을 전부 쏟아내지요.

목성구 그리고 제1화성구에 앞에서 말한 특징이 있는 경우는 원래 자신의 꿈에 초점을 맞춰 차근차근 노력해 나가는 아주 좋은 손금입니다. 이게 본인에게 집중되어 있을 때는 좋은데, 자녀에게 자신의 꿈을 투영해서 지나치게 간섭하진 말아야겠죠. 에너지를 엉뚱한 곳에 쓰지 않도록 주의하세요.

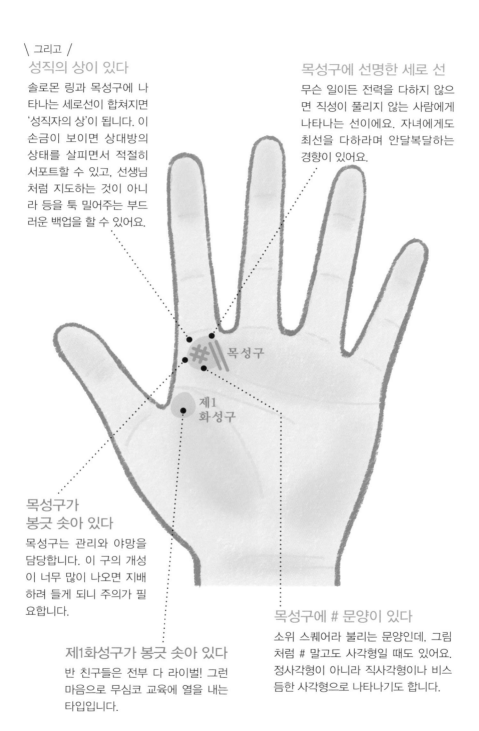

\ 그리고 /
성직의 상이 있다

솔로몬 링과 목성구에 나타나는 세로선이 합쳐지면 '성직자의 상'이 됩니다. 이 손금이 보이면 상대방의 상태를 살피면서 적절히 서포트할 수 있고, 선생님처럼 지도하는 것이 아니라 등을 툭 밀어주는 부드러운 백업을 할 수 있어요.

목성구에 선명한 세로 선

무슨 일이든 전력을 다하지 않으면 직성이 풀리지 않는 사람에게 나타나는 선이에요. 자녀에게도 최선을 다하라며 안달복달하는 경향이 있어요.

#‖목성구

제1화성구

목성구가 봉긋 솟아 있다

목성구는 관리와 야망을 담당합니다. 이 구의 개성이 너무 많이 나오면 지배하려 들게 되니 주의가 필요합니다.

제1화성구가 봉긋 솟아 있다

반 친구들은 전부 다 라이벌! 그런 마음으로 무심코 교육에 열을 내는 타입입니다.

목성구에 # 문양이 있다

소위 스퀘어라 불리는 문양인데, 그림처럼 # 말고도 사각형일 때도 있어요. 정사각형이 아니라 직사각형이나 비스듬한 사각형으로 나타나기도 합니다.

결혼운 # 자녀의 재능을 길러줄 수 있다

감정선이 검지와
중지 사이로 들어간다
자녀의 마음에 다가가 헌신
적으로 지지해 줍니다.

막쥔 손금이다
자신의 경험을 바탕으
로 자녀의 재능을 부정
하지 않고 길러줍니다.
전부 다 맞다고 해주는
타입이에요.

금성구에
격자무늬가 있다
이 손금도 유소년기에 만족스
럽지 못한 경험이 있어서 '내 아
이는 똑같은 실수를 하지 않게
할 거야'라는 강한 의지를 품고
있어요.

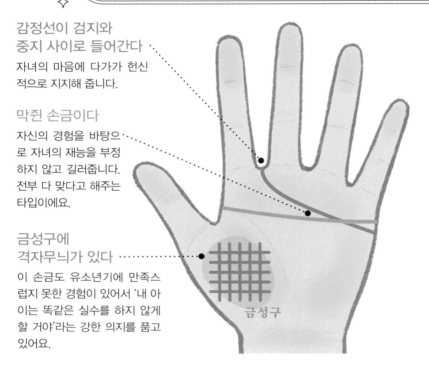

금성구

◇ 이단을 좋아하는 막쥔 손금

아이의 재능을 알아채고 부정하는 일 없이 길러줄 수 있는 것이 **막쥔 손금**입니다. 본인이 특이하다는 말을 들으며 자라왔던 경험이 있기에 자녀의 개성을 전부 다 옳다고 하는 사람이 많아요.

또한 **검지와 중지 사이로 들어가는 감정선**은 헌신적으로 다 바치는 손금이라서 자녀가 조금 특이하다고 할지라도 무한한 애정을 퍼부을 수 있을 거예요.

원만한 가정을 만드는 손금으로 소개했던 **금성구(생명선과 엄지 사이)가 봉긋 올라온 손금, 금성구에 격자무늬가 있는** 손금도 자녀의 재능을 길러줄 수 있는 타입이에요.

가정 내 싸움이 끊이질 않는다

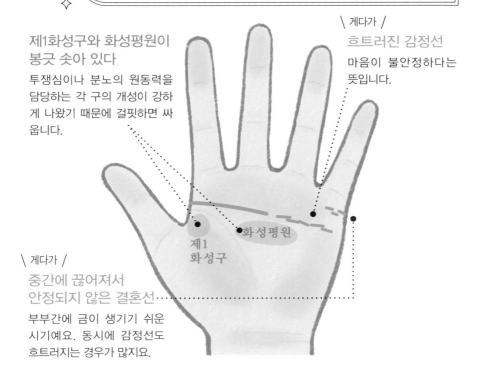

제1화성구와 화성평원이 봉긋 솟아 있다

투쟁심이나 분노의 원동력을 담당하는 각 구의 개성이 강하게 나왔기 때문에 걸핏하면 싸웁니다.

\ 게다가 /
흐트러진 감정선

마음이 불안정하다는 뜻입니다.

제1
화성구

화성평원

\ 게다가 /
중간에 끊어져서 안정되지 않은 결혼선

부부간에 금이 생기기 쉬운 시기예요. 동시에 감정선도 흐트러지는 경우가 많지요.

◇ 먼저 사과하기 싫어하는 손금

투쟁심과 정의감을 담당하는 **제1화성구**나 분노의 원동력과 자기주장을 담당하는 **화성평원**이 봉긋 솟아 있으면 사소한 일에 짜증 내는 일이 많아져 부부 싸움으로 번지기 쉬워요. 먼저 사과하는 것을 싫어하는 손금이라서 수습이 되지 않는 경우도 생기지요.

이런 트러블을 나타내는 선은 나타났다 사라졌다 하며 위기를 가르쳐 줍니다. 손금을 보고 짜증이 잘 나는 시기에 있다는 걸 알면 자연스레 마음을 가라앉히고 상대방을 대할 수 있지 않을까요?

결혼 상대의 부모와 친해질 수 있다

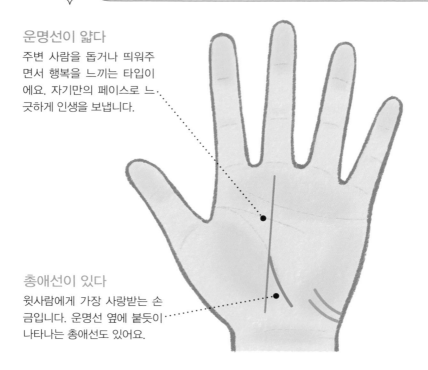

운명선이 얇다
주변 사람을 돕거나 띄워주면서 행복을 느끼는 타입이에요. 자기만의 페이스로 느긋하게 인생을 보냅니다.

총애선이 있다
윗사람에게 가장 사랑받는 손금입니다. 운명선 옆에 붙듯이 나타나는 총애선도 있어요.

◇ 왠지 모르게 귀여움을 받는 손금은?

소지 쪽 손목 부근에서 비스듬히 위로 뻗는 **'총애선'**은 윗사람들에게 예쁨을 받는 손금입니다. 이 선이 있으면 결혼 생활에도 도움이 돼요! 딱히 잘 보이려고 노력하는 것도 아닌데 왠지 모르게 집안 어르신들에게 귀여움을 받는 행운의 손금이니까요.

운명선이 얇은 사람은 자기주장을 별로 하지 않는다고 하는데, 결혼 후에는 그 개성이 빛을 발합니다. 주변에 맞추는 일이 그렇게 어렵지 않고, 그 덕분에 충족감을 얻을 수 있는 성격이라 누구에게나 배려심이 깊고 가까운 사람들에게도 친절합니다. 그런 성격이 배우자의 부모님들에게 좋게 비치는 것이겠지요.

짙은 결혼선이 2개 있는 경우

짙기도 길이도 완전히 똑같은 결혼선이 2개입니다. 마치 쌍둥이처럼 생긴 결혼선, 사실은 재혼을 하면 행복을 손에 넣는 경우가 많은 손금입니다.

제 경험으로 생긴 이미지이긴 하지만, 이 손금을 가진 분에게 물었더니 실제로 이혼을 경험했다고 하더군요. 그 후 **자신에게 딱 맞는 상대를 만나 재혼을 했고, 결혼 생활에 행복을 느낄 수 있게 되었다**고 하더군요.

최근에는 결혼을 인생에 한 번만 해야 한다고 고집하는 사람들이 적어지고 있지요. 그런 사회의 사정도 반영되어서 그런지 이 쌍둥이처럼 생긴 결혼선은 그렇게 드문 손금이 아닙니다.

하지만 이혼을 하려는 사람들에게도 높은 확률로 나타나기 때문에 조심해서 읽어야 합니다. 만약 그 사람이 결혼 생활에 깊이 고민하고 있다면 조심성이 없는 발언을 했을 때 상처를 받게 될 테니까요.

또한 본인은 결혼 생활에 만족하고 있는데도 쌍둥이 결혼선이 나타나기도 합니다. 이럴 때는 다른 결혼선이 연하게 나타나 있지 않은지 주의 깊게 살펴보세요. 다른 선이 있다면 의미가 달라져서 '덕질의 상'을 나타내니까요. 본인은 아이돌이나 배우 덕질 등 자신이 하고 싶은 일을 실컷 하기 때문에 '결혼이 인생의 전부는 아니다'라는 타입이지만, 결혼 상대가 하고 싶은 일을 자유롭게 시켜주는 사람이라면 오래 지속되는 좋은 결혼 생활이 될 수 있어요. 결혼선은 그때그때의 심경이 영향을 주기 때문에 무척 변화하기 쉬운 손금입니다. 그러니 쌍둥이 결혼선이 있어도 불안해하지 마세요. 손금은 스스로 바꿀 수 있습니다.

참고로 **소지와 가까운 쪽에서 위로 커브를 그리는 결혼선도 재혼을 하면 행복해지는 경우가 많은 손금**이라고 해요.

부모와 자식의 사이가 나빠도 인연은 강할 때가 있다

데릴사위 타입의 손금(227페이지)에서 이야기했듯이, 결혼을 해도 친정집과 인연이 깊은 손금에는 다음과 같은 3가지 특징이 있습니다.

①사슬 모양의 선이 있다 ②생명선의 종점(손목 쪽)이 금성구를 향한다 ③금성구에 격자무늬가 있다. 이 중 하나에 해당되는 경우, 친정집과의 물리적 심리적 거리를 가깝게 하면 운기가 상승합니다.

친정집 근처에 살거나 멀리 살더라도 매일 전화를 하거나 또는 친정집에 자주 가거나…. 그렇게 거리를 좁히세요.

만약 배우자나 자신의 부모 중 선택해서 근처에 살 수 있게 되었다면 고민 없이 자신의 부모를 선택하세요!

손금이 나타내는 부모와 자식의 관계에 대해 조금 더 이야기해 볼게요.

사슬 모양의 선은 '패밀리 링'이라고도 불리며 가족의 인연을 무척 소중히 여기는 선입니다. 이때 **부모와 자식의 관계가 꼭 원만하다고는 할 수 없어요.** 예를 들어 '독친(毒親)'이 있는 경우에도 사슬 모양의 선이 나타나기도 합니다. 이른바 '떼려야 뗄 수 없는 선'을 나타내는 경우도 많아요(이런 경우에 손금만 보고 '부모님이랑 사이가 좋네요'라고 말하면 상당히 포인트가 어긋난 조언이 될 우려가 있습니다).

또한 금성구에 격자무늬가 있으면 자신이 원하든 원하지 않든 집에서 중심적인 역할을 맡게 돼요. 제사 준비에 트러블 중재 등, 짚이는 일이 있었나요?

부모와 자식의 관계를 나타내는 손금은 복잡해서 얼핏 좋게 보이는 선에도 여러 가지 의미가 담겨 있습니다.

LESSON 8

· ◇

더 자세히 알고 싶다! 남의 손금을 봐 주고 싶다!

손금풀이 레슨 〔응용편〕

이제 여기부터는 응용편입니다! 이 장에서는 손이나 손톱 모양을 보는 방법부터
프로가 되고 싶은 분들이 지금부터 준비해야 할 일 등,
더 깊게 손금을 이해할 수 있는 방법을 가득 담았습니다.
그리고 유년법에 대해서도 해설할게요!
유년법만 가지고도 책 한 권을 쓸 수 있을 만큼 아주 깊은 세계이긴 하지만,
'최소 이것만은 알아야 한다!'라는 핵심을 쏙쏙 뽑아 이 책에 실었으니
가장 좋은 타이밍을 직접 읽어낼 수 있을 거예요.

손 모양으로 성격을 알 수 있다

손을 내미는 모습부터 손금풀이가 시작된다

손금풀이는 손바닥의 선이나 구의 의미를 읽어내는 것에 그 재미가 있지만, 프로들 대부분은 손의 모양도 자세히 관찰합니다.

손의 크기부터 모양, 손가락이나 손톱 모양, 손바닥 두께……

손의 모양에는 그 사람의 성격을 나타내는 다양한 정보가 나타나 있기 때문이지요.

사실 손을 내미는 모습부터 손금풀이가 시작된다고 합니다.

'손바닥을 보여주세요'라는 말을 듣고 어떤 식으로 손을 내밀었나요?

손가락을 벌렸나요? 아니면 붙였나요?

손을 내미는 모습으로 그 사람의 대외적인 마음을 알 수 있는데, 손금을 볼 때 첫인상을 결정하기 때문에 저는 무척 중요하게 생각합니다.

만약 자신의 손금 그리고 선이나 구가 나타내는 내용에 크게 납득이 가지 않는다면 손의 모양에도 눈을 돌려보세요.

특히 이제부터 **본인 말고 다른 사람의 손금도 봐 주고 싶다는 분들은 꼭 알아두면 좋을 포인트**입니다.

참고로 몸에 비해 손이 큰 사람은 섬세하고 다정하며 배려심이 있는 사람입니다. 무슨 일에든 신중한 면이 있지요.

반면, 손이 작은 사람은 사실 대담한 성격을 가졌으며 결단력이 뛰어나고 행동파입니다.

남을 잘 챙겨주지요. 겉보기와 정반대라 정말 재미있어요.

◇ 손을 내미는 모습과 성격 ◇

무의식중에 내민 손의 모양에 주목해서 살펴볼게요. 손을 내밀 때는 그때의 기분이
반영되는 경우도 많아서 손금풀이를 하기 전과 후에 다르게 내미는 사람도 있어요.

손가락을 벌린다

손의 특징
- 크게 보자기를 내는 듯한 모양
- 손가락이 하나하나 떨어져 있다

성격
많은 아이가 이런 식으로 손을 내밀어요. 즉, 동심을 잊어
버리지 않은 천진난만한 사람이지요. 마음먹었으면 곧장
행동하고, 누구와 있어도 잘해 나갈 수 있는 낙천적인 성
격을 가졌어요.

손가락을 가지런히 내민다

손의 특징
- 손가락이 딱 붙어 있다

성격
성실하고 휘어진 걸 싫어하며 예의범절이나 규칙을 중시
합니다. 성실하다는 말을 듣는 경우가 많을 텐데, 그건 좋
은 거예요! 일을 야무지게 하기에 사람들에게 신뢰를 얻
습니다.

손을 움츠리며 내민다

손의 특징
- 손끝을 살짝 구부렸다
- 조심스레 손을 내민다

성격
소극적이며 경계심이 살짝 강한 타입입니다. 그래서 타인
에게 마음을 열기까지 시간이 꽤 걸립니다. 차분하고 따
뜻한 세계를 만들 수 있는 사람이지만, 신념은 강하게 갖
고 있지요.

◇ 손의 모양으로 알 수 있는 것 ◇

손의 모양은 ①손바닥이 세로로 길고 손가락이 긴 타입(240페이지)과
②손바닥의 폭이 넓고 손가락이 짧은 타입(241페이지)으로 나눌 수 있어요.

손끝이 둥글고 부드러운 손

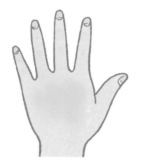

손의 특징

● 손 전체가 둥글둥글하고 통통하다
● 손가락은 얇고 손끝이 둥글다
● 손마디가 잘 보이지 않는다

성격

밝고 감정이 풍부합니다. 고독을 싫어하기 때문에 항상
밝고 즐거운 분위기를 원해서 외로움을 타는 반면, 금방
싫증을 내는 면이 있어요. 다른 사람과 기쁨이나 만족을
서로 나눌 수 있는 일에 어울립니다.

손끝이 뾰족하고 호리호리한 손

손의 특징

● 끝으로 갈수록 손가락이 가늘고 뾰족하다
● 전체적으로 부드럽고 두께가 얇다
● 고상하며 여성적이다

성격

우아하고 아름다운 세계를 사랑하는 로맨티스트입니다.
신경이 매우 예민해서 직감이나 발상이 날카롭습니다. 예
술이나 신비로운 것에서 재능을 발휘합니다. 사무나 장사
처럼 수지를 따지는 것을 싫어하는 경향이 있습니다.

세로로 길고 관절이 눈에 띄는 손

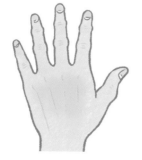

손의 특징

● 손가락의 관절이 눈에 띈다
● 살이 별로 없고 뼈가 두드러졌다
● 손바닥에 복잡한 주름이 있다

성격

지적 호기심이 왕성한 학자 타입입니다. 흥미 있는 분야
는 남들보다 열심히 연구하기 때문에 두뇌 노동에 어울립
니다. 사람에 대한 취향이 확고해서 마음을 연 사람에게
만 속내를 털어놓는 경향이 있습니다.

넓적하고 각진 손

● 전체적으로 각이 졌다 ● 넙적하고 크다
● 골격이 탄탄하다 ● 손바닥의 주름이 적다

성실하며 열정에 넘치는 사람입니다. 의욕적으로 일을 하는 노력파. 현실적이지만 살짝 융통성이 없는 면도 있습니다.

손가락 끝이 뭉뚝한 손

● 손끝의 폭이 넓다
● 뼈가 두껍고 단단하다

적극적이고 행동력이 있으며 이거다 싶으면 치고 나가는 코뿔소 타입입니다. 자신만의 스타일을 고수하기 때문에 특이하다는 말을 들으면 살짝 기뻐하는 타입이에요.

손가락이 굵고 거친 손

● 손 전체가 거칠다 ● 손바닥이 두텁다
● 손가락이 굵고 짧다

다정하며 힘이 센 타입입니다. 관대하고 낙천적이지만 감정 변화에 둔한 면이 있어서 무심해 보일 수도 있습니다. 일할 때는 끈기가 있어서 불평 한마디 없이 끝까지 해내는 사람입니다.

◇ 손톱 모양으로 알 수 있는 것 ◇

손톱 모양은 세로로 길수록 감수성이 풍부하고 내면을 중시하는 정신적 타입입니다.
폭이 넓고 짧을수록 객관성을 가진 현실적 타입이에요.

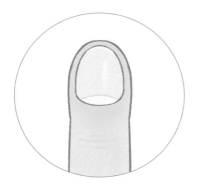

둥근 손톱

밝고 낙천적입니다. 사근사근하고 대인관계는 좋지만 넓고 얕게 사귀는 타입이에요. 새로운 환경에 바로 적응하는 유연성이나 대응력도 있지만, 일을 제대로 진행시키지 못하고 대충대충 하는 면을 갖고 있어요.

가늘고 긴 손톱

미적 감각이 뛰어나서 예술이나 문학, 정신세계에 강한 관심이 있습니다. 로맨티스트에 상상력도 뛰어나기 때문에 공상하는 것이 취미라는 사람도 있어요. 연애할 때는 이룰 수 없는 사랑에 애를 태우는 일도 많습니다. 또한 청결하며 완벽주의자가 되기 쉬운 면도 있어요.

각진 손톱

매사에 생각이 상식적이며 꼼꼼한 타입입니다. 성실하고 끈기가 있으며 한번 정한 일은 마지막까지 해내는 기질을 가졌어요. 반면, 고집은 있지만 일을 대충 끝내는 법이 없기에 신뢰를 얻는 타입입니다.

큰 손톱

자존심이 세고 자신감이 넘칩니다. 목소리가 크고 강인한 면도 있어요. 특히 의견을 강하게 주장하기도 하는데, 그 이유를 자세히 물어보면 자신의 마음에 성실하고 싶기 때문이라고 합니다. 그리고 악의는 없어서 주변 사람들과 의견 차이로 고민할 때가 있습니다.

작은 손톱

섬세해서 사소한 일에도 신경을 씁니다. 또한 사물을 객관적으로 보며 냉철하게 생각하는 이론파지만, 대외적으로는 온화하며 눈치를 보고 행동하기 때문에 주변 사람들에게 '좋은 사람'이라는 인식이 박히기 쉬워요.

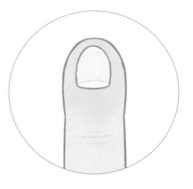

폭이 넓은 손톱

자신의 감정에 솔직하며 마음먹은 일을 곧장 실행으로 옮기는 마음 착한 챌린저입니다. 행동력이 있는 반면 거절하지 못하고 일을 다 수락해서 과부하가 오는 등, 가끔 충동적으로 움직이는 바람에 살짝 실패하는 경우도 있어요. 성미가 급하고 냄비 근성도 갖고 있습니다.

삼각형 손톱

독자적인 감각이나 안테나를 가졌으며 유행을 제일 먼저 파악하는 아이디어 부자입니다. 타인의 감정에도 민감해요. 섬세한 감각을 가졌기 때문에 정신적으로나 육체적으로 지치기 쉬운 면도 있어요. 삼각형의 방향이 아래쪽이든 위쪽이든 다 똑같습니다.

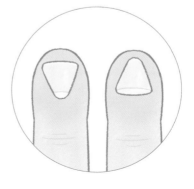

생명선과 운명선으로 유년법 보는 방법

∙∙

생명선과 운명선으로 단순하게 유년 보기

유년법은 결혼선이나 두뇌선, 감정선으로도 보는 경우가 있습니다. 하지만 이 책에서는 더 단순하고 폭넓게 쓸 수 있는 방법을 소개할게요. 생명선과 운명선만 보면 됩니다. 그 선 위에서 다음 선이나 문양이 어디에 있는지 주목하세요.

생명선으로 보는 선 = 개운선, 노력선, 연애선
운명선으로 보는 선과 문양 = 운명선 자체의 변화, 장애선, 섬

생명선에서 수직으로 뻗는 개운선은 온갖 인생의 전환기와 관련되며 노력해 온 것이 결실을 맺는 시기에 나타납니다. 그래서 취업이나 결혼, 창업과 독립 등 라이프 이벤트는 개운선이 나타난 타이밍을 노려서 시작하면 수월하게 풀리고 성공하기 쉽습니다. 개운선은 말 그대로 운이 열리는 타이밍을 알려주는 선이거든요. 반면, 노력선은 '시련이 찾아오는 시기'에 나타납니다. 예를 들어 고부 관계가 틀어지거나 직장에서 외톨이가 되는 등 힘든 국면에서 나타나요.

하지만 이 **노력선도 틀림없이 '좋은 선'**입니다. 노력선이라는 말대로 그 시련을 극복하면 크게 성장하고 운이 더 좋아지기 때문이지요.

새로운 일을 시작할 타이밍이 고민된다면 **개운선이 나오는 시기를 체크하고, 없으면 노력선이 나온 시기를 노려서 행동**하는 것을 추천합니다(연애선에 대해서는 249, 250페이지에서 자세히 소개할게요).

◇ 생명선의 유년법이란 ◇

생명선 위에서 나타난 개운선과 노력선은 취업, 결혼, 창업 등
인생의 메인 이벤트를 열기에 좋은 시기를 가르쳐 줍니다.
연인과 언제 만나고 언제 결혼하는지는 연애선이 생명선을 가로지르는 위치로 봅니다.

※나이 계산법은 52페이지를 참조하세요. 그림은 예시입니다.

연애선은 생명선을 가로지른다

생명선을 비스듬히 가로지르며 소지를
향하는 것이 연애선입니다. 예를 들어
그림의 경우는 25세, 34세 지점을 가로
지르는데, 이 시기에 좋은 연인과 만남
이 있을 것을 암시합니다.

24, 30, 39세 위치에서
개운선

개운선의 특징은
수직으로 뻗는다
는 것. 참고로 70
세 지점부터는 여
행선이 나왔네요.

21, 58세
위치에서 노력선

노력선은 검지를 향
해 뻗는다는 특징이
있어요.

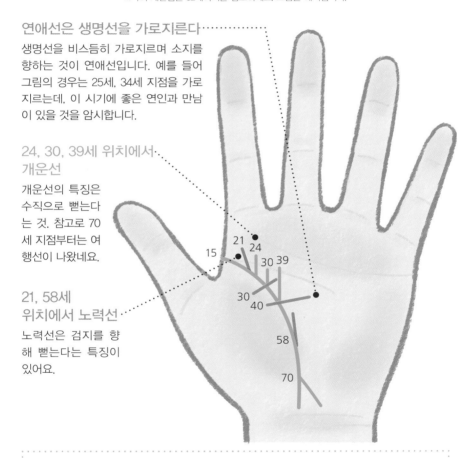

개운선과 노력선에는 어떤 차이가 있을까요? 예를 들어 개운선이 나타났을 때 결혼하면
결혼 후에도 부부 사이가 원만합니다. 하지만 노력선이 나타났을 때 결혼을 하려고 하면
누군가의 반대에 부딪히거나 결혼 후에 배우자가 갑자기 전근을 가는 등 어떤 시련이 다
가오는 경우가 있습니다. 결국 행복해진다는 목표는 똑같지만, 중간에 시련이 있는지 없는
지의 차이라고 이해하면 알기 쉬울 거예요.

장애선만 체크해 두자

운명선의 유년법은 장애선의 존재가 열쇠

운명선의 유년법은 먼저 운명선 자체를 봅니다. 선이 **교체가 되었거나 공백이 있으면 그 위치가 나타내는 연령일 때 경력의 전환기가 있을 가능성**을 의미하니까요.

다음으로 장애선이 있는지 살펴봅니다. 장애선은 주요 선을 가로질러 **선의 의미를 약하게 만들고 운기의 흐름에 스톱을 거는 작용**을 합니다. 두뇌선을 가로지르면 판단을 주저하게 되고, 생명선을 가로지르면 몸 상태가 안 좋아지는 식으로 말이에요.

그중에서도 제가 일상생활에 가장 영향을 준다고 생각하는 것이 운명선 위에 나타나는 장애선입니다. 직업운이나 회사운 등과 관련이 있어서 그런지 종합적으로 운기가 떨어지는 듯한 마음이 들어요. 섬에도 비슷한 작용이 있습니다.

유년법에서는 선에 있는 사인이 몇 살쯤 일어나는지 알 수 있기 때문에 미래를 점치는 것이라고 생각하는 분들이 많을 수도 있는데, 사실 과거를 알아내서 현재를 버텨내기 위해 점치는 것이기도 합니다.

전에 이직을 했는데, 잘 안 풀린다는 상담을 받은 적이 있어요. 그분의 손바닥을 봤더니 이직한 해에 노력선이 나타나 있더라고요! 그래서 '지금은 잘 안 풀릴지도 모르지만 조금만 더 노력하면 나중에 큰 재산이 될 거예요'라고 얘기했어요. 결과적으로 그분은 지금도 같은 직장에서 열심히 일하고 계십니다. **유년법에는 과거를 알아내서 현재의 불안을 없애는 작용**이 있답니다.

◇ 운명선의 유년법이란 ◇

운명선의 유년법에서는 경력의 전환이나 중단, 정체 등 주로 주의 환기가
필요한 시기를 알 수 있습니다. '이대로 가면 이렇게 된다'라는 사인이기 때문에
미리 준비하여 대응하세요.

※나이 계산법은 52페이지를 참조하세요. 그림은 예시입니다.

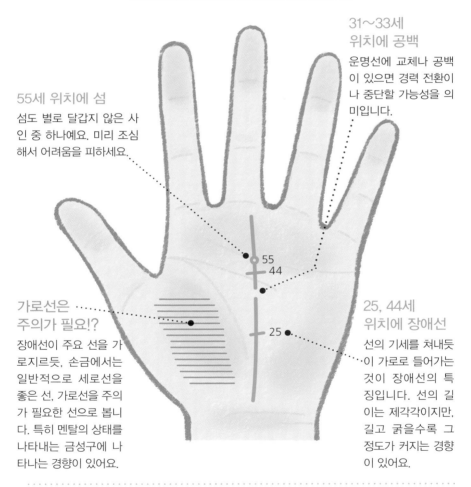

**31~33세
위치에 공백**

운명선에 교체나 공백
이 있으면 경력 전환이
나 중단할 가능성을 의
미입니다.

55세 위치에 섬

섬도 별로 달갑지 않은 사
인 중 하나예요. 미리 조심
해서 어려움을 피하세요.

55
44
25

**가로선은
주의가 필요!?**

장애선이 주요 선을 가
로지르듯, 손금에서는
일반적으로 세로선을
좋은 선, 가로선을 주의
가 필요한 선으로 봅니
다. 특히 멘탈의 상태를
나타내는 금성구에 나
타나는 경향이 있어요.

**25, 44세
위치에 장애선**

선의 기세를 쳐내듯
이 가로로 들어가는
것이 장애선의 특
징입니다. 선의 길
이는 제각각이지만,
길고 굵을수록 그
정도가 커지는 경향
이 있어요.

유년법은 프로들도 읽어내기가 어려운 주제입니다. 우선 기본적인 사고법을 알고, 되도록
많은 사람의 손금을 관찰하면서 이해하는 것을 추천합니다.

직업 이직이나 창업, 출세 시기 알기

솔로몬 링이 있으면 출세 찬스!
이직이나 창업을 한 끝에 크게 성공할 수 있다는 것을 암시합니다.

30~33세에 개운선
개운선은 꼭 일과 관련된 것은 아니지만, 운명선과의 관계를 보고 이직이나 창업하기에 좋은 시기로 읽어냅니다.

운명선이 교체되다
운명선이 겹치는 부분은 고민하는 시기입니다. 30~33세쯤 직업적으로 고민했다는 사실을 알 수 있어요. 33세 전후와 50세 전후로 두 번, 경력에 큰 전환이 있을 것으로 예상됩니다.

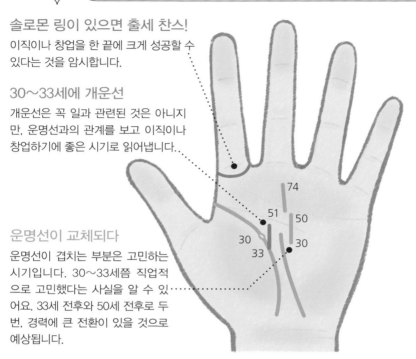

◇ 운명선 × 개운선으로 보기

이직이나 창업 등의 큰 변화는 먼저 생명선의 유년을 봅니다. 그림 같은 경우는 ①생명선의 30~33세 위치에 섬(고민)이 있고, 그 후에 **개운선이 뻗어 있으므로**, 이 부분이 하나의 타이밍입니다.

②그리고 **운명선이 교체**되는 부분에 주목하세요. 이 변화는 경력이 바뀌는 것을 의미하며, 이직도 그 가능성 중 하나입니다.

그래서 ①과 ②를 통틀어 33세쯤이 이직을 하기에 가장 좋은 타이밍이라는 결론이 나왔습니다. 창업이나 부업 역시 새로운 일을 시작하는 것이니 경력이 바뀌는 것이나 마찬가지이고, 그런 것까지 합쳐서 직업운 등을 보게 되면 정확도가 높아집니다.

배우자가 생기는 시기 알기

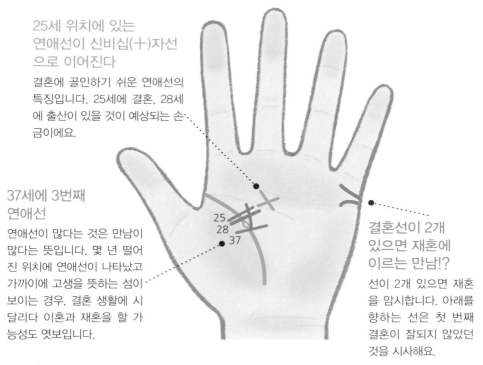

**25세 위치에 있는
연애선이 신비십(十)자선
으로 이어진다**

결혼에 골인하기 쉬운 연애선의
특징입니다. 25세에 결혼, 28세
에 출산이 있을 것이 예상되는 손
금이에요.

**37세에 3번째
연애선**

연애선이 많다는 것은 만남이
많다는 뜻입니다. 몇 년 떨어
진 위치에 연애선이 나타났고
가까이에 고생을 뜻하는 섬이
보이는 경우, 결혼 생활에 시
달리다 이혼과 재혼을 할 가
능성도 엿보입니다.

25
28
37

**결혼선이 2개
있으면 재혼에
이르는 만남!?**

선이 2개 있으면 재혼
을 암시합니다. 아래를
향하는 선은 첫 번째
결혼이 잘되지 않았던
것을 시사해요.

◇ 연애선이 어떻게 들어가 있는지를 주목

연애선은 그 자체에 연애운을 상승시키는 작용이 있습니다. 따라서 선
이 보이기만 해도 일단 행운이에요! 게다가 **선이 길수록 좋은 만남의 예감**
을 의미해요. 연애선이 감정선에 가깝다면 길다고 봐도 좋습니다.

위의 그림은 37세 연애선 위에 노력선(녹색)이 겹쳐 있습니다. 앞에서
말했듯이 노력선은 시련 끝에 결국에는 행복이 기다리는 선이에요. 그리
고 **연애선이 뻗어 나가 신비십자선으로 이어져 있는 것**을 보면, 좋은 만남
후에 더 좋은 선으로 발전하기 때문에 결혼에 골인하는 만남으로 읽어낼
수 있어요.

결혼) 결혼에 가장 적절한 시기 알기

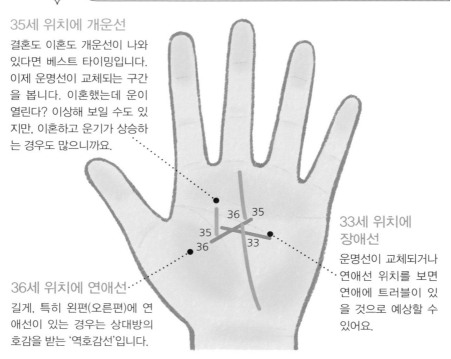

35세 위치에 개운선

결혼도 이혼도 개운선이 나와 있다면 베스트 타이밍입니다. 이제 운명선이 교체되는 구간을 봅니다. 이혼했는데 운이 열린다? 이상해 보일 수도 있지만, 이혼하고 운기가 상승하는 경우도 많으니까요.

33세 위치에 장애선

운명선이 교체되거나 연애선 위치를 보면 연애에 트러블이 있을 것으로 예상할 수 있어요.

36세 위치에 연애선

길게, 특히 왼편(오른편)에 연애선이 있는 경우는 상대방의 호감을 받는 '역호감선'입니다.

◇ 개운선=결혼에 가장 적절한 시기

기혼자의 손금을 보면 **결혼한 해에 연애선이 나 있는 경우가 많아요.** 그래서 제가 손금을 풀이할 때는 연애의 전환기를 알기 위해 연애선과 생명선의 위치 관계를 중시합니다. 기본적으로 결혼에 가장 적절한 시기는 개운선이 나왔을 때로 보면 돼요. 그림에서는 재혼한 케이스를 소개할게요.

①36세 위치에 있는 연애선과 운명선이 교체되는 것을 보면 **연애 면에서 전환기를 맞았다**는 사실을 알 수 있습니다. 그러면 ②33세 위치에 있는 장애선은 연애 트러블일 가능성이 크지요. 따라서 ①②를 종합하면 35세에 이혼, 36세에 재혼했다는 사실을 엿볼 수 있어요.

이사를 하거나 집을 짓기 좋은 시기는?

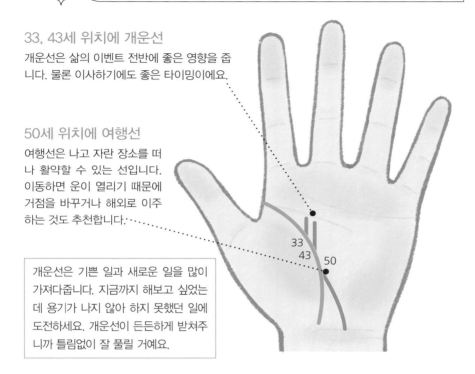

33, 43세 위치에 개운선
개운선은 삶의 이벤트 전반에 좋은 영향을 줍니다. 물론 이사하기에도 좋은 타이밍이에요.

50세 위치에 여행선
여행선은 나고 자란 장소를 떠나 활약할 수 있는 선입니다. 이동하면 운이 열리기 때문에 거점을 바꾸거나 해외로 이주하는 것도 추천합니다.

개운선은 기쁜 일과 새로운 일을 많이 가져다줍니다. 지금까지 해보고 싶었는데 용기가 나지 않아 하지 못했던 일에 도전하세요. 개운선이 든든하게 받쳐주니까 틀림없이 잘 풀릴 거예요.

◇ 개운선이나 여행선이 있을까?

　개운선은 온갖 삶의 이벤트에 좋은 영향을 줍니다. **개운선이 나타난 시기를 노려서** 이사를 하거나 집을 지어도 좋을 거예요. 개운선이 나타난 시기에 이사를 결심하든 실제로 이사를 하든 개운선의 영향력은 바뀌지 않아요. 선을 믿고 움직이면 괜찮습니다!

　새삼스럽지만 '유년'이란 1년마다 찾아오는 연운(年運)을 말하는데, 유년법으로 그 흐름을 알 수 있어요. 저희는 운기의 흐름을 읽거든요. 참고로 이중 생명선이 있다면 개운선이나 노력선(향상선)이 나 있는 쪽이 메인 생명선입니다.

생명선만 가지고 나쁜 징조를 알 수 있다

···

손금이 던지는 조언 캐치하기

손금을 보면 그 사람의 건강 상태를 알 수 있다고 합니다. 하지만 손금에 **몸이 좋지 않다는 사인이나 병의 징후가 나왔다고 해서 반드시 병에 걸리는 것은 아니**라는 사실을 미리 말해두고 싶어요. 오히려 '몸에 조금만 더 신경을 쓰자'라거나 '요즘 휴식이 부족한 거 아니야?'라는 사인을 보내는 것이니 그걸 캐치해서 아직 병이 가벼울 때 대처하면 건강 트러블을 면하는 경우가 많다고 보면 돼요.

살아가는 에너지와 기력은 생명선에 나타나는데, **체력적인 에너지를 알려면 금성구**를 봅니다. 이 부분이 봉긋 솟아 있으면 생명력이 넘치는 타입이에요. **손바닥 전체가 두꺼운 사람**도 마찬가지로 생명력이 있습니다.

엄지와 생명선의 사이가 넓은 사람은 건강 복이 타고난 사람이에요. 어떻게 그렇게 단정 지을 수 있냐고요? 일반적으로 손금은 변하고 나이가 들면서 선도 늘어나는데, 이 폭의 넓이는 태어났을 때부터 변하지 않기 때문이에요.

이렇게 건강 상태는 주로 생명선에 나타나는데, 어디가 안 좋은지는 손바닥 전체에도 나타납니다. 구들은 각 기관과 연결이 되어 있는데, 예를 들어 위(胃)가 나빠지면 소화기(消化器) 계열을 담당하는 지구(地丘)에 섬 같은 문양이 나타나요.

◇ 손바닥의 구는 기관과 연결되어 있다 ◇

아래 일러스트처럼 각각의 구와 체내 기관은 연결되어 있어요.
섬 등의 문양이 나타났다면 그 부위의 건강 상태를 체크하세요.

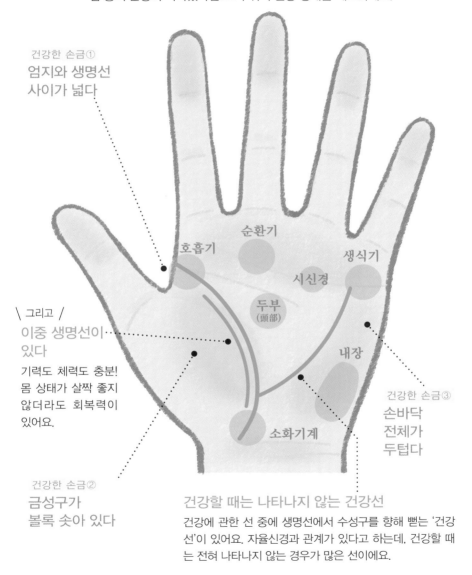

건강한 손금①
엄지와 생명선
사이가 넓다

순환기

호흡기

생식기

시신경

두부
(頭部)

그리고
이중 생명선이
있다

기력도 체력도 충분!
몸 상태가 살짝 좋지
않더라도 회복력이
있어요.

내장

건강한 손금③
손바닥
전체가
두텁다

소화기계

건강한 손금②
금성구가
볼록 솟아 있다

건강할 때는 나타나지 않는 건강선

건강에 관한 선 중에 생명선에서 수성구를 향해 뻗는 '건강
선'이 있어요. 자율신경과 관계가 있다고 하는데, 건강할 때
는 전혀 나타나지 않는 경우가 많은 선이에요.

※손금에 관한 정보는 수상학(手相學)을 기초로 한 것이지 의학적 근거가 있는 것은 아닙니다.
　손금풀이를 할 때 일반적으로 하는 해석이니 건강에 관한 걱정과 의문점이 있다면 의사나 의료 기관에 상담할 것을 추천합니다.

손금에 나타나는 몸의 상태

1
이중 생명선이 있다면 너무 무리하지 않도록 주의

이 손금을 가진 사람은 원래 많이 노력하는 사람입니다. 남들보다 2배의 생명력이나 집중력이 있는 한편, 남들보다 2배 더 무리하기 쉬워요. 본인도 모르는 새에 한계를 넘을 수도 있으니 여유를 가지도록 하세요.

2
금성구에 자잘한 선이 많으면 스트레스가 쌓이기 쉽다

금성구에 자잘한 선이 많은 사람은 섬세해서 남들에게 어떻게 보이는지를 신경 씁니다. 그리고 두뇌선에 섬이 있으면 정신적으로 힘이 든다는 징조예요. 고민을 끌어안기 쉬운 상태라는 걸 자각하세요.

3
열린 타입의 두뇌선이 있다면 과식을 주의

생명선과 두뇌선 사이가 넓은 손금은 제로섬 사고에 빠지기 쉬워요. 생활 리듬이 조금이라도 무너지면 '이 지경이 됐는데 될 대로 돼라'라며 더 흐트러지고, 결국에는 과식하는 경향이 있어요.

4
월구에 가로선이 들어가면 소화계에 피로가

월구에 들어간 가로선은 장애선이라고 불리며 심신에 피로가 쌓여 있다는 사인이에요. 특히 간 등의 소화기 계열에 부담이 있다는 걸 의미해요. 선이 점점 짙어진다면 주의가 필요합니다. 진찰을 받아 보세요.

5
건강선이 흐트러져 있다면 호흡계에 주의

건강선에 사슬이나 섬 같은 장애 문양이 나타나진 않았나요? 사실 건강선에 호흡계가 약하다는 사인이 나오는 경우도 많아요. 집 먼지 등의 알레르기에도 주의하세요.

6
월구의 잔주름이 있다면 내장 피로에 따른 피부 트러블

월구는 내장의 건강 상태를 나타냅니다. 여기에 잔주름이 늘었다면 불규칙한 생활과 건강을 신경 쓰지 않는 행동 때문에 내장이 지쳐 있다는 사인이에요. 피부와 내장은 이어져 있다고 하잖아요. 내장을 돌보도록 하세요.

7
약지 아래의 감정선에 섬이 나타났다면 지친 눈을 관리

약지 아래쪽 감정선에 섬이 나타났다면 눈이 피로하다는 사인이에요. 눈동자에 피로가 생기면 바로 알아채는 사람들은 많을 테니 섬을 발견했다면 평소보다 눈을 쉬게 해주세요. 왼손에는 오른쪽 눈, 오른손에는 왼쪽 눈의 상태가 나타나요.

8
소지 아래의 감정선에 섬이 나타났다면 부인과 계통에 주의

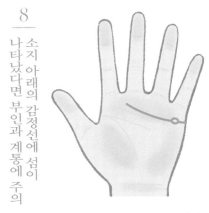

부인과 계통은 감정선으로 봅니다. 소지 아래쪽 위치에 섬이 나타났다면 부인과 질환에 주의하세요. 만약 생리통이 심할 때는 일단 진찰을 받아보는 것을 추천합니다.

손금풀이의 프로가 되고 싶은 사람이 지금부터 할 수 있는 7가지

······································

독자 여러분 중에는 장래에 손금 감정 일을 해보고 싶은 분들도 계시겠지요. 그래서 프로 손금풀이가 되기 위해 지금부터 할 수 있는 7가지 포인트를 정리해 봤습니다.

① 목표는 일단 100명! 되도록 손금을 많이 보기

당연한 방법이지만 손금을 많이 보는 것이 무엇보다 중요합니다. 손금은 별자리와 무척 닮았어요. 아는 선이나 본 적 있는 선을 찾아내면, 그걸 중심으로 다른 선도 서서히 떠올라서 보이게 되니까요.

그렇게 **'아는 선'을 찾으려면 손금을 많이 봐야 합니다.** 보면 볼수록 데이터가 쌓여서 자신만의 공통점을 찾아낼 수 있어요. 그리고 상대와 이런저런 이야기를 나누면서 손금과 성질을 연결합니다.

처음에는 100명을 목표로 삼으세요. 그런데 누구에게 부탁해야 좋을지 모르겠다고요? 일단 가족이나 친구부터 시작합니다. 저는 선이 진한지 연한지 구분해낼 때까지 대충 100명, 유년법이 잘 맞는다는 이야기를 듣기까지 500명을 넘게 봤어요(참고로 구는 조금 쉬워서 10명 정도 보면 감이 잡힐 거예요).

그때 중요한 것은 **소액이라도 좋으니 반드시 돈을 받을 것**. 그러면 프로로서 자각을 하게 될 테니까요.

2 시간을 정해서 보는 연습하기

프로로서 활동한다면 정해진 시간 내에 손금을 보는 연습이 반드시 필요하지요. 그러려면 일정 시간을 정해서 감정하는 훈련을 해야 합니다.

예를 들어 30분 동안 보기로 했다면, 실제로 15분은 기본선, 나머지 시간에는 그 이외의 중요한 선을 보도록 하는 거예요. **기본선인 4개의 선에는 많은 것이 담겨 있기 때문에 자연스레 시간을 많이 들일 수밖에 없어요.**

이렇게 시간을 정해 놓으면 속으로 우선순위를 정하니까 점치고 싶은 선이나 하고 싶은 말이 떠올라요. 물론 상대방이 '연애운을 봐 주세요'라고 주문한다면 그걸 우선으로 보는 게 좋고요. 저는 막 시작했을 때는 타이머를 10분으로 세팅하고 손금을 봤어요. 익숙해지면서 점점 시간을 늘려가는 것을 추천합니다.

3 이거다 싶은 책을 한 권 정해서 철저하게 읽기

프로로서 활동하려면 손금의 기본을 알 수 있는 책을 한 권 고르고, 너덜너덜해질 때까지 반복해서 읽으며 흡수하는 것을 추천합니다. 다양한 '손금책'에 손이 가겠지만, 그러면 **중심이 흔들려서 자신만의 방법을 확립하기가 어려워져요.** 기초가 잡히지 않은 상태에서 응용에만 정신이 팔리게 될 수도 있고요.

그럼 어떤 책을 고를까요? 딱 보고 이거다 싶은 책을 고르면 됩니다. 어떤 책을 읽든지 다 장점이 있어요. 사실 손금에 대해 어느 정도 알게 된 다음에 다른 책을 읽었더니, 결국 하고 싶은 말은 모두 같다는 사실을 깨달았어요(참고로 저는 열여덟 때 손금 동아리의 부장님이 추천한 니시타니 하야토 선생의《적중 손금술》을 교과서 삼아 열심히 공부했지요).

이렇게 배운 것을 바탕에 깔아두고 수행을 거듭한다는 마음가짐으로 한 사람 한 사람 진지하게 해석합니다. 모르는 선이 나왔을 때는 절호의 기회예요. 손님의 이야기를 듣기도 하고 이것저것 찾아보면서 어떤 의미를 지니는지 파악하는 거예요. 그리고 **꼭 책에 메모해 둘 것**입니다. 그렇게 하면 자신만의 오리지널 손금풀이가 확립될 거예요.

4 손금으로 상대방에게 필요한 메시지를 읽어내는 방법

손금은 별자리와 비슷하다고 앞서 이야기했지요.

밤하늘을 보며 눈에 띄는 별을 기준으로 별자리를 찾듯이, 손금도 **잘 아는 기본선부터 보면 손금 주인에 대한 감정 방침이 정해져요**. 또한 기본선 말고 다른 특징적인 선이나 문양을 발견하면, 손금 주인의 고민에 더 잘 맞는 점을 칠 수 있어요.

특히 중요한 선은 대화를 나누고 고민을 들으면서 점점 떠오르기도 합니다. 럭키 M선처럼 눈에 띄는 선으로 의식이 가기 마련인데, 대체적으로는 일단 기본선이나 손금의 구를 중요하게 생각하고 손금 주인의 성격이나 직업적 상황을 보세요. 기본선은 얼핏 평범하게 보이지만, 거기에는 중요한 의미가 있어요.

참고로 많은 분의 고민은 건강 이외에는 대부분이 인간관계로 정리됩니다. 직업도 결국 직장 내 인간관계와 관련이 있고, 돈을 버는 것 이상으로 인간관계는 얽힐 수밖에 없는 것이라서 금전운도 그렇고 가족도 모두 인간관계예요. 그러니까 기본적으로는 **인간관계에 얽힌 부분을 주의 깊게 보면** 좋을 거예요.

처음에 '무엇을 알고 싶나요?'라고 살짝 물어보면 손금도 더 보기 편하고 대화의 물꼬도 틀 수 있어요.

5 손님의 기분이 좋아지는 화법에 주의 기울이기

손금으로 메시지를 읽어낸 후에 어떤 식으로 말을 전할지도 중요한 포인트입니다. 좋은 손금을 가져서 '그걸 믿고 더 열심히 노력하면 운이 더 올라갈 수 있어요'라고 말을 전하면, 손님의 마음도 좋아지겠지요.

일반적으로 나쁜 쪽으로 분류되는 손금은 특히 주의가 필요합니다. 저는 **긍정적으로도 받아들일 수 있는 뉘앙스로 이야기하도록** 신경 쓰고 있습니다.

나쁜 손금은 아니지만, 예를 들어 생명선과 두뇌선의 시작점이 붙어 있는 '닫힌 타입'은 '돌다리도 두드리고 건너는 손금'이에요. 꾸준히 착실하게 이어 나가는 능력이나 행동을 일으키기 전에 리스크가 없는지 세세하게 따져보는 능력 등 다양한 의미가 있는데, '생각만 하다가 행동은 뒷전이 되어 기회를 놓치는 손금'이라고 적힌 책도 봤어요.

이런 경우 저라면 '리스크를 회피하는 능력이 있다'라는 부분에 주안점을 두고 얘기할 것 같아요.

그러면 재앙을 포착하고 회피할 수 있으니까 최악의 사태로 흐르기는 어렵다는 식으로 말하는 것이지요. 그러면 상대가 '좋은 결과'라고 받아들일 수 있으니까요.

안 좋은 이야기는 되도록 입에 담지 말자는 게 제 신조예요. **말이 씨가 된다고 했듯이, 입 밖으로 꺼내면 저주가 될지도 모르잖아요.** 그렇게 되지 않도록 최대한 긍정적인 면을 전달하려고 합니다.

그래도 부정적인 면을 조금 덧붙이면 감정 결과가 더 깊어지는 결과를 낳을 수도 있어요. 어떤 사람들은 좋은 말만 해주면 믿지 못하기도 하니까요.

그럴 때는 예를 들어 '금성구에 잔주름이 있는 걸 보니 상처를 잘 받는 분이네요. 하지만 사소한 배려를 할 줄 아는 분이라 세심한 서비스를 제공할 수 있어요'라는 식으로 부정적인 면을 들면서 긍정적인 관점까지 같이 얘기하는 걸 추천합니다.

6 손금 주인의 고민을 들으며 감정하기

손금풀이를 할 때는 손금 주인의 이야기에 귀를 기울이는 것이 무척 중요합니다.

감정을 시작하면 결과를 전하느라 전문가의 말이 많아지기 마련인데, 손금 주인의 이야기를 끊지 말고 들어줘야 한다는 걸 잊지 마세요.

왜냐면 손금 주인에게 **'내 이야기를 속 시원하게 전부 털어놨다'라는 생각이 드는 것만큼 만족스러운 것도 없잖아요.** 저는 '감정 결과는 이렇게 나왔는데, 혹시 이런 면이 있었나요?'라는 식으로 가끔 질문을 넣도록 하고 있어요.

손금을 풀이하며 건네는 조언은 인생 상담에 가깝다는 느낌이 들 때가 많습니다.

손금을 보고 풀이한 결과를 얘기하면 손금 주인이 '맞다'라고 해서 답안지를 확인하는 것이 아니라, 마주보고 꼼꼼하게 이야기를 듣고 고민이 해결되도록 감정 결과를 전하는 것이 중요하다고 생각해요.

그리고 감정을 할 때는 처음에 가벼운 어투로 고민을 물어봐서 손금 주인이 꼭 알고 싶은 내용을 미리 파악하도록 하고 있어요. 처음 만난 사람은 아직 신뢰 관계가 생기지 않은 상태에서 미주알고주알 다 털어놓지 않지만, 30분 정도 얘기를 나누다 보면 '실은…'이라며 이야기를 꺼내게 되는 경우가 많더라고요.

7 손금과 관련된 자격 따기

저 같은 경우는 손금을 독학으로 시작했지만, 지금은 손금 리딩 어드바이저라는 자격을 땄어요. 프로로서 활동하고 싶다면 손금에 관한 자격을 하나 따 보는 것도 좋을 것 같아요. 자격증에는 손금리딩마스터®, 손금전문가, 일본 손금능력검정 등이 있어요.

자격을 따면 명함에 넣을 수도 있으니까 자신감을 갖고 감정할 수 있지요. 명함을 만들면 **프로 손금풀이로서 더 많은 기회가 찾아올 거라고** 믿거든요.

권말부록

·································· ◇

그 사람의 손금풀이 감정서

마지막 장에서는 제가 평소에 손금풀이를 하면서
정리하는 감정서를 지면으로 공개하겠습니다!
페이지 사정상 10명의 손금을 소개할 텐데,
이것만 봐도 다양한 사람 수만큼 개성이 풍부한 손금이
이렇게 많다는 걸 느낄 수 있을 거예요.
이 감정서를 정리하는 작업은
저에게 무척 즐거운 일 중 하나랍니다.

※각 감정서는 본인에게 허가를 받아 게재했습니다.
※실제 감정서를 실었기 때문에 보기 어려운 부분이 있을 수도 있어요. 양해 부탁드립니다.

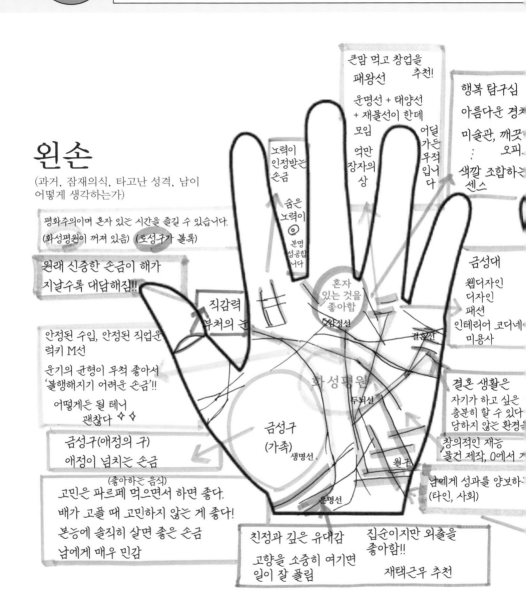

왼손

(과거, 잠재의식, 타고난 성격, 남이
어떻게 생각하는가)

평화주의이며 혼자 있는 시간을 즐길 수 있습니다.
(화성평원이 꺼져 있음) (토성구가 볼록)

원래 신중한 손금이 해가
지날수록 대담해짐!!

안정된 수입, 안정된 직업운
럭키 M선

운기의 균형이 무척 좋아서
'불행해지기 어려운 손금'!!

어떻게든 될 테니
괜찮다 ◇◇

금성구(애정의 구)
애정이 넘치는 손금

(좋아하는 음식)
고민은 파르페 먹으면서 하면 좋다.
배가 고플 때 고민하지 않는 게 좋다!
본능에 솔직히 살면 좋은 손금
남에게 매우 민감

직감력
부처의 손

노력이
인정받는
손금

숨은
노력이
◎

본명
성공합
니다

혼자
있는 것을
좋아함

감정선

큰맘 먹고 창업을
추천!
패왕선

운명선 + 태양선
+ 재물선이 한데
모임

억만
장자의
상

어딜
가든
무적
입니
다

결혼선

화성평원

두뇌선

금성구
(가족)

생명선

월구

운명선

행복 탐구심

아름다운 경치

미술관, 깨끗
:
오피.

색깔 조합하는
센스

금성대

웹디자인
디자인
패션
인테리어 코디네
미용사

결혼 생활은
자기가 하고 싶은
충분히 할 수 있다
당하지 않는 환경

창의적인 재능
물건 제작, 0에서

남에게 성과를 양보하
(타인, 사회)

친정과 깊은 유대감

고향을 소중히 여기면
일이 잘 풀림

집순이지만 외출을
좋아함!!

재택근무 추천

기 때문이지요. 금성대도 오른손에 선명하게 나타나서 미적 감각이 높아진 것을 나타냅니다. 왼손에 뚜렷한 패왕선, 다른 이름으로 '억만장자의 상'이 있고 오른손에 부업을 추천하는 끝이 퍼진 금전운의 선이 나와 있어 본업+부업으로 성공할 손금입니다.

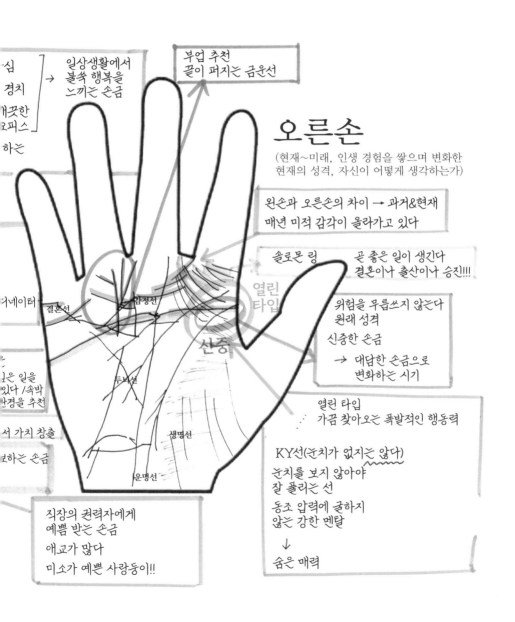

심
경치
깨끗한
원피스
하는

일상생활에서
불쑥 행복을
느끼는 손금

부업 추천
끝이 퍼지는 금운선

오른손
(현재~미래, 인생 경험을 쌓으며 변화한
현재의 성격, 자신이 어떻게 생각하는가)

왼손과 오른손의 차이 → 과거&현재
매년 미적 감각이 올라가고 있다

솔로몬 링

곧 좋은 일이 생긴다
결혼이나 출산이나 승진!!!

위험을 무릅쓰지 않는다
원래 성격
신중한 손금
→ 대담한 손금으로
변화하는 시기

터네이터

결혼선

감정선

열린
타입

선충

은 일을
있다 /속박
환경을 추천

두뇌선

생명선

서 가치 창출

하는 손금

운명선

열린 타입
가끔 찾아오는 폭발적인 행동력

KY선(눈치가 없지는 않다)
눈치를 보지 않아야
잘 풀리는 선
동조 압력에 굴하지
않는 강한 멘탈
↓
숨은 매력

직장의 권력자에게
예쁨 받는 손금
애교가 많다
미소가 예쁜 사랑둥이!!

50세 여성
양손에 럭키 M선이 있어서 운기의 균형이 좋은 손금입니다. 특히 수입이 안정되기 쉽습니다. 왼손의 이중 생명선이 체력적으로 터프함을 나타내고, 그밖에 스퀘어나

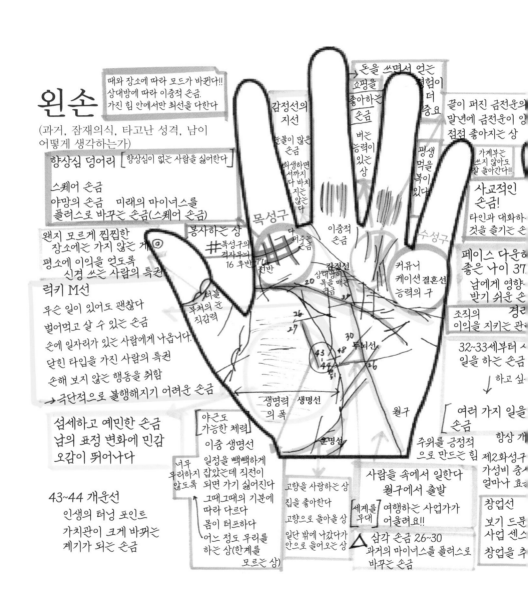

양손의 목성구에 야망을 나타내는 선이 있어 이를 종합하면 상당한 노력파로 보입니다. 오른손의 두 뇌선이 제2화성구를 향해 뻗어 있으므로 회사에서는 조직의 이익을 지키는 관리직 역할을 기대할 거예요. 35세와 40세에 연애선, 43세에 개운선이 나와 있습니다.

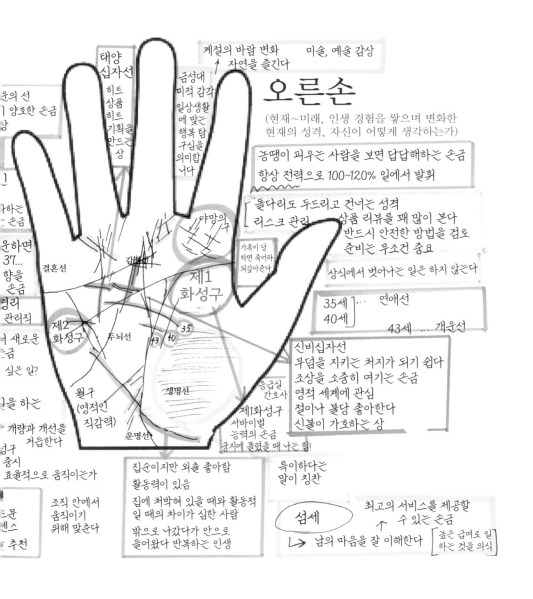

태양 십자선

히트 상품 히트 기획을 만드는 상

계절의 바람 변화
자연을 즐긴다

미술, 예술 감상

금성대
미적 감각
일상생활에 맞는 행복 탐구심을 의미합니다

오른손

(현재~미래, 인생 경험을 쌓으며 변화한 현재의 성격, 자신이 어떻게 생각하는가)

응땡이 피우는 사람을 보면 답답해하는 손금

항상 전력으로 100~120% 일에서 발휘

돌다리도 두드리고 건너는 성격
리스크 관리

상품 리뷰를 꽤 많이 본다
반드시 안전한 방법을 검토
준비는 무조건 중요

상식에서 벗어나는 일은 하지 않는다

35세
40세 ··· 연애선

43세 ··· 개운선

운의 선
양호한 손금

~하는 손금

운하면 37...

향으 손금

영리 관리직

새로운 금

싶은 일?

을 하는

개량과 개선을 거듭한다

구 중시

효율적으로 움직이는가

문 스 추천

야망의 구

감정선

결혼선

제1 화성구

35

가족이 당하면 죽어라 되갚아준다

제2 화성구

두뇌선

43 40

월구
(영적인 직감력)

생명선

운명선

응급실 간호사

제1화성구
서바이벌 능력의 손금
궁지에 몰렸을 때 나는 힘!

신비십자선
무덤을 지키는 처지가 되기 쉽다
조상을 소중히 여기는 손금
영적 세계에 관심
절이나 불당 좋아한다
신불이 가호하는 상

특이하다는
말이 칭찬

집순이지만 외출 좋아함
활동력이 있음
집에 처박혀 있을 때와 활동적일 때의 차이가 심한 사람
밖으로 나갔다가 안으로 들어왔다 반복하는 인생

조직 안에서 움직이기 위해 맞춘다

섬세

↳ 남의 마음을 잘 이해한다

최고의 서비스를 제공할 수 있는 손금

높은 급여로 일하는 것을 의식

감정서 3

37세 여성

검지와 중지 사이까지 감정선이 길게 뻗어 있어 사랑에 빠지면 직진. 그리고 좌우
모두 아래 방향으로 지선이 나 있어서 어르신들이나 아이들에게 인기가 많고 눈물

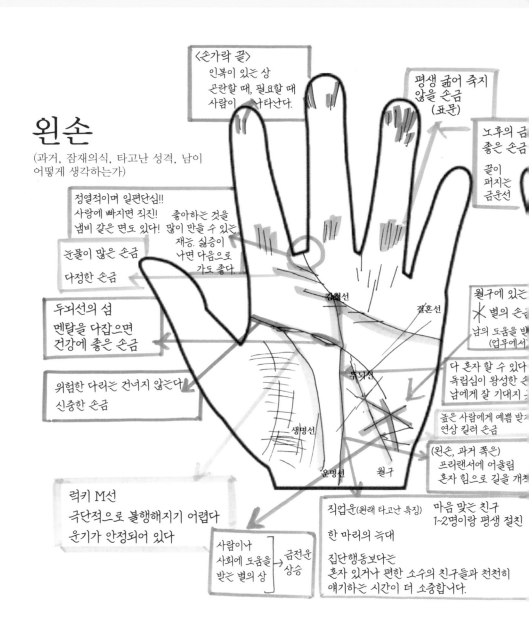

왼손
(과거, 잠재의식, 타고난 성격, 남이
어떻게 생각하는가)

〈손가락 끝〉
인복이 있는 상
곤란할 때, 필요할 때
사람이 나타난다.

평생 굶어 죽지
않을 손금
(표문)

노후의 금
좋은 손금
끝이
퍼지는
금운선

정열적이며 일편단심!!
사랑에 빠지면 직진!
냄비 같은 면도 있다!

좋아하는 것을
많이 만들 수 있는
재능. 싫증이
나면 다음으로
가도 좋다.

눈물이 많은 손금
다정한 손금

두뇌선의 섬
멘탈을 다잡으면
건강에 좋은 손금

위험한 다리는 건너지 않는다
신중한 손금

감정선

결혼선

월구에 있는
별의 손금
남의 도움을 받
(업무에서

다 혼자 할 수 있다
독립심이 왕성한
남에게 잘 기대지

두뇌선

높은 사람에게 예쁨 받
연상 킬러 손금

생명선

(왼손, 과거 쪽은)
프리랜서에 어울림
혼자 힘으로 길을 개척

운명선   월구

럭키 M선
극단적으로 불행해지기 어렵다
운기가 안정되어 있다

사람이나
사회에 도움을
받는 별의 상
} 금전운
상승

직업운(원래 타고난 특징)

한 마리의 늑대

집단행동보다는
혼자 있거나 편한 소수의 친구들과 천천히
얘기하는 시간이 더 소중합니다.

마음 맞는 친구
1~2명이랑 평생 절친

268

이 많으며 정이 넘칩니다. 월구의 별은 사람이나 사회에 도움을 받았을 때 금전운이 올라간다는 의미예요. 금성구의 선이 얇고 두뇌선에 섬이 있는 걸 보면 멘탈을 다잡아야 전체 운이 올라갈 거예요. 무리하지 말고 자신에게 쾌적한 환경을 만들도록 하세요.

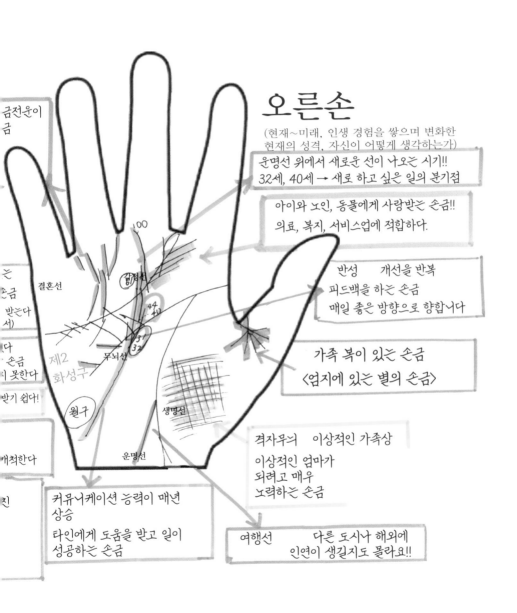

오른손

(현재~미래, 인생 경험을 쌓으며 변화한 현재의 성격, 자신이 어떻게 생각하는가)

운명선 위에서 새로운 선이 나오는 시기!!
32세, 40세 → 새로 하고 싶은 일의 분기점

아이와 노인, 동물에게 사랑받는 손금!!
의료, 복지, 서비스업에 적합하다.

반성　개선을 반복
피드백을 하는 손금
매일 좋은 방향으로 향합니다

가족 복이 있는 손금
〈엄지에 있는 별의 손금〉

격자무늬　이상적인 가족상
이상적인 엄마가
되려고 매우
노력하는 손금

여행선　　다른 도시나 해외에
인연이 생길지도 몰라요!!

커뮤니케이션 능력이 매년
상승
타인에게 도움을 받고 일이
성공하는 손금

금전운이
금

결혼선

감정선

제2
화성구

무뇌선

월구

생명선

운명선

쾌적한다

45세 여성

양손의 손가락 대부분에 표문이 있어서 평생 굶어 죽지 않을 손금입니다. 안쪽으로 향하는 생명선은 고향이나 본가와 깊은 인연을 나타내요. 그리고 왼손의 생명

왼손

(과거, 잠재의식, 타고난 성격, 남이 어떻게 생각하는가)

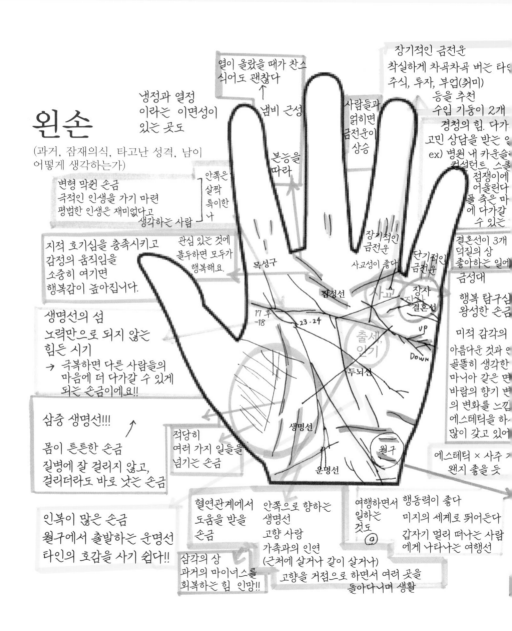

선은 희귀하게 삼중이에요! 건강운도 좋은 행운의 손금이지요. 오른손의 운명선이 60세부터 나와 있어서 이때 새로 하고 싶은 일을 하며 평생 현역으로 살 것 같은 예감이 들어요. 또한 오른손의 신비십자선 아래에 있는 삼각형은 과거의 마이너스가 플러스로 바뀐 사인이에요.

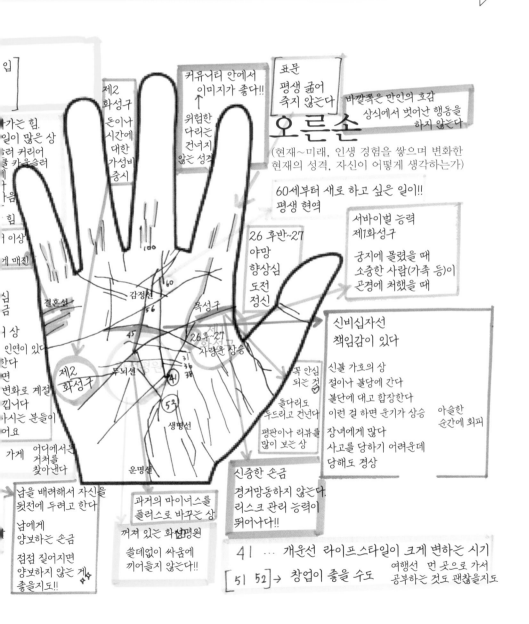

입

가는 힘,
일이 많은 상
려 커리어
클 카운슬러
가음

힘

이상

게 매진

심
금
ㅓ 상
인연이 있다
한다
면
변화로 계절
낌다
시는 분들이
어요

가게
어디에서든
거처를
찾아낸다

제2
화성구
돈이나
시간에
대한
가성비
중시

커뮤니티 안에서
이미지가 좋다!!

위험한
다리는
건너지
않는 성격

표문
평생 굶어
죽지 않는다

바깥쪽은 만인의 호감
상식에서 벗어난 행동을
하지 않는다

오른손
(현재~미래, 인생 경험을 쌓으며 변화한
현재의 성격, 자신이 어떻게 생각하는가)

60세부터 새로 하고 싶은 일이!!
평생 현역

서바이벌 능력
제1화성구

궁지에 몰렸을 때
소중한 사람(가족 등)이
곤경에 처했을 때

26 후반~27
야망
향상심
도전
정신

결혼선

감정선

60

56

목성구

26 후반~27
재물운 상승

신비십자선
책임감이 있다

신불 가호의 상
절이나 불당에 간다
불단에 대고 합장한다
이런 걸 하면 운기가 상승
장녀에게 많다
사고를 당하기 어려운데
당해도 경상

아슬한
순간에 회피

45

제2
화성구

두뇌선

30 31
38

꼭 안심
되는 것

돌다리도
두드리고 건넌다

평판이나 리뷰를
많이 보는 상

52

생명선

운명선

신중한 손금
경거망동하지 않는다.
리스크 관리 능력이
뛰어나다!!

남을 배려해서 자신을
뒷전에 두려고 한다

남에게
양보하는 손금
점점 짙어지면
양보하지 않는 게
좋을지도!!

과거의 마이너스를
플러스로 바꾸는 상

꺼져 있는 화성평원

쓸데없이 싸움에
끼어들지 않는다!!

41 ··· 개운선 라이프스타일이 크게 변하는 시기

[51 52] → 창업이 좋을 수도

여행선 먼 곳으로 가서
공부하는 것도 괜찮을지도

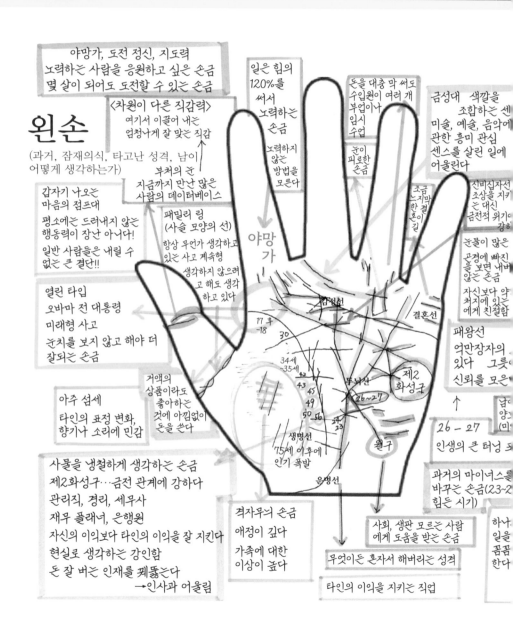

야망가, 도전 정신, 지도력
노력하는 사람을 응원하고 싶은 손금
몇 살이 되어도 도전할 수 있는 손금

〈차원이 다른 직감력〉
여기서 이끌어 내는
엄청나게 잘 맞는 직감

왼손

(과거, 잠재의식, 타고난 성격, 남이
어떻게 생각하는가)

부처의 눈
지금까지 만난 많은
사람의 데이터베이스

갑자기 나오는
마음의 점프대

평소에는 드러내지 않는
행동력이 장난 아니다!
일반 사람들은 내릴 수
없는 큰 결단!!

패밀리 링
(사슬 모양의 선)
항상 무언가 생각하고
있는 사고 계속형
생각하지 않으려
고 해도 생각
하고 있다

열린 타입
오바마 전 대통령
미래형 사고
눈치를 보지 않고 해야 더
잘되는 손금

아주 섬세
타인의 표정 변화,
향기나 소리에 민감

거액의
상품이라도
좋아하는
것에 아낌없이
돈을 쓴다

사물을 냉철하게 생각하는 손금
제2화성구…금전 관계에 강하다
관리직, 경리, 세무사
재무 플래너, 은행원
자신의 이익보다 타인의 이익을 잘 지킨다
현실로 생각하는 강인함
돈 잘 버는 인재를 꿰뚫는다
→인사과 어울림

일은 힘의
120%를
써서
노력하는
손금

노력하지
않는
방법을
모른다

돈을 대충 막 써도
수입원이 여러 개
부업이나
임시
수입

운이
피로한
손금

금성대 색깔을
조합하는 선
미술, 예술, 음악에
관한 흥미 관심
센스를 살린 일에
어울린다

신비십자선
조상을 지키
는 대신
금전적 위기

눈물이 많은
곤경에 빠진
들을 보면 내버
않는 손금

자신보다 약
처지에 있는
에게 친절한

야망
가

감정선

17 후
~18

30

34세
~35세   42

43   45
49
50   56

생명선
75세 이후에
인기 폭발

운명선

26~27

제2
화성구

월구

결혼선

패왕선
억만장자의
있다   그릇
신뢰를 모은

남
양
(미

26 - 27
인생의 큰 터닝 포

과거의 마이너스를
바꾸는 손금(23~2
힘든 시기)

하나
일을
꼼꼼
한다

음명선

격자무늬 손금
애정이 깊다
가족에 대한
이상이 높다

사회, 생판 모르는 사람
에게 도움을 받은 손금

무엇이든 혼자서 해버리는 성격

타인의 이익을 지키는 직업

생명선과 두뇌선이 만일의 경우 폭발적인 행동력을 발휘하는 '열린 타입'이기 때문에 상승 효과가 있습니다. 생명선을 보면 21~23세에 어찌할 도리가 없는 시련이 있었다는 걸 알 수 있습니다. 그걸 극복해서 지금의 손금이 형태를 잡게 되었지요.

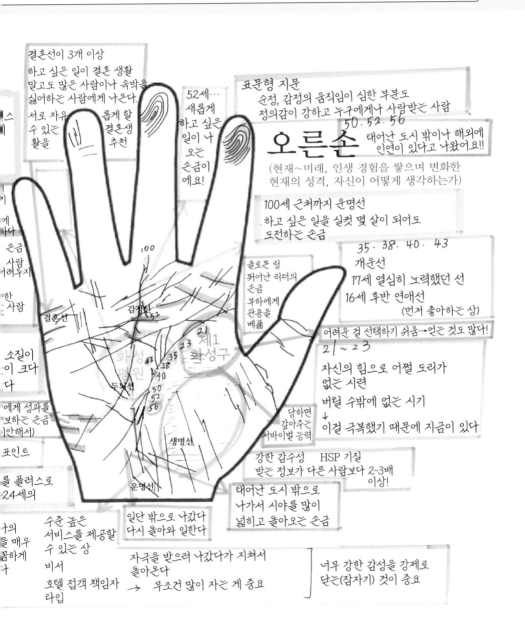

결혼선이 3개 이상
하고 싶은 일이 결혼 생활 말고도 많은 사람이나 속박을 싫어하는 사람에게 나온다.
서로 자유로롭게 할 수 있는 결혼생활 활을 추천

52세…
새롭게 하고 싶은 일이 나오는 손금이 에요!

표문형 지문
순정, 감정의 움직임이 심한 부분도 정의감이 강하고 누구에게나 사랑받는 사람

50. 52. 56
오른손 태어난 도시 밖이나 해외에 인연이 있다고 나왔어요!!
(현재~미래, 인생 경험을 쌓으며 변화한 현재의 성격, 자신이 어떻게 생각하는가)

100세 근처까지 운명선
하고 싶은 일을 실컷 몇 살이 되어도 도전하는 손금

35. 38. 40. 43
개운선
17세 열심히 노력했던 선
16세 후반 연애선
(먼저 좋아하는 상)

솔로몬 링
뛰어난 리더의 손금
부하에게 관용을 베풂

어려운 걸 선택하기 쉬움→얻는 것도 많다!
21~23
자신의 힘으로 어쩔 도리가 없는 시련
버틸 수밖에 없는 시기
↓
이걸 극복했기 때문에 지금이 있다

강한 감수성   HSP 기질
받는 정보가 다른 사람보다 2~3배 이상!

너무 강한 감성을 강제로 닫는(잠자기) 것이 중요

100
감정선 52
결혼선
제1 화성구
화성 평원
23 21
43 35
38
40
두뇌선
50 52 56
생명선
당하면 갚아주는 서바이벌 능력
운명선

태어난 도시 밖으로 나가서 시야를 많이 넓히고 돌아오는 손금

손금 사람 려두지

한 사람

소질이 이 크다다

에게 성과를 보하는 손금 안해서)

포인트

를 플러스로 24세의

의 를 매우 꼼하게 다

수준 높은 서비스를 제공할 수 있는 상
비서
호텔 접객 책임자 타입

일단 밖으로 나갔다 다시 돌아와 일한다

자극을 받으려 나갔다가 지쳐서 돌아온다
→ 무조건 많이 자는 게 중요

62세 여성

왼손은 감정선과 두뇌선이 이어진 막쥔 손금. 이 손금은 자신이 얼마나 설렘을 느끼는 수 있는가가 개운의 열쇠인데, 오른손에 여러 개 있는 결혼선은 하고 싶은 일이

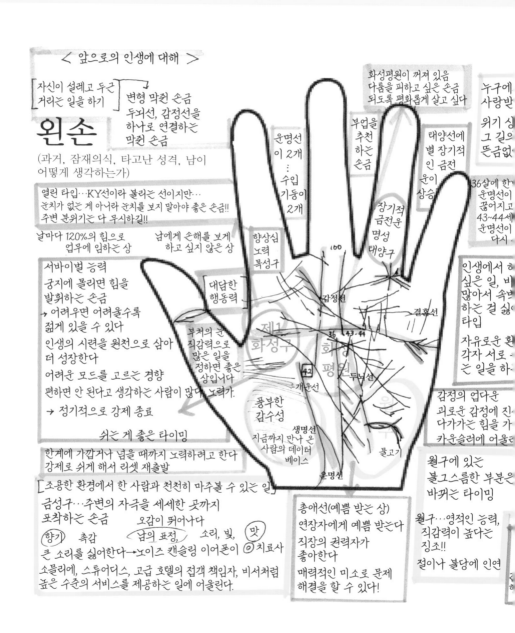

< 앞으로의 인생에 대해 >

[자신이 설레고 두근거리는 일을 하기]

변형 막쥔 손금
두뇌선, 감정선을 하나로 연결하는 막쥔 손금

왼손

(과거, 잠재의식, 타고난 성격, 남이 어떻게 생각하는가)

열린 타입…KY선이라 불리는 선이지만…
눈치가 없는 게 아니라 눈치를 보지 말아야 좋은 손금!!
주변 분위기는 다 무시하길!!

날마다 120%의 힘으로
업무에 임하는 상

남에게 손해를 보게 하고 싶지 않은 상

서바이벌 능력
궁지에 몰리면 힘을 발휘하는 손금
→ 어려우면 어려울수록 젊게 있을 수 있다
인생의 시련을 원천으로 삼아 더 성장한다
어려운 모드를 고르는 경향
편하면 안 된다고 생각하는 사람이 많다 노력가.
→ 정기적으로 강제 종료

쉬는 게 좋은 타이밍

한계에 가깝거나 넘을 때까지 노력하려고 한다
강제로 쉬게 해서 리셋 재출발

[조용한 환경에서 한 사람과 천천히 마주볼 수 있는 일]

금성구…주변의 자극을 세세한 곳까지
포착하는 손금
오감이 뛰어나다
(향기) 촉감 (남의 표정) 소리, 빛, (맛)
큰 소리를 싫어한다→노이즈 캔슬링 이어폰이 ⊙치료사
소믈리에, 스튜어디스, 고급 호텔의 접객 책임자, 비서처럼
높은 수준의 서비스를 제공하는 일에 어울린다.

대담한 행동력

부처의 눈
직감력으로 많은 일을 정하면 좋은 상입니다

화성평원이 꺼져 있음
다툼을 피하고 싶은 손금
되도록 평화롭게 살고 싶다

부업을 추천하는 손금

태양선에 별 장기적인 금전운이 상승

운명선이 2개
⋮
수입 기둥이 2개

향상심 노력 목성구

장기적 금전운 명성 태양구

(100)

감정선

결혼선

제1화성구

36 43-44

42

3개선외

제2화성평원

두뇌선

풍부한 감수성

생명선
지금까지 만나 온 사람의 데이터 베이스

물고기

운명선

누구나 사랑받는 위기 상황... 그 길은 뜻밖으로

36살에 한 운명선이 끊어지고 43-44세 운명선이 다시

인생에서 하고 싶은 일, 비 맞아서 속박하는 걸 싫어하는 타입
자유로운 환경 각자 서로 ~ 는 일을 하~

감정의 업다운
괴로운 감정에 진~ 다가가는 힘을 카운슬러에 어울려

월구에 있는 불그스름한 부분은 바뀌는 타이밍

월구…영적인 능력, 직감력이 높다는 징조!!
절이나 불당에 인연

총애선(예쁨 받는 상)
연장자에게 예쁨 받는다
직장의 권력자가 좋아한다
매력적인 미소로 문제 해결을 할 수 있다!

많다는 것을 나타내는 좋은 손금입니다(여러 개의 결혼선=결혼 횟수가 아닙니다). 주목할 부분은 왼손의 월구에 있는 물고기 문양. 보기 힘든 행운의 사인으로 월구에 있기 때문에 영적인 능력이나 직감력을 높여줍니다.

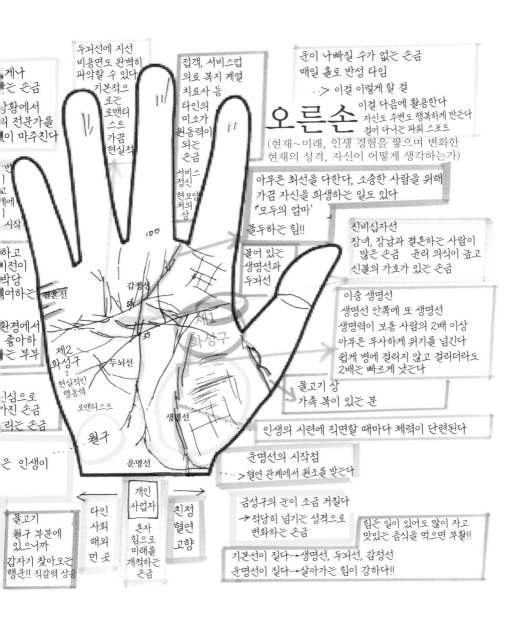

게가
는 손금
상황에서
의 전문가를
이 마주친다

번
고
제에
시작

하고
전이
바당
어하는

환경에서
좋아하
는 부부

심으로
가진 손금
리는 손금

은 인생이

두뇌선에 지선
비용면도 완벽히
파악할 수 있다
기본적으
로는
로맨티
스트
가끔
현실적

접객, 서비스업
의료 복지 계열
치료사 등
타인의
미소가
원동력이
되는
손금
서비스
정신
현모양
처의 상

100

감정선

5B

결혼선

35

제2
화성구
!
현실적인
행동력

두뇌선

로맨티스트

월구

생명선

운명선

제1
화성구

붙어 있는
생명선과
두뇌선

운이 나빠질 수가 없는 손금
매일 홀로 반성 타임
⋯> 이걸 이렇게 할 걸

오른손

이걸 다음에 활용한다
자신도 주변도 행복하게 만든다
걸어 다니는 파워 스포트

(현재~미래, 인생 경험을 쌓으며 변화한
현재의 성격, 자신이 어떻게 생각하는가)

아무튼 최선을 다한다, 소중한 사람을 위해
가끔 자신을 희생하는 일도 있다
'모두의 엄마'
⋯> 몰두하는 힘!!

신비십자선
장녀, 장남과 결혼하는 사람이
많은 손금　윤리 의식이 높고
신불의 가호가 있는 손금

이중 생명선
생명선 안쪽에 또 생명선
생명력이 보통 사람의 2배 이상
아무튼 무사하게 위기를 넘긴다
쉽게 병에 걸리지 않고 걸리더라도
2배로 빠르게 낫는다

물고기 상
가족 복이 있는 분

인생의 시련에 직면할 때마다 체력이 단련된다

운명선의 시작점
⋯>혈연 관계에서 원조를 받는다

물고기
월구 부분에
있으니까
갑자기 찾아오는
행운!! 직감력 상승

타인
사회
해외
먼 곳

개인
사업자
혼자
힘으로
미래를
개척하는
손금

친정
혈연
고향

금성구의 운이 조금 거칠다
→적당히 넘기는 성격으로
변화하는 손금

힘든 일이 있어도 많이 자고
맛있는 음식을 먹으면 부활!!

기본선이 짙다→생명선, 두뇌선, 감정선
운명선이 짙다→살아가는 힘이 강하다!!

44세 여성

기본선이 짙고, 본인 기분은 본인이 풀 줄 아는 타입. 노력선과 더불어 뛰어난 인심 장악술을 가졌으며 리더에 어울리는 솔로몬 링, 거기에 이중 생명선까지… 기

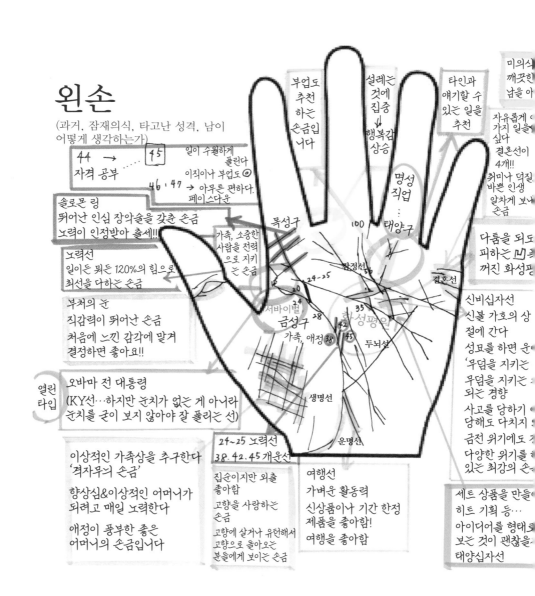

왼손
(과거, 잠재의식, 타고난 성격, 남이 어떻게 생각하는가)

44 → 45
자격 공부

일이 수월하게 풀린다
이직이나 부업도 ◎

46·47 → 아무튼 편하다.
페이스다운

솔로몬 링
뛰어난 인심 장악술을 갖춘 손금
노력이 인정받아 출세!!

노력선
일이든 뭐든 120%의 힘으로
최선을 다하는 손금

부처의 눈
직감력이 뛰어난 손금
처음에 느낀 감각에 맞게
결정하면 좋아요!!

열린 타입

오바마 전 대통령
(KY선…하지만 눈치가 없는 게 아니라
눈치를 굳이 보지 않아야 잘 풀리는 선)

이상적인 가족상을 추구한다
'격자무늬 손금'

향상심&이상적인 어머니가
되려고 매일 노력한다

애정이 풍부한 좋은
어머니의 손금입니다

부업도 추천하는 손금입니다

설레는 것에 집중 ↓ 행복감 상승

타인과 얘기할 수 있는 일을 추천

미의식 깨끗한 남을 아

자유롭게 ○가지 일을 싶다
결혼선이 4개!!
커미나 덕질 바쁜 인생 알차게 보내 손금

명성 직업 …

다툼을 되도 피하는 凹를 꺼진 화성평

신비십자선
신불 가호의 상
절에 간다
성묘를 하면 운
'무덤을 지키는
무덤을 지키는
되는 경향
사고를 당하기
당해도 다치지
금전 위기에도
다양한 위기를
있는 최강의 손

목성구

100

태양구

감정선

결혼선

24~25

20

서바이벌

금성구

28

가족, 애정 38

화성평원

35

42

45

두뇌선

생명선

운명선

24~25 노력선
38.42.45 개운선

집순이지만 외출
좋아함
고향을 사랑하는
손금
고향에 살거나 유턴해서
고향으로 돌아오는
분들에게 보이는 손금

여행선
가벼운 활동력
신상품이나 기간 한정
제품을 좋아함!
여행을 좋아함

세트 상품을 만들
히트 기획 등…
아이디어를 형태로
보는 것이 괜찮은
태양십자선

력과 체력에서 모두 노력하고 결과를 낼 수 있는 사람입니다. 몰두하는 힘이 대단한 반면, 살짝 싫증을 잘 내는 부분이 있어서 마음이 내킬 때 집중해서 하는 게 중요. 특히 개운선이 올라가는 타이밍에 집중하면 일이 수월하게 풀립니다.

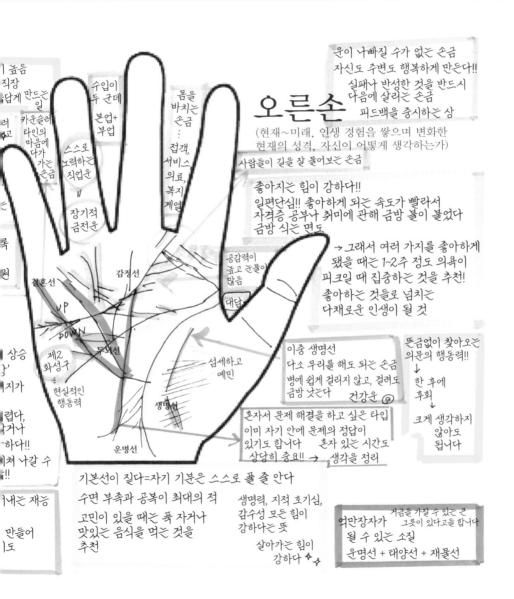

운이 나빠질 수가 없는 손금
자신도 주변도 행복하게 만든다!!
실패나 반성한 것을 반드시
다음에 살리는 손금
피드백을 중시하는 상

오른손

(현재~미래, 인생 경험을 쌓으며 변화한
현재의 성격, 자신이 어떻게 생각하는가)

사람들이 길을 잘 물어보는 손금

좋아지는 힘이 강하다!!
일편단심!! 좋아하게 되는 속도가 빨라서
자격증 공부나 취미에 관해 금방 불이 붙었다
금방 식는 면도

→ 그래서 여러 가지를 좋아하게
됐을 때는 1~2주 정도 의욕이
피크일 때 집중하는 것을 추천!
좋아하는 것들로 넘치는
다채로운 인생이 될 것

이중 생명선
다소 무리를 해도 되는 손금
병에 쉽게 걸리지 않고, 걸려도
금방 낫는다   건강운 ⓐ

뜬금없이 찾아오는
의문의 행동력!!
↓
한 후에
후회
↓
크게 생각하지
않아도
됩니다

혼자서 문제 해결을 하고 싶은 타입
이미 자기 안에 문제의 정답이
있기도 합니다   혼자 있는 시간도
상당히 중요!! → 생각을 정리

(손 그림 내 라벨)

높음
직장
답게 만드는
일
카운슬러
타인의
마음에
다가
가는
손금
록
원

수입이
두 군데
본업+
부업

스스로
노력하는
직업운
‖
장기적
금전운

몸을
바치는
손금
:
접객,
서비스,
의료,
복지
계열

공감력이
높고 눈물이
많음

대담

감정선

결혼선

UP
DOWN

두뇌선

섬세하고
예민

상승
'
지가
렵다,
거나
하다!!
쳐 나갈 수
!!

제2
화성구

현실적인
행동력

생명선

운명선

내는 재능

만들어
도

기본선이 짙다=자기 기분은 스스로 풀 줄 안다

수면 부족과 공복이 최대의 적

고민이 있을 때는 푹 자거나
맛있는 음식을 먹는 것을
추천

생명력, 지적 호기심,
감수성 모든 힘이
강하다는 뜻

살아가는 힘이
강하다 ✦

억만장자가
될 수 있는 소질
운명선 + 태양선 + 재물선

저금을 가질 수 있는 큰
그릇이 있다고들 합니다

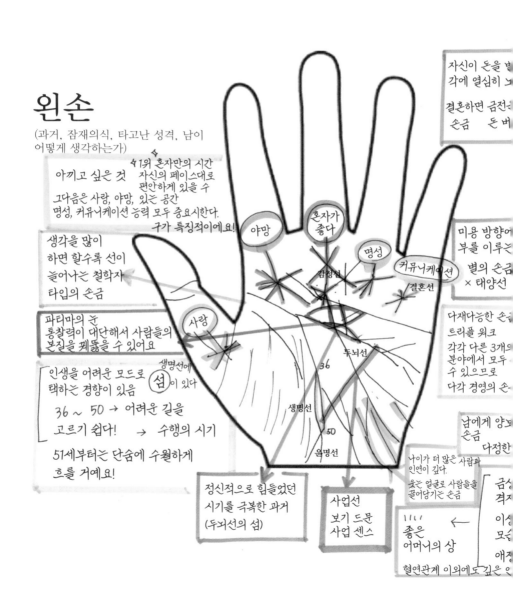

왼손

(과거, 잠재의식, 타고난 성격, 남이
어떻게 생각하는가)

자신이 돈을 벌...
각에 열심히 노...

결혼하면 금전...
손금 돈 버...

아끼고 싶은 것
그다음은 사랑, 야망,
명성, 커뮤니케이션 능력 모두 중요시한다.
구가 특징적이에요!

①위 혼자만의 시간
자신의 페이스대로
편안하게 있을 수
있는 공간

혼자가
좋다

야망

명성

커뮤니케이션

미용 방향에...
부를 이루...

별의 손금...
× 태양선

생각을 많이
하면 할수록 선이
늘어나는 철학자
타입의 손금

감정선

결혼선

파티마의 눈
통찰력이 대단해서 사람들의
본질을 꿰뚫을 수 있어요

사랑

두뇌선

다재다능한 손금
트리플 워크
각각 다른 3개의
분야에서 모두
수 있으므로
다각 경영의 손...

인생을 어려운 모드로
택하는 경향이 있음

생명선에
섬 이 있다

36

36 ~ 50 → 어려운 길을
고르기 쉽다!   → 수행의 시기

51세부터는 단숨에 수월하게
흐를 거예요!

생명선

50

운명선

남에게 양보...
손금
다정한...

나이가 더 많은 사람과
인연이 깊다.

웃는 얼굴로 사람들을
끌어당기는 손금

금성...
격리...

이상...
모습...

정신적으로 힘들었던
시기를 극복한 과거
(두뇌선의 섬)

사업선
보기 드문
사업 센스

좋은
어머니의 상

혈연관계 이외에도 깊은 인...

애정...

두루 갖춘, 운이 강한 손금입니다. 게다가 왼손에 있는 파티마의 눈으로 상대방의 본심이나 사물의 본질을 꿰뚫는 통찰력까지 있습니다. 36~50세에는 어려운 길을 선택하는 수행의 시기예요. 이 사실은 생명선에 있는 섬이 암시하지만, 51세부터는 단숨에 수월하게 흘러갈 거예요.

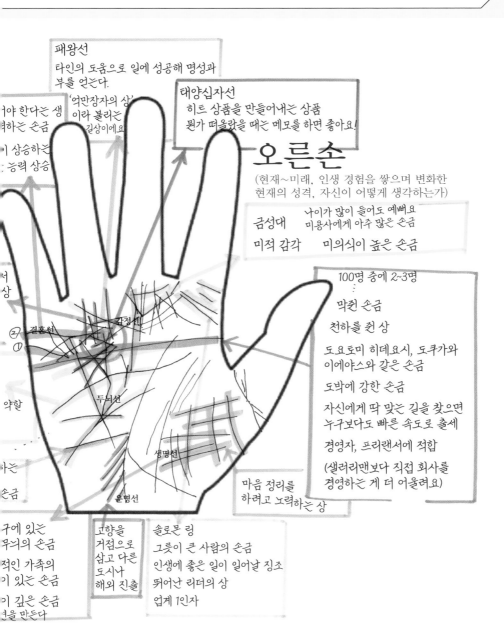

패왕선
타인의 도움으로 일에 성공해 명성과 부를 얻는다.

'억만장자의 상'
이라 불리는
길상이에요

태양십자선
히트 상품을 만들어내는 상품
뭔가 떠올랐을 때는 메모를 하면 좋아요!

오른손

(현재~미래, 인생 경험을 쌓으며 변화한
현재의 성격, 자신이 어떻게 생각하는가)

나이가 많이 들어도 예뻐요
미용사에게 아주 많은 손금

금성대

미적 감각 미의식이 높은 손금

100명 중에 2~3명

막쥔 손금

천하를 쥔 상

도요토미 히데요시, 도쿠가와
이에야스와 같은 손금

도박에 강한 손금

자신에게 딱 맞는 길을 찾으면
누구보다도 빠른 속도로 출세

경영자, 프리랜서에 적합

(샐러리맨보다 직접 회사를
경영하는 게 더 어울려요)

마음 정리를
하려고 노력하는 상

…야 한다는 생
…하는 손금

…상승하는
… 능력 상승

… 상

결혼선

감정선

두뇌선

생명선

운명선

…야할

…하는
…손금

…구에 있는
…무의 손금

…적인 가족의
…이 있는 손금

…이 깊은 손금
…선을 만든다

고향을
거점으로
삼고 다른
도시나
해외 진출

솔로몬 링
그릇이 큰 사람의 손금
인생에 좋은 일이 일어날 징조
뛰어난 리더의 상
업계 1인자

52세 여성

생명선과 두뇌선의 시작점이 붙어 있는 '닫힌 타입'인데 붙어 있는 부분이 길면 남들보다 더 앞을 내다보며 움직이는 타입이에요. 게다가 솔로몬 링이 있어서 절대

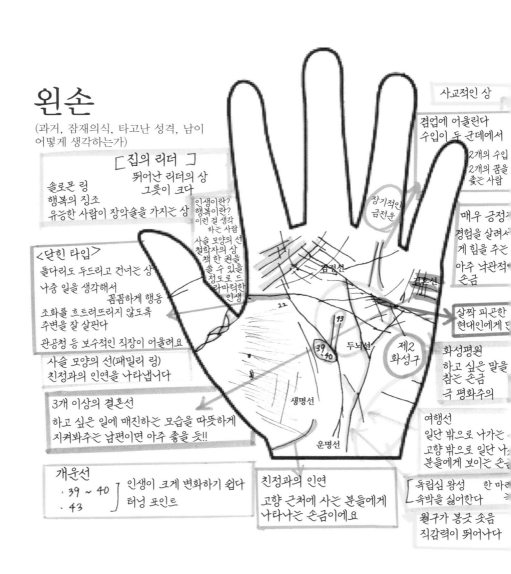

왼손
(과거, 잠재의식, 타고난 성격, 남이
어떻게 생각하는가)

[집의 리더]
뛰어난 리더의 상
그릇이 크다

솔로몬 링
행복의 징조
유능한 사람이 장악술을 가지는 상

인생이란?
행복이란?
이런 걸 생각
하는 사람
사슬 모양의 선
철학자의 상
책 한 권을
쓸 수 있을
정도로 드
라마틱한
인생

사교적인 상

겸업에 어울린다
수입이 두 군데에서

2개의 수입
2개의 꿈을
쫓는 사람

장기적인
금전운

매우 긍정
경험을 살려서
게 힘을 주는
아주 낙관적
손금

<닫힌 타입>
돌다리도 두드리고 건너는 상
나중 일을 생각해서
꼼꼼하게 행동
조화를 흐트러뜨리지 않도록
주변을 잘 살핀다
관공청 등 보수적인 직장이 어울려요

살짝 피곤한
현대인에게 ㄷ

사슬 모양의 선(패밀리 링)
친정과의 인연을 나타냅니다

제2
화성구

화성평원
하고 싶은 말을
참는 손금
극 평화주의

3개 이상의 결혼선
하고 싶은 일에 매진하는 모습을 따뜻하게
지켜봐주는 남편이면 아주 좋을 듯!!

여행선
일단 밖으로 나가는
고향 밖으로 일단 나
분들에게 보이는 손

개운선
· 39 ~ 40
· 43
인생이 크게 변화하기 쉽다
터닝 포인트

친정과의 인연
고향 근처에 사는 분들에게
나타나는 손금이에요

독립심 왕성   한 마ㄷ
속박을 싫어한다

월구가 봉긋 솟음
직감력이 뛰어나다

감정선
결혼선
22
13
39 40
두뇌선
생명선
운명선

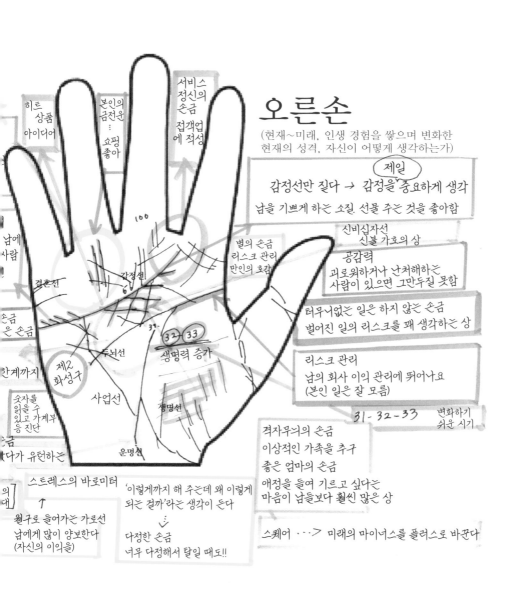

오른손

(현재~미래, 인생 경험을 쌓으며 변화한 현재의 성격, 자신이 어떻게 생각하는가)

제일
감정선만 짙다 → 감정을 중요하게 생각
남을 기쁘게 하는 소질. 선물 주는 것을 좋아함

신비십자선
신불 가호의 상

공감력
괴로워하거나 난처해하는
사람이 있으면 그만두질 못함

터무니없는 일은 하지 않는 손금
벌어진 일의 리스크를 때 생각하는 상

리스크 관리
남의 회사 이익 관리에 뛰어나요
(본인 일은 잘 모름)

31 - 32 - 33   변화하기 쉬운 시기

격자무늬의 손금
이상적인 가족을 추구
좋은 엄마의 손금
애정을 들여 기르고 싶다는
마음이 남들보다 훨씬 많은 상

스퀘어 ···> 미래의 마이너스를 플러스로 바꾼다

45세 여성

금성구에 잔주름이 있는 사람은 무척 섬세합니다. 타인의 표정 변화를 민감하게 살피고 세심하게 배려할 수 있는 사람이지요. 왼손의 운명선을 보면 인생의 터닝

왼손
(과거, 잠재의식, 타고난 성격, 남이 어떻게 생각하는가)

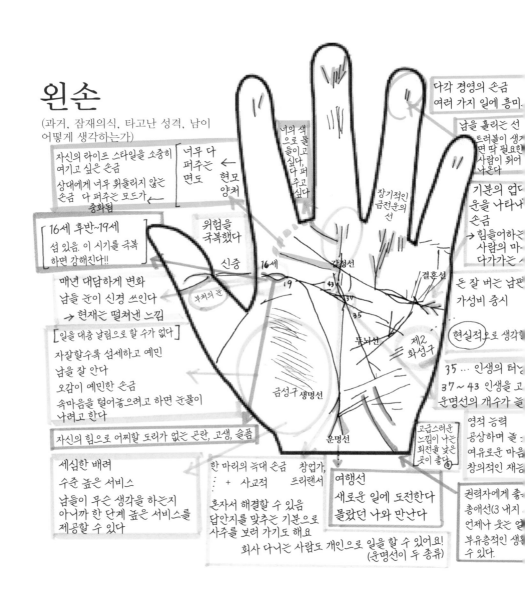

다각 경영의 손금 여러 가지 일에 흥미..

남을 홀리는 선 트러블이 생기 면 딱 필요한 사람이 튀어 나온다

자신의 라이프 스타일을 소중히 여기고 싶은 손금
상대에게 너무 휘둘리지 않는 손금
다 퍼주는 모두가 중화됨

너무 다 퍼주는 면도 ← 현모 양처

너의 색 으로 물 들이고 싶다, 다 퍼 주고 싶다

기분의 업 운을 나타내 는 손금
→ 힘들어하는 사람의 마음 다가가는

[16세 후반~19세 섬 있음. 이 시기를 극복 하면 강해진다!!]

위험을 극복했다

신중

장기적인 금전운의 선

돈 잘 버는 남편 가성비 중시

매년 대담하게 변화
남들 눈이 신경 쓰인다
→ 현재는 떨쳐낸 느낌

16세   감정선   결혼선

부처의 손   19   43   37   35

[일을 대충 날림으로 할 수가 없다]
자잘할수록 섬세하고 예민
남을 잘 안다
오감이 예민한 손금
속마음을 털어놓으려고 하면 눈물이 나려고 한다

제2 화성구

두뇌선

현실적으로 생각하는

35 ... 인생의 터닝
37 ~ 43 인생을 고
운명선의 개수가 늘

금성구 생명선

자신의 힘으로 어찌할 도리가 없는 곤란, 고생, 슬픔

운명선

고급스러운 느낌이 나는 회전율 낮은 곳이 좋다

영적 능력
공상하며 즐
여유로운 마음
창의적인 재능

세심한 배려
수준 높은 서비스
남들이 무슨 생각을 하는지 아니까 한 단계 높은 서비스를 제공할 수 있다

한 마리의 늑대 손금   창업가,
  + 사교적   프리랜서

혼자서 해결할 수 있음
답안지를 맞추는 기분으로
사주를 보러 가기도 해요

여행선
새로운 일에 도전한다
몰랐던 나와 만난다

권력자에게 총
총애선(3 내지
언제나 웃는 얼
부유층적인 생활
수 있다

회사 다니는 사람도 개인으로 일을 할 수 있어요!
(운명선이 두 종류)

포인트는 35세입니다. 그 후 37~43세 위치에 섬=고민이 많은 시기를 지나 운명선 개수가 늘어납니다. 이는 본인 인생에 강한 의욕이 생겼다는 뜻. 무언가에 몰두하는 재능을 나타내는 이중 감정선도 운기 상승을 팍팍 밀어줍니다.

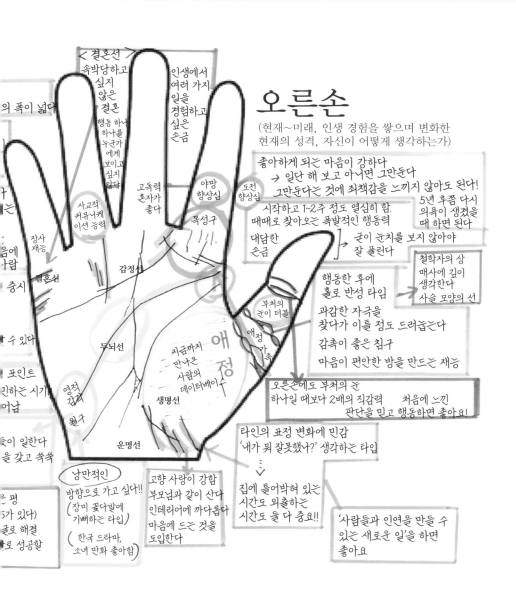

여기까지 읽어 주셔서 감사합니다!

어떠셨나요? 여러분이 손금을 이해하는 데 조금이라도 도움이 됐다면 기쁠 것 같아요.

손금풀이에는 도구가 필요 없고 장소도 따지지 않아요. 자기 손금은 물론, 처음 만난 사람이나 소중한 사람도 봐 줄 수 있지요.

손금은 상대와의 거리를 좁혀 주는 훌륭한 커뮤니케이션 도구입니다.

*

"너도 나이 들 만큼 들었는데 좋아하는 일 해라."

돌아가시기 일주일 전에 아버지가 하신 말씀을 듣고 프로 손금풀이로서 각오를 다졌습니다.

아버지는 오랫동안 중학교 교사를 하셨고, 마지막에는 교감 자리에도 올랐어요.

한번 입을 열면 멈출 줄 모르는 청산유수 같은 말솜씨에 웅변대회를 보는 건가 싶을 정도였어요. 술을 따르면서 그런 아버지의 긴 이야기를 듣는 게 정말 좋았지요.

서로 가까운 곳에 살고 있었고 언제든지 만날 수 있을 줄 알았는데, 어느 날 아버지에게 암이 발견됐어요. 한 달도 채 되지 않아 돌아가셨고요.

　"보고 싶은 사람은 당장 만나러 가기."

　"하고 싶은 일은 당장 하기."

　아버지가 돌아가시고 저는 하루하루 그렇게 철저히 지켰어요.

　그런데 어머니에게는 이런 말을 들었어요.

　"100이란 무대를 바꾸는 마법의 숫자야. 기모노를 백 번 입으면 스스로 입을 수 있게 되잖아."

　제가 어릴 적에 부모님은 외할아버지와 외할머니댁 옆에 살았고, 어머니도 아버지와 똑같은 교사였던 탓에 외할머니가 어린 저희 남매를 돌봐주셨어요.

　어머니는 외할머니가 아기였던 저를 귀여워하는 모습을 보며 조바심이 났다고 해요.

　'이렇게 일만 하다가 우리 아이의 귀여운 시기를 놓쳐도 되는 걸까.'

　어머니는 곧 일을 그만두셨어요.

　퇴직한 후에는 온갖 관심사를 끝까지 파고들어 톨 페인팅, 제빵, 꽃꽂이 선생님이 되었어요.

누구나 처음 만나는 세계로 뛰어드는 건 불안합니다. 특히 성격이 소극적이면 더 그렇지요.

그런데 어머니의 한마디는 성실하게 임하면 무엇이든 달성할 수 있다는 가르침을 주었어요.

*

손금에서 어떤 메시지를 담고 있는지, 어떻게 말을 전하는지는 매우 중요합니다.

'싫은 소릴 들으면 계속 생각날 것 같아.'

'수명이나 미래 일 같은 거 알고 싶지 않아.'

'전에 사주 봤다가 안 좋은 얘길 들었어.'

이런 경험 때문에 손금풀이가 두렵다고 생각하는 분들도 있어요.

감정할 때는 자나 깨나 말조심을 해야겠다며 매일 정신을 바짝 차리고 있어요.

사주를 믿지 않는 사람들은 대수롭지 않게 여길지도 몰라요.

하지만 저는 외롭고 고달픈 시기를 손바닥에게 구원 받아 버텨낸 사람이에요.

어쨌든 저는 극 비관주의 출신이거든요. 고등학생 시절에는 철저히 외톨이여서 일기에 '나는 벽과 친구가 되었다'라고 썼던 인간이니까요.

손금은 그런 저에게 힘을 줬으니 은인이나 마찬가지예요.

선이 옅어서 운이 약하다?

생명선이 짧아서 수명이 짧다?

결혼선이 없어서 짝을 만나지 못한다?

그렇지 않습니다.

부디 여러분의 손금에서 긍정적인 메시지를 받으세요. 손금을 봐주고 용기가 되는 말을 전하세요. 그런 식으로 손금풀이할 수 있는 방법과 마음가짐을 이 책에 담았습니다.

마지막으로 저의 인스타그램을 봐 주시는 여러분, 항상 감사합니다. 따뜻한 코멘트 덕분에 용기를 얻고 있고, 최근에는 '손금풀이 감정서(264페이지~참조)를 부적으로 삼고 있어요'라는 말을 해주시는 분들이 늘어서 정말 기쁩니다.

손금은 매일 보고 있으면 정말로 바뀌어요. 그것도 자신이 소망하는 방향으로요!

손금을 든든한 지원군으로 삼고 다 같이 행복해져요!

손금풀이 에미

역자 소개 | 김 소 영

다양한 일본 서적을 우리나라 독자에게 전하는 일에 보람을 느끼며 더 많은 책을
소개하고자 힘쓰고 있다. 현재 엔터스코리아에서 일본어 번역가로 활동 중이다.
주요 역서로는 《전략가, 잡초》《잘됐던 방법부터 버려라》《나는 왜 나를 가만히 놔
두지 못할까》《전부, 버리면》 등이 있다.

어떤 「선(線)」이라도 이 1권으로 전부 알 수 있다!
세상에서 가장 친절한 **손금풀이** 레슨

1판 1쇄 발행   2024년 12월 26일

지은이   손금풀이 에미
옮긴이   김소영

발행인   최봉규
발행처   청홍(지상사)
출판등록   1999년 1월 27일 제2017−000074호

주소   서울 용산구 효창원로64길 6(효창동) 일진빌딩 2층
우편번호   04317
전화번호   02)3453−6111 팩시밀리   02)3452−1440
홈페이지   www.cheonghong.com
이메일   c0583@naver.com

한국어판 출판권 ⓒ 청홍(지상사), 2024
ISBN   979−11−91136−30−2 03180

*잘못 만들어진 책은 구입처에서 교환해 드리며,
 책값은 뒤표지에 있습니다.